X

TRAITÉ DU TROU DU CUL

애널로그

TRAITÉ DU TROU DU CUL

생존과 쾌락을
관장하는
놀라운 구멍,
항문 탐사기

이자벨 시몽 지음
ISABELLE SIMON

윤미연 옮김

문학동네

"이 성스러운 것은 꿈틀거려요.
이건 살아 움직이고 수축되기도 해서,
마치 숨을 쉬는 것처럼 보이죠.
정말이지 항문을 보고 있으면 완전히 빠져들어요.
이 구멍으로 우주의 비밀을 발견하진 못한다 할지라도,
배꼽을 관찰하는 것보다는 훨씬 더 흥미진진할 거예요."

헨리 밀러, 『오푸스 피스토룸Opus pistorum』

"항간에 떠도는 온갖 시시껄렁한 잡소리들만 늘어놓아도
아마 책 한 권은 족히 쓸 수 있을 것이다."

베르나르 클라비에르

차례

일러두기

1. 원주는 번호로, 옮긴이주는 ● 기호로 표기했다.
2. 단행본과 잡지 등은 『 』, 논문 등은 「 」로, 영화 및 TV 프로그램은 〈 〉로 표기했다.

들어가며

항문을 주제로 책을 써보겠다니, 이 무슨 해괴망측한 발상인가! 그건 사실 입 밖으로 꺼내기 껄끄러운 주제가 아니던가? 천만에, 오히려 그 반대다! 항문은 판의 중심부다. 항문은 세상의 중심이며, 세상은 항문을 축으로 균형을 잡는다.

이 책에서 항문에 관해 함께 살펴보고 나면 항문이 세상의 중심이라고까지 말하지는 못하더라도, 인간적인 모든 것의 중심이라는 사실만큼은 분명히 이해하게 될 것이다. 신체의 은밀한 곳에 깊숙이 자리잡은 항문은 성적인 측면뿐만 아니라 영성적인 측면에서도 중요한 위상을 차지하며, 생명 에너지의 중심부인 차크라들 중에서도 제1차크라•에 등극해 있다. 장르를 불문하고 온갖 예술작품에서

• 차크라는 인간의 몸에 있는 힘의 중심점을 이르는 용어다. 척추를 따라 자리한 7개의 주요 차크라 중 제1차크라는 항문과 성기 사이 회음부에 위치한다.

도 항문을 다룬다. 항문은 인류 역사에 꾸준히 등장하면서 제자리를 지켜왔다. 그러다가 세상의 기원[●]이 아니라, 영국 국가國歌의 기원[●●]이 되었다. 그뿐인가, 항문은 인간의 언어와 상상계에 자리하면서 다양한 형태의 사회적 굴종을 표현하기도 한다.

항문은 도처에 있으며, 전혀 예기치 못한 곳에도 존재한다. 구멍 그 자체로는 사실 아무것도 아니다. 구멍은 '텅 빈 곳'이자 '무無'일 뿐이다. 하지만 그 안과 밖을 경계 지으며 인체의 가장 은밀한 곳에 위치함으로써 구멍은 비로소 항문이 된다. 극단적으로 말하면 항문은 마치 블랙홀처럼 스스로 빨아들이는 것에 본질이 있다. 요컨대, 항문에 대해 제대로 알기 위해서는 그 주위에 있는 것들과 그 안으로 사라진 것들을 살펴봐야 한다.

항문은 일종의 이케바나[1]다.

그렇지만, 항문에 관해 이야기할 때면 아무래도 목소리를 낮추거나 킬킬거리게 된다. 항문은 품위 있는 것도 아니고 드러내놓고 보여줄 만한 것도 못 된다. 당신은 항문은 진지한 주제가 될 수 없다고 말할지도 모르겠다. 뭐, 사실 틀린 말도 아니다! 그렇기 때문에 이제부터 우리는 이 주제를 아주 진지한 농담처럼 파고들어볼 거니까.

● 사실주의 화가 귀스타브 쿠르베의 작품 〈세상의 기원〉은 여성의 음부를 그린 것이다.
●● 본문 53쪽 참조.
1 일본식 전통 꽃꽂이 예술을 가리키는 단어로, 식물과 공간의 조화를 추구한다.

1장

모든 동물에게는 항문이 있다

×

"세계는 동물들과 인간들의
짝짓기를 통해 돌아간다."

조르주 바타유, 『태양의 항문』

사실상 우리는 결코 항문만을 단독으로 만날 수 없다.
그 주변에는 언제나 어떤 동물이나 인간이 있다.
그들은 살아가고 있고, 경우에 따라서는 생각도 한다.
더욱이 인간들은 인지능력 때문에 자신의 신체구조 가운데
이 민감한 부분과 관련된 이런저런 크고 작은 문젯거리들을 맞닥뜨린다.
하지만 인간이 아닌 동물들은
거리낌없이 항문을 드러내놓고 다니면서
청결함을 유지하기 위해 그 부위를 핥곤 한다.
반면에 인간은 대부분 그곳을 애써 감추고 피하려 한다.
인간의 항문은 그렇게 해야 할 만큼 더러운 걸까?
동물들은 이런 궁금증을 가질지도 모른다.

항문을 드러내 보이는 동물들

도시의 위생을 위해서는 개들에게 항문이 아예 없는 게 가장 좋을 것 같지만…… 우리와 함께 살아가는 모든 개과 동물들에게 배설구멍이 있는 이상 그 문제를 연구하겠다는 생각은 접어두고, 대신 적절한 의문을 제기해보기로 하자.

개들은 왜 다른 개를 만났을 때 교양 있는 인간들처럼 공손하게 서로 인사를 나누며 안부를 주고받지 않고, 쉴새없이 꼬리를 흔들어대며 부산스럽게 서로의 항문에 코를 박고 킁킁거리는 걸까?

개는 일련의 기관들을 과도하게 갖추고 태어나기 때문이다. 지나치게 생산적인 항문 외에도 개는 정보를 내보내고 수신하고 처리하기 위한 첨단 옵션들을 갖고 있다. 개의 항문샘은 트라이메틸아민, 푸트레신, 카다베린을 기반으로 하는 질소를 함유한 탑노트•를 발산한다. 개에게만 있는 이 '액'의 냄새는 개가 싸는 오줌에서도 난다. 서골비 기관[2](야콥슨 기관)을 갖춘 개의 후각은 극도로 발달되어 냄새들을 아주 섬세하게 분간할 수 있다. 그래서 개는 희미한 단서 하나만으로도 뇌에 냄새를 전달하며, 그 즉시 뇌는 냄새를 분석하고 분류한다. 상대방 엉덩이에서 맡은 냄새로 성별, 기분, 건강상태, 식생활 등에 관한 정보를 알아내고, 상대가 암컷일 경우에는 생리주기까지도 알 수 있다. 동일한 후각적 표지들이 오줌에서 다시 발견되기 때문에 개는 공원 여기저기 위치한 개 변소들을 이용해 우연히 마주쳤던 젊고 건강한, 즉 생산능력이 우월한 암컷 그레이하운드의 뒤를 밟을 수 있다.

따라서 개가 꼬리를 들어올리며 항문을 내보이는 것은 상대방에게 신분증과 건강검진 확인서, 페이스북 프로필을 한꺼번에 보여주는 것이다. 정말 굉장하다. 이건 확실히 인정할 수밖에 없다. 산책하다가 만나는 다른 개들의 정보를 알아내기 위해서는 물론이고, 그 외에도 개의 항문은 쓰임새가 많다. 우리가 실수로 방귀를 뀌었을 때 개가 뀐 거라고 뒤집어씌울 수도 있지 않은가.

고양이나 쥐도 개와 마찬가지로 서로 궁둥이 냄새를 맡긴 한다.

• 발향의 시작과 동시에 맡을 수 있는 향. 향수병 뚜껑을 막 열었을 때나 향수를 뿌린 뒤 10분 내외에 나는 향을 가리킨다.

2 입천장 위쪽에 자리한 후각기관으로 페로몬을 탐지한다.

하지만 고양이나 쥐는 목줄을 묶어 산책시키는 경우가 거의 없으므로, 우리가 그 때문에 불편해할 일은 거의 일어나지 않는다. 그런데 고양이와 함께 사는 사람들은 그 변태 노출광의 기이한 행동들을 피할 수 없다. 고양이 집사들은 매일같이 고양이의 괴벽을 맞닥뜨리게 된다. 고양이는 자신의 영역을 빙 둘러보고 난 뒤, 방금 막 자리에 앉은 집사의 무릎 위로 펄쩍 뛰어올라 자신의 장미 꽃봉오리를 확실하게 보여주려고 꼬리를 번쩍 들어올리고는 집사의 눈앞에 바짝 들이민다. 일종의 도발일까?

좀 무례하고 건방져 보이기는 하지만, 사실 그건 친근함의 표현이자 애교 같은 것이다. 집사의 신체적 결함을 알아차린 고양이는 자신의 페로몬 냄새를 맡을 수 있도록 집사에게 더 바짝 다가간다. 고양이는 그런 식으로 인간에게 그게 바로 자기라는 것(멍청이 중에 상멍청이인 이 인간이 자신과 이웃집 코뿔소를 혼동할지도 모르기 때문에)과 스스로 그 인간을 신뢰한다는 것을(자신의 사료 그릇을 항상 가득 채워놓게 만들기 위해) 확인시킨다.

참으로 희한한 물건!

미국에서 혁신적인 물건이 프랑스로 건너왔다. 바로 애완동물에게 — 아 죄송, 반려동물에게 — 필수불가결한 항문가리개다. 조잡한 그림이 인쇄된 판지 버전도 있고, 좀더 근사하고 세련되게 반려동물(고양이나 개)의 꼬리에 끼울 수 있는 모조 보석 펜던트 같은 것도 있다. 이 항문가리개 덕분에 그동안 노골적으로 드러난 똥구멍을 봐야 했던 민망한 상황을 더이상 겪지 않아도 된다!

약점이거나 혹은 무기이거나

모든 동물은 자기 몸에서 항문 주변이 가장 취약하다는 사실을 본능적으로 알고 있다. 그러므로 항문을 드러내는 것은 대부분 상대를 신뢰한다는 표시다. 동물이 자신의 영역에서 벗어나 낯선 장소(예를 들면 유명 관광지의 호텔)에 가 있을 때, 그의 몸은 본능적으로 배설을 참는다. 그 장소가 확실히 편안하고 안정적으로 느껴지지 않는다면 배설기관은 계속 닫혀 있을 것이다. 그렇다고 변이 새어나오지 못하게 참으면서 꼼짝달싹하지 않는 것은 아니지만.

날카로운 발톱이나 이빨, 단단한 등껍질도 없는 존재가 이런 약점이 있을 때는 차라리 그것을 엉덩이 골 사이에 깊숙이 감추는 게 낫다…… 그러니 엉덩이 한가운데 과녁처럼 드러난 항문이 거의 차폭등만큼이나 눈에 확 띄는, 네발 달린 짐승들에게 부디 연민을 품길 바란다! 이빨로 항문을 물어뜯은 다음 여럿이 한꺼번에 달려들어 여전히 숨이 붙은 채 고통스러워하는 불운한 먹잇감의 내장을 뽑아내고, 복부에 벌어진 구멍으로 간과 비장과 심장을 뜯어먹으려고 주둥이를 슬그머니 들이미는, 발톱이 퇴화된 아프리카 들개나 하이에나 무리가 아니라 단번에 고통 없이 죽여주는 포식자를 만나기를 빌어주자.

익히 알려진 대로 하이에나는 살아 있는 먹잇감이 없으면 썩어가는 짐승의 사체도 마다하지 않는다. 체면이 좀 깎이는 일이긴 하지만, 하이에나는 불로소득으로 얻은 먹이에 만족스러워한다. 물소나 코끼리의 사체처럼 아주 두터운 가죽으로 뒤덮여 공략하기 쉽지 않은 먹이가 식탁에 올라온 경우, 하이에나는 사냥할 때와 마찬가지로 그 먹잇감의 가장 취약한 부분, 그러니까 가장 연하고 말랑말랑한 똥구멍부터 먹어 들어가기 시작한다.

파리목 검정파리과에 속하는 구리금파리('녹색파리' 또는 '세쌍풀색파리'라는 이름으로도 알려져 있다)의 암컷 역시 가축의 바로 그곳에 집중적으로 달려든다. 항문 주변 살갗은 아주 부드럽고 연해서 미래의 어미 파리들이 산란 장소로 가장 선호하는 곳이다. 거기서 부화한 구더기들은 항문 주변의 살갗을 쉽게 뚫고 안으로 파고들어간다. 오스트레일리아와 네덜란드에서는 항문 주변 살갗 속으로 파고들어간 유충들로 인해 해마다 수천 마리의 암양들이 죽어나간다. 놀랍게도 일부 열대지방에서는 이 구더기들이 사람 몸속으로 거침없이 파고들기도 한다.

허울뿐인 균형이나마 맞추기 위해 자연은 몇몇 종의 항문에 방어 기능을 부여했다. 그래서 항문에 주머니나 항문샘이 있는 동물들은 주변 식물에 악취나는 분비물을 뿌려 자신의 영역을 표시한다. 하이에나가 바로 그런 동물인데, 형평성을 위해 하이에나 이야기는 이쯤에서 끝내기로 하자!

한편 훨씬 더 끔찍하게도, 자신의 항문을 강력한 화학무기로 사용하는 작은 동물이 있다. 바로 벌꿀오소리로, 이 동물은 세상에서 가장 난폭한 포식동물 가운데 하나다. 먹잇감 앞에서는 그 어떤 무시무시한 경쟁상대를 만나도 절대로 물러서지 않는, 야수들에게조차 만만치 않은 공포의 대상이다. 매우 잔인하고 집요하며 크고 날카로운 발톱과 가공할 만한 이빨, 뱀독도 뚫고 들어가지 못하는 갑옷처럼 두툼한 가죽으로 무장한 이 족제빗과 동물은 거북의 등껍질도 사탕처럼 깨부수어 잘근잘근 씹어먹는다. 원숭이처럼 영리하고 인간처럼 뒤로도 달릴 수 있는 벌꿀오소리는 좀처럼 궁지에 몰리는 법이 없다. 게다가 항문 안에 비밀무기까지 감추고 있는데, 아주 고약한 냄새를 퍼뜨리는 주머니가 바로 그것이다. 일례로 벌꿀오소리는 이 주머니를 까뒤집어 엄청난 악취로 벌들이 힘을 못 쓰게 만들고 그 틈을 타서 벌꿀을 모조리 먹어치운다. 하지만 이처럼 공격적이고 난폭한 벌꿀오소리도 한 가지 약점이 있다. 단맛이라면 물불을 못 가린다는 것이다.

항문의 기원

항문이 없는 개는 아직 발견되지 않았다. 하지만 꺼냈다 접어넣었다 할 수 있는 항문, 다시 말해 필요할 때면 생겼다가 볼일이 끝나면 몸속으로 사라지는 항문을 가진 해파리가 최근에 발견되었다.

해파리의 항문은 종의 생활습관에 따라 각기 다르다. 유즐동물•

에 속하는 개체는 소화하고 남은 찌꺼기를 배설하기 위한 고유한 구멍을 갖고 있는 반면, 자포동물에 속하는 개체들은 한 개의 구멍으로 두 가지 기능을 이행한다. 하지만 그렇다고 딱히 불편해하는 것 같지는 않다. 심지어 어떤 개체들은 구멍을 여러 개 가지는 호사를 누리기도 한다.

바다호두빗해파리에게는 항문을 일시적으로 만들었다 사라지게 하는 놀라운 능력이 있다. 이 해파리는 그런 배설기관을 가졌다고 알려진 생명체들 가운데 오늘날까지 살아남은 유일한 생명체다. 이 빗해파리가 배설을 원할 때면(이 해파리는 매시간 배설하고 싶어 한다) 먹이 찌꺼기가 잔뜩 쌓인 내장이 피부에 닿을 정도로 부풀어 오르고, 결국 피부 사이를 벌어지게 해 그 틈으로 배설물을 내보내는데, 볼일이 끝나면 그 구멍은 오므라들면서 감쪽같이 사라진다. 미국의 생물학자 시드니 탐[3]은 이 빗해파리가 배설하는 장면을 오랫동안 관찰한 뒤, 종들의 진화 과정에서 항문을 가진 동물들이 자연 곳곳에 어떻게 자리잡게 되었는지 그 과정을 다음과 같이 추론했다. 찌꺼기가 가장자리 한군데로 계속 몰려들다가 결국 영구적인 하나의 구멍이 생긴 것이다. 그렇게 제대로 구멍이 뚫린 해양동물들은 물 밖으로 나올 수 있었다. 그다음에 어떻게 되었는지는 우리도 이미 잘 알고 있다.

● 일명 빗해파리류. 빗 모양으로 띠를 이루어 난 섬모 때문에 무지갯빛으로 보이는 심해동물.

3 「빗해파리류 바다호두빗해파리의 배변은 일시적인 항문을 통해 24시간 이내 주기로 일어난다」, 미국현미경협회, 2019년 2월 22일.

그런데 하루에 5개 정도의 열매와 채소를 소화시켜야 한다면, 배설을 위한 기관을 갖고 있는 게 더 실용적이다. 하기야 인간들이 후구동물[4]로 분류되는 것도 바로 배아를 뚫고 처음 생긴 구멍이 입이 아니라 항문이기 때문이다. 하지만 정확히 말하자면 '현대의 후구동물'들이라고 해야 할 것이다. 5억 4천만 년 전에 살았던 이 계통의 시조(불가사리)의 후손들은 너무도 다양하게 진화해서, 마치 도널드 트럼프가 하수관에 대해 잘 모르는 것처럼 불가사리류를 잘 모르니까 말이다. 그들의 공통 조상인 사코리투스 코로나리우스[•]는 해저에 살았고, 몸이 아주 작아서 심해의 모래바닥 위를 꿈틀거리면서 앞으로 나아갔을 것이다. 이 생명체는 입과 이빨에 자그마치 8개의 아가미형 배수 구멍을 갖고 있었지만, 항문은 하나도 없었다. 이 생명체의 화석은 그야말로 연구대상이다!

오늘날 동물계에서 가장 오래된 종으로 알려진 또다른 대표적인 생물 디킨소니아 역시 항문이 없었다(게다가 입도 없었다). 오스트레일리아 국립대학 연구팀이 그 화석들에서 콜레스테롤 분자가 포함된 조직을 발견한 덕분에 디킨소니아는 아주 최근에야 동물로 인정받았다.

불쌍한 피조물들이 입으로 배설해야 했던 시대는 다행히 지나갔다. 오늘날 규칙은 명백하다. '한 동물당 하나의 항문.' 단, 예외로 두

4 수정란의 배아 발생시 원구가 항문이 되고 입이 따로 만들어지는 동물. 후구동물에 관해서는 2장에서 다룰 것이다.

• 인류의 조상으로 간주되는 후구동물 중에서도 가장 원시적인 생물.

동물이 있다. 하루살이와 모낭충이다. 섭취물이 소화되는 시간보다 생존 기간이 더 짧은 하루살이 같은 생물에게 항문기관이란 부질없는 것이다. 집단을 이루고 사는 아주 흥미로운 기생성 진드기인 모낭충에 관해서 말하자면, 안심해도 좋다. 이들은 똥을 싸지 않으니까. 모낭충은 끝까지, 다시 말해 자가분해될 때까지, 자신의 배설물과 함께 당신의 모공 속에 들러붙어 있을 것이다.

항문의 자유분방한 본성

평화로워 보이는 초식동물인 코끼리는 의외로 우리 인간들이 보기에 영 찜찜한 습관이 있다. 하루의 생존에 필요한 200킬로그램의 풀, 나뭇잎, 나무껍질 같은 먹이를 충분히 먹지 못했을 때 코끼리는 다른 코끼리의 똥구멍에 코를 처박아 부족한 먹이를 보충한다. 우스꽝스럽지만, 코끼리의 코는 생존에 유용한 도구임이 분명하다.

공기가 희박한 얼음 밑에서 겨울잠을 자는 붉은귀거북들은 항문으로 숨을 쉰다. 신진대사가 느려진 이 냉혈동물은 일정 체온을 유지하기 위해 자신의 배설강을 통해 물속에 녹은 산소를 흡입한다. 모세혈관이 밀집한 항문과 배설강의 표면이 산소를 교환할 수 있게 해주는데, 얼음의 두께가 물의 산소화를 방해하지 않는 한 그들의 생존에 충분한 양을 흡입할 수 있다.

서로 부리와 목을 얽어맨 채 물밑에서 겨울을 난다는 황새들에 관한 이야기가 중세 이래로 지금까지 항간에 떠돌고 있다. 동네 아낙들 사이에 오가던 이런 시시껄렁한 이야기들은 사실 거의 신빙성이 없다. 황새의 항문은 아주 민감해 물밑에서 겨울 추위를 견뎌낼 수 없기 때문이다. 하지만 몇몇 동물들은 항문을 기분전환용으로 이용한다는 사실이 확인되었다. 그러므로 우리가 알던 것처럼 자연의 중대사가 과연 생식뿐인지 자문해볼 필요가 있다……

18세기 프랑스 수학자이자 박물학자, 철학자, 진화론의 선구자였던 뷔퐁 백작이 밝힌 관찰 결과들을 가볍게 무시하면서(이 관찰들로부터 '동물성'이라는 부정적인 용어가 탄생했다) 지나치게 점잔을 빼던 현대 과학계는 실제로 동물 엄마 아빠들이 뭘 하는지 아주 최근에야 대중에게 밝혔다(그들은 여전히 아이들에게 생식에 관해 설명해주지 않는다!)!

동성인 동물 간에 행해지는 짝짓기를 처음 목격한 뷔퐁은 즉시 연구에 몰두했다. 그리하여 동성 간 성행위는 암컷과 자유롭게 짝짓기를 할 수 없기 때문에 본능이 변질되어 일어나는 기현상이라고 결론 내렸다…… 대자연의 구석구석에서 수컷들끼리 교미하는 동물들을 우연히 맞닥뜨리기 전까지는.

1999년에 진행된 한 연구에서, 캐나다의 생물학자이자 성의학자인 브루스 배게밀은 동물계 전체(포유류, 조류, 파충류, 양서류, 어류, 심지어 무척추동물까지)에서 집단 내 서열과는 무관한 몇몇 의미심장한 동성애적 행동들을 밝혀냈다.[5] 인간과 마찬가지로 동물 역시 서열이 높은 우성이 오히려 동성애 성행위에서는 복종하는 경우가 흔하다는 사실이 눈에 띈다. 암컷 보노보들은 특히나 이러한 역할 전도를 좋아한다.

널리 알려진 대로, 이 보노보들은 장소를 가리지 않고 아무데서나 끊임없이 짝짓기를 해댄다. 아마도 집단 내의 긴장을 누그러뜨리려는 목적으로 추측된다…… 아무리 그래도 좀 과하긴 하다! 침팬지나 고릴라, 마카크원숭이 같은 다른 원숭이들도 성적으로 자유분방하기는 마찬가지다. 인간의 눈에는 추잡하고 상스러워 보일 수 있으나, 사실 그들은 양성애와 난교를 통해 미개하지만 다 함께 잘 사는 행복한 사회를 유지해나간다……

반면 오랑우탄에게서는 이런 현상이 일어나지 않는다. 대신 오랑우탄은 나뭇조각으로 인공음경을 만들어 사용한다. 원숭이가 우리의 사촌이라는 이유로 그들이 인간 사이에 이루어지는 사랑의 곡예를 모방하는 유일한 존재일 거라고 섣불리 단정짓지 말자. 수컷 개가 다른 수컷 개 뒤에 올라타는 건 그렇게 드문 일이 아니다. 믿을 만한 문헌들에 따르면, 쥐도 비슷한 행동을 한다. 코끼리, 사자, 족제비, 얼룩말, 그리고 야생양(발굽이 있는 유제류에 속하는)도…… 항문성교를 한다.

들소도 사자처럼 번식기에만 암컷을 만나 아주 신속하게 교미한다. 나머지 계절에는 수컷끼리 생활하며 서로 수작을 걸고, 만족할

5 『생물학적 과잉: 동물의 동성애와 자연의 다양성Biological exuberance: Animal homosexuality and natural diversity』, St. Martin's Press, 1999.

때까지 삽입과 사정을 반복하면서 오랜 시간 특별한 관계로 지낸다.

크로아티아에는 유명한 수컷 갈색곰 두 마리가 있다. 덩치가 작은 놈이 큰 놈에게 날마다 한두 번씩 달달한 간식을 건네고, 큰 놈은 주둥이 한가득 그것을 받아 문다. 둘은 몇 해 전부터 함께 살기 시작했는데, 사람들이 우리 안으로 암컷 곰을 들여보내도 거들떠보지도 않는다.

하마 역시 항문 쪽으로 유명세를 타고 있다. 하마는 이성애 성향이긴 하지만 하는 짓이 좀 지저분하다. 수컷은 암컷을 유혹하기 위해 똥을 싸면서 꼬리를 마구 휘둘러 사방으로 흩뿌려댄다. 그런데 이게 효과가 있다!

온순한 카멜레온은 주변 환경에 맞춰 몸의 색을 바꾸듯이, 자기가 올라타는 대상의 성적 성향에 자신을 맞춘다. 그에 비하면 한결같은 새들은 성적 성향이 어떻든 간에 한 번 맺은 짝과 충실한 관계를 유지하며 살아간다. 재두루미의 약 5퍼센트는 무조건 게이다. 이들은 짝을 찾기 위해 이성애 성향의 재두루미 못지않게 성적인 과시를 하며 구애작전을 펼친다. 그렇게 해서 짝을 맺은 재두루미들은 오리들이 그렇듯이 평생 동안 변치 않고 함께 살아간다.

깊은 바다 밑에서부터 해안에 이르기까지, 낯부끄러운 행위들이 목격된다. 가금류과 여러 동물이 그렇듯 갈매기와 펭귄도 동성과 짝을 이뤄 지속적인 관계를 유지한다. 이 동성애 커플들은 심지어 알을 하나 입양해서 부화시킨 후 새끼를 돌보며 키우기도 한다. 그렇지만 유감스럽게도, 그렇게 애지중지하며 키운 새끼와의 관계는 종종 파탄으로 끝난다. 발정기에 지나치게 흥분한 수컷 아델리펭귄이 새끼 펭귄과 강제로 성관계를 맺다가 의도치 않게 새끼를 죽이는 일이 일어나기 때문이다.

바다코끼리의 경우, 암컷은 수컷보다 훨씬 덩치가 작다. 우성 수컷이 여러 암컷들의 마음을 사로잡아 일종의 하렘을 형성한다. (여기서 질문: 마음을 사로잡은 것일까, 아니면 힘으로 붙잡아놓은 것일까?) 나머지 수컷들은 자기들끼리 성욕을 해결할 수밖에 없다. 아니면 몸집이 암컷만해서 제대로 저항하지 못하는 어린 수컷들을 강간하거나……

그런데 해달은 훨씬 더 심하다. 암컷 수가 모자라서 발정난 수컷들은 성욕을 해소하기 위해…… 바다표범 새끼를 제물로 삼는다. 불쌍한 새끼들은 살아남지 못한다. 다행히도 해달은 알뜰해서 사체와 일주일은 족히 즐길 수 있다. 게다가 바다표범들은 자신들이 다른 동물들보다 '호모스럽지' 않으며 특히 항문성교를 하는 습관이 없다는 점을 분명히 해두고 싶어한다. 그런데 프랑스어로 바다표범phoque이 삼각돛foc과 동음이의어라는 점을 생각하면, 여기에는 내가 이해하지 못하는 말장난이 있는 게 분명하다! 여기서 말하는 삼각돛은 앞에서 불어오는 역풍이 아니라, 뒤에서 불어오는 순풍에 부풀어오르기 때문이다.

돌고래는 흔히 주둥이를 음부에 끼워넣거나 항문에 성기를 삽입하는(이들은 시력이 좋지 않은 건가?) 짝짓기 행위를 한다. 범고래도 그에 못지않다. 그리고 우아한 팔완류(문어, 낙지 등)는 짝짓기를 할 때 물밑에서 춤을 추며 서로를 얽어맨다. 다리로 짝짓기를 하기 때문이다•. 얼룩무늬물범은 수컷끼리 애교 섞인 장난을 치며 상대의 비위를 맞추고 구애한다.

이처럼 생물학적 성별에 맞지 않는 행동을 한다고 확인된 동물들은 현재까지 1500종이 넘는다. 그리고 그 숫자는 계속 늘어나고 있다. 특히 다음과 같은 사실들이 새로 밝혀졌다. 기린의 경우, 동성애 행위의 빈도가 이성애 행위 빈도를 능가한다. 이들은 열에 아홉은 수컷끼리 짝짓기를 한다. 사실, 동성애적 행동이 전혀 관찰된 적 없는 종은 체외수정을 통해 번식하는 종들뿐이다. 만약 당신이 찬장 안에서 진드기를 봤다면 쌀통이나 밀가루통 안에서 거짓쌀도둑거저리들이 비역질을 하고 있을지도 모른다는 사실을 명심하라. 떠도는 소문에 지나지 않지만, 유니콘들이 항문으로 재미를 톡톡히 본다는 사실도 잊지 말자.

요컨대, 동물에게 양성애는 지극히 정상적인 것이다…… 우리는 예부터 대자연 속에 함부로 들어가서 헤매고 다니지 말라는 말을 종종 들어왔다. 거긴 불결하고, 길도 험하고, 맹수들도 많은데다 온갖 벌레들에게 물어뜯길 수도 있다고. 하지만 호기심을 억누를 수 없던 인간은 몰래 자연을 살피러 들어갔고, 그곳에서 온갖 성적 행위를 자유로이 하고 있다는 사실을 확인했다.

동물들은 동성애를 즐기는 것이 자연을 거스르는 게 아님을 입

• 팔완류의 짝짓기는 수컷이 다리를 이용해 정자를 암컷의 몸안에 넣는 식으로 진행된다.

증하고 있다. 그렇다고 너무 성급하게 인간의 경우를 그들에게 꿰맞추려고 하지는 말자! 그 사실을 알아내려고 위험을 무릅쓰고 야생 지역으로 들어가는 모험을 하는 동물은 인간밖에 없으니까.

결국, 우리는 동물의 행위—우리를 감동시키거나 공포에 빠뜨리는—를 관찰함으로써 본성이 아니라 문명에 관해 알 수 있다. 본성을 갈고닦을 것을 요구하는 문명은 사실상 본성을 억압해 본성대로 나아가지 못하게 한다. 본성에 눈가리개를 씌워서 타인의 억눌린 본성만을 보게 한다. 그러니까 자유분방하게 발현된 본성을 목격하면 문명은 경악하기 마련이다. 그때 본성은 재빨리 돌아와 다음과 같은 겸허한 메시지를 전해준다. '상대방을 재단하지 않고 있는 그대로 받아들이며 즐거움을 얻는 행위는 결코 어리석은 행동이 아니다!'

끝을 알 수 없는 구멍 안에서 찾아낸, 놀랍도록 다양하고 무궁무진한 물건들 1

동물들이 항문에 뭐든 마구 쑤셔넣을 정도로 어리석은지는 잘 모르겠지만, 인간이 살아 있는 동물들을 그 안에 쑤셔넣을 만큼 잔인하다는 건 확실하다. 철저히 사실에 입각한 의학 보고서들을 토대로 한 이 목록이 그걸 증명해준다.

- 어느 뉴질랜드인의 결장에서 발견된 아스파라거스만한 뱀장어.
- 누군가의 항문 안에서 꺼낸 암소 뿔.
- 한 브라질 남자의 항문으로 들어가 창자까지 거슬러올라간 물고기. 결국 개복수술을 통해 1미터가 넘는 살아 있는 물고기를 꺼냈다.
- 2010년 캐롤라이나 남부에서 완전히 발가벗은 채 환각상태에 빠져 있다가 체포된 도둑의 엉덩이 사이로 꼬리만 삐죽 튀어나와 있던 생쥐.
- 대미를 장식할 그 유명한 햄스터 '라곳' 이야기. 옛날 옛적에 한 쌍의 연인이 있었다. A씨와 E씨, 그들은 사랑을 아주 많이 나눴는데, 특히 항문으로 즐기는 걸 무척이나 좋아했다. 어느 날 저녁, E씨에게 기발한 생각이 떠올랐다. 그는 A씨의 항문에 지함을 쑤셔박고 그들이 기르는 햄스터 '라곳'도 데려다

가 함께 즐기기로 했다. 지함 안으로 그 녀석을 밀어넣자 녀석은 재빨리 안으로 기어들어갔다. 처음에는 끝내줬다. 그런데 자극이 너무 심해 참을 수 없어진 A씨가 이제 됐으니까 그만하고 햄스터를 꺼내라고 소리를 질렀다. E씨는 햄스터를 밖으로 끌어내기 위해 성냥에 불을 붙여 지함 통 속에 갖다댔고, 그 순간 펑하는 소리와 함께 그의 코로 뭔가가 날아들었는데, 라곳이 아니라 불길이었다. 이내 깊숙한 안쪽에서 더 큰 가스폭발이 일어났다. 그러더니 뭔가가 마치 대포알처럼 항문에서 솟아올라 E씨의 얼굴을 강타했다. 바로 새까맣게 그을린 채 밖으로 튕겨나온 가련한 라곳이었다. E씨는 화상을 입고 코가 부러졌다. A씨로 말할 것 같으면, 그는 이제 다시는 성적인 흥분 따위는 느끼고 싶지 않게 되었다.[6]

6 〈로스앤젤레스 타임스〉, 1999년 3월 15일.

2장 애초에 인간은 항문이었다

"항문은 위쪽에서
무슨 일이 일어나는지 모른다."

마사 마칸 디아바테, 『굶주린 하이에나』

해부학적으로 말하자면,
항문은 앰플 꼭지나 백열전구의 베이스처럼 생겼다, 그렇지 않은가?
그런데 백열전구의 베이스 부분을 프랑스어로 뭐라고 부르는가?
밑구멍culot! 우리는 그 말에서 벗어날 수 없다……
항문은 수억 년 전에 살았던 수많은 생명체가
나와 당신, 우리로 진화하며 지금 여기 다다르게 된
출발점이자 근원인 작은 고리다.
나는 그 원초적인 곳으로 되돌아가보고자 한다.

×

애초에 인간은 항문이었다

배아의 세포분열 초기단계—대략 임산부가 생리 지연일을 세기 시작하는 시기—에 함입을 통해 수정란 바깥쪽으로 '원구'라는 하나의 구멍이 생긴다. 이를 중심으로 훗날 태어날 인간존재가 발달하는데, 이 구멍이 바로 태아의 항문이다. 입은 그후 제2형성기에 생겨난다. 체계적인 계통발생학[7]에서 우리 인간들을 후구동물상문에 속하는 척추동물로 분류하는 것도 그 때문이다. 이 분류군은 그리스어로는 '두번째'를 뜻하는 '듀테로스δεύτερος'로 불리며 원구동물[8]

7 원시상태에서 현재까지 생물의 진화 과정을 연구하는 학문.

8 최근의 여러 자료들은 몇몇 원구동물 분류군(완족동물문, 추형동물문, 완보동물문……) 역시 후구동물이라는 사실을 밝혔다.

과 이배엽성동물[9]들(입이 먼저 형성되는 종들)을 우리와 구별 짓는다.

애초에 인간은 항문이었다…… 최상위 포식자의 초기 성장 발달은 항문이 형성되며 시작된다. 여자의 몸에서, 흔히 '두번째 구멍'이라고 부르는 이 구멍이 사실상 명실상부한 첫번째 구멍이다.

어떤 막대기의 팽창에 의해서도 분간된다는 것을 알면 그걸 혼동하는 사람을 비난할 수만은 없을 텐데, 과학자들이 '척삭'이라 부르는 이 막대기는 항문이 있는 생명체와 없는 생명체를 구별하게 해준다. 사실 후구동물은 암불라크라리아와 척삭동물문이라는 두 종류의 아목亞目으로 나뉜다. 인간은 후자에 속한다. 척삭 발달 18일째에 큰 세포 덩어리가 척추를 이루는데, 이 세포 덩어리가 팽창하면서 단단하면서도 유연해져 장차 생겨날 골격의 중심축이 되어 마침내 척주에 융합된다. 척주는 정보, 감정, 애매한 이론, 그리고 생각하는 동물의 특징인 착오 등을 통과시키는 신경관이다. 머리에서 발끝까지, 우리는 모두 끈으로 연결되어 있다!

항문관의 입구

명확한 용어로 항문을 정의하기 위해, 항문관을 통해 항문이 끝나

9 외배엽, 중배엽, 내배엽으로 형성되어 발달하는 동물을 삼배엽성동물, 외배엽과 내배엽 두 세포층으로만 형성된 동물을 이배엽성동물이라고 이른다.

는 부분까지 거슬러올라가보자. 소화관의 끝부분인 항문관은 직장팽대부의 제일 말단에 위치한다. 항문관의 길이는 약 3센티미터이고, 직장과 경계를 이루면서 비스듬히 뒤쪽을 향하고 있다. 직장과 항문관은 배변을 조절하는 활발하고 민감한 시스템을 갖추고 있다. 배변 절제는 2개의 근육 다발, 즉 항문관 주변으로 둘러진 내외 괄약근에 좌우된다.

항문관 내벽은 여러 세포층으로 이루어진 두꺼운 점막으로 덮여 있어, 대변의 화학작용과 마찰에도 거뜬히 견딘다. 이 점막은 피지선과 땀샘뿐만 아니라 중요한 정맥조직과 혈관총이 밖으로 부풀어 오르고 늘어져 치핵으로 발전하지 않도록 보호하는 주름을 만든다. 항문 기둥•이라는 명칭으로 알려진 이 세로 방향의 점막 주름들은 아래쪽으로 가면서 작은 항문판막에 초승달 모양으로 몰려 있다.

항문판막은 항문관 중간 높이에서 '치상선'이라 불리는 원기둥 주위로 원을 이룬다. 이행대를 거치면서 항문 점막의 색깔도 하부로 갈수록 더 진한 자줏빛을 띤다. 이것은 외괄약근의 피하 다발에 연결된 방사형 주름들을 통해 마침내 구멍에 이른다. 이제 다 왔다! 이 구멍은 회음부 뒤쪽 중앙에서 열린다.

• 정식 명칭은 최초 발견자인 이탈리아 해부학자이자 병리해부학의 창시자 조반니 바티스타 모르가니의 이름을 붙인 '모르가니 기둥'이다.

항문에 관한 진실 1

남자의 항문은 꼬리뼈로부터 2센티미터 지점에 위치하고, 여자의 항문은 2.5센티미터 지점에 위치한다. 항문 가장자리의 피부는 더 두껍고 털도 나 있다.

배변에 대한 궁금증

인간이라면 누구나 가진 이 방사형 주름들은 연체동물이 지닌 껍데기의 주름 무늬처럼 모두 합해서 36개일 것이다. 이것은 1970년대에 살바도르 달리가 즐겨 그렸던 소재이기도 하다(달리 이후로 그 개수를 세어본 사람이 또 있을까?). 여하튼 우리는 모양새가 저마다 독특한 자신만의 항문 주름을 갖고 있다.

매끈한 근육인 내괄약근은 지속적으로 힘을 유지하면서 항문관이 계속 닫혀 있게 해준다. 이는 자율신경계와 연관이 있다. 내괄약근은 의지와 무관하게 자율적으로 운동하는 근육으로, 기침할 때 변이 새어나오지 않도록 출구를 자동으로 닫는 시스템을 갖추고 있다. 반면 치골직장근(골반 아래쪽 근육)으로 항문올림근과 연결된 줄무늬 모양의 외괄약근은 사람의 의지에 따라 수축 또는 이완할 수 있다.

모든 줄무늬 모양 근육들이 그렇듯이 괄약근도 발달할 수 있다.

회음부의 재활 원리도 바로 여기에 있다. 회음부 재활훈련을 통해 괄약근을 강화함으로써 변실금을 예방할 수 있다. 괄약근에 탄력을 주기 위해서는, 자연스럽게 호흡하면서 그 부위를 오래 수축시켰다 짧게 수축시켰다 하는 운동을 규칙적으로 반복하기만 하면 된다. 이 훈련은 서서도 앉아서도 할 수 있지만, 화장실 변기에 앉은 상태에서는 절대로 하면 안 된다.

항문에 관한 진실 2

신나게 한바탕 웃으면 괄약근들이 저절로 근력운동을 하게 되어 탄력이 강화된다. 그러므로 배꼽 잡고 웃을 만큼 재미있는 이야기라면 주저하지 말고 즐기시라! 괄약근이 탄력적일수록 피가 더 잘 돌아서 결과적으로 성감이 더 좋아진다.

클리토리스, 페니스, 음낭, 항문의 성감을 좌우하는 음부 신경은 한때 부끄러운 것으로 여겨졌다. 도덕이 부과한 이 불명예스러운 낙인은 정상적인 신체기관에 죄의식을 느끼게 만들었고, 그 기관들의 자연스러운 기능을 교란하기에 충분했다.

직장은 확장능력이 있어 비교적 부피가 큰 배설물도 안에 담아둘 수 있다. 하지만 직장 안에 배설물이 많이 고이면 직장벽이 늘어나면서 직장이 팽창하고, 이에 따라 혈류가 증가해 부풀어오른다. 항문관 안에 이물질을 느닷없이 또는 과격하게 삽입할 경우 통증을 느끼게 되는 이유다.

항문관은 압력이 아주 높은 부위다. 내괄약근의 수축에 의해 유지되는 이 압력은 변이나 가스가 배출되지 못하게 막아준다. 내용물이 가득차면, 직장이 수축하여 화장실에 가고 싶은 욕구를 느끼게 된다. 자극반사로 외괄약근이 다시 조여지는 동안, 내괄약근은 항문직장의 억제반사에 영향받아 긴장이 풀린다. 이 일련의 반사들을 '표본추출'이라 부른다. 이것은 항문관 위쪽에 위치한 특수 신경들이 배달된 내용물이 액체냐 고체냐 기체냐에 관한 정보를 뇌에 전달할 수 있게 해준다. 개구부를 열라는 명령이 위쪽에서 떨어지기를 기다리면서 자극반사가 항문직장의 출구를 차단한다. 이런 상황만 아니라면, 직장은 완전히 텅 비어 있어서 다른 활동을 할 수 있다.

순조로운 배변을 위한 가장 효과적인 자세

쪼그려앉은 자세가 가장 이상적인 배변 자세다. 항문 괄약근이 이완되는 것은 배변의 마지막 단계일 뿐이다. 괄약근이 열리기 전에 내용물이 항문직장의 굴곡과 협상을 잘해야 한다. 그게 아니면, 대변이 직장을 순조롭게 통과해 자연스럽게 빠져나갈 수 있도록 이 굴곡을 아예 없애야 한다. 쪼그려앉으면 배변 통로가 곧게 펴져 변이 빠르고 완전하게 빠져나간다. 서 있을 때는 직장이 항문관과 각도를 90도로 이루면서 변이 내려오지 못하게 막는다. 좌변기에 앉으면 이 각도가 125도가 되면서 직장이 변을 강제로 밀어낸다. 만약 억지로 밀어낸다면(변비에 걸렸거나 자세가 나빠서), 그 지속적인 압력 때문에 항문 정맥들이 부풀어 오른다. 이러한 경우가 반복되면 정맥류가 형성되는데, 이것이 곧 치질이다.

쪼그려앉은 배변 자세를 취하면, 치골직장근이 이완되어 항문직장이 항문관과 160도를 이루며 항문이 열리므로, 치질 같은 질환에 걸리지 않는다. 좌변기를 이용하는 경우 완전히 쪼그려앉기는 쉽지 않다. 이를 개선하려면, 양변기 앞에 나지막한 발 받침대를 놓아두고, 그 위에 두 발을 얹어 무릎이 올라오게 하면 된다.

전 세계 대부분의 사람들은 변을 볼 때 쪼그려앉는 자세를 취한다. 인도처럼 지면보다 낮게 설치된 변기를 이용하거나, 튀르키예나 동양의 몇몇 나라들처럼 지면과 거의 같은 높이에 있는 변기를 이용하거나, 3개의 조가비 모양 버튼으로 다양하게 쪼그려앉은 자세를 선택할 수 있는 최첨단 모델의 변기를 이용하거나, 동아시아의 뒷간처럼 멀리 떨어진 곳에 있는 변소를 이용하거나, 한국이나 일본처럼 따뜻한 물을 분사해주는 비데가 달린 변기를 이용하거나, 아니면 아주 간단하게 자연 속으로 들어가서 볼일을 보거나 간에.

지체 높은 공주건, 갱도 밑바닥의 광부건, 좌파 지식인이건, 수감자건, 야영지의 간이변소 이용자건, 금박 잎들로 장식된 왕좌에 앉은 사람이건 누구나 배변을 하며, 누구나 배변을 위한 구멍을 하나씩 갖고 있다.

암흑의 중세시대에 서양의학이 수치스러운 부위라 치부했던 이 인체의 사각지대가 인도에서는 오히려 제1차크라('차크라'는 산스크리트어로 '바퀴'라는 뜻이다)로 알려져 있었다. 차크라 체계는 인간의 신체를 생명 에너지의 섬세한 조직망으로 간주한다. 서양의 관점과 전혀 다른 이 개념은 힌두 신화에서 비롯된 것으로, 요가와 함께 서양으로 건너간 뒤 세계 곳곳으로 전파되며 대중화되었다.

정수리부터 회음부까지 척추를 따라 7개의 중요한 차크라가 위치한다. 차크라들은 끊임없이 진동하면서 개인의 에너지 회로를 조정하여 땅의 에너지 회로와 연결시킨다. 그렇기 때문에 차크라 체계는 특정 위치에 영원히 고착되어 있는 게 아니라 오히려 인간의 전체 의식과 함께 그 위치가 계속 바뀐다.

물론 여기서 유독 우리의 관심을 끄는 것은 생식선과 연결된 뿌리차크라, 즉 제1차크라다. 산스크리트어 명칭은 '물라다라muladhara'다. 이 차크라는 항문과 생식기 사이, 몸의 근저에 위치한다. 붉은색과 공명하는 차크라는 땅의 기운과 연관되며 정력과 활력의 근원으로 정력, 식욕, 활력을 조절한다. 차크라는 에너지가 세포들을 통해 흘러 순환하게 만들면서 전체 기관을 균형 있게 받쳐주는 토대다. 미간 사이에 위치하며 직관을 상징하는 제6차크라ajna chakra, 그리고 정수리 부분에 위치하며 영성을 상징하는 제7차크라sahasrara chakra와 주요한 관계를 맺는 제1차크라는 대지 에너지와 영적 에너지 사이의 경계면 역할을 한다.

뿌리차크라로부터 일상을 순조롭게 영위하고 가정생활과 직장생활을 잘 관리하는 능력이 발휘된다. 이 차크라가 유연하고 강하고 잘 열려 있는 사람은 환하게 빛이 나며 행동을 통해 세상에 자신을 드러낸다. 뿌리차크라가 기본적인 균형을 이루지 못할 경우 성생활, 금전, 외모 등과 관련된 불안 증상이 나타나는데, 이는 삶의 즐거움이나 충동과 상반되는 것들이다. 이러한 불균형은 개인의 생존을 위태롭게 할 수 있는 의욕부진 또는 의욕과잉으로 드러난다. 가령, 거식증 또는 폭식증, 무기력증 또는 과잉행동, 인색하게 굴기 또는 과소비나 강박적 도박, 내핍과 엄격주의 또는 탐닉과 중독, 그리고 성욕이 완전히 저하되는 리비도 장애와 그 반대로 사랑도 쾌락도 없이 끊임없이 섹스를 하도록 부추기는 리비도 장애 등이 예다. 제1차크라가 막혀 있으면 물질 에너지가 변화하지도 순환하지도 못한다. 그러나 우리의 몸이 어떠한 방해도 받지 않는다면 필요에 따라 스스로 욕구를 조절할 수 있다.

요근, 영혼의 근육

아래쪽 척추뼈 6개를 대퇴골에 연결하는 속근육인 요근은 신체 기저 구조의 균형을 유지하면서 복부 근육기관들을 받치고 있다. 위험한 경우, 요근을 수축시키는 원시반사•가 일어나 이 기관들을 보호한다. 유연한 움직임과 편안하고 자유로운 신체 표현은 요근을 이완시킨다. 반면에 현대인이 받는 스트레스와 그들의 잘못된 자세들은 요근을 수축시켜 결국 신체기관에 영향을 미치면서 면역력을 저하시키고 만성적인 통증을 초래한다. 신장에서 나오는 독소가 요근에 쌓이기도 해 '쓰레기통 근육'이라 부르기도 한다. 명상, 요가, 춤은 도교 신자들이 '영혼의 근육'이라 부르는 에너지의 근원지인 요근을 해방시킬 수 있다.

마음이 열려 있고 통찰력이 있는 사람들은 생리학에 관한 동양의 개념과 서양의 개념을 서로 대립한다고 보기보다는 오히려 상보적이라고 생각한다. 동양과 서양 모두에서 나타나는 몇몇 공통적인 개념들이 있다. 서양에서 '헤르메스의 지팡이[••]'라는 상징으로 보이는 중심관이 그 예다. 동양에서는 베다경에서 찾아볼 수 있는데, '수슘나sushumna'라고 불리는 이 중심관은 하늘과 땅을 연결하고 머리와 항문을 잇는 세상의 축을 나타낸다. 의사건 별 볼 일 없는 인간이건, 항문외과 전문의이건 그저 단순한 멍청이건 간에, 인간존재를 고립된 구조물로 여기는 편협한 시각은 버리는 것이 우리 몸에 이롭다.

갑자기 모든 게 단순 명료해진다. 우리의 항문은 제명당한 상스러운 구멍이 아니다. 항문은 공기가 통하는 구멍이며, 이것 없이는 어떤 육체도 숨쉴 수 없다. 그리고 이 중심관 자체도 그것을 둘러싼, 감각과 감정들을 느끼는 몇 킬로그램의 살이 없다면 그저 한 줌 바

• 영아에게서 나타나는 중추신경의 본능적 반사작용으로, 성인에게는 나타나지 않는다.
•• 윗부분이 날개로 장식된 지팡이를 두 마리 뱀이 휘감고 있다.

람에 지나지 않을 것이다. 남자와 여자 모두가 가진 중심축이자 중심관, 신경들과 생명력으로 팽팽한 이 기둥이야말로 인간존재의 상징으로 남근보다 훨씬 더 적합하지 않을까?

3장

루이 14세도 피할 수 없던 치루

“방귀를 참으면
똥구멍에 종기가 생긴다.”

쥘로 보카른

수축성 있는 구멍인 항문은 우리의 감정에 직접적인 영향을 받으며
부드럽게 조심조심 다뤄야 하는 아주 민감하고 연약한 기관이다.
갑자기 겁을 먹으면 이 구멍에서 내용물이 흘러나오고
생활 습관이 변하면 이 구멍이 긴장한다.
뇌간이 항문에게 이렇게 속삭이는지도 모른다.
"이 새로운 영역에 흔적을 남겨도 괜찮을지 기다려보기로 하자."
신피질•에서 이루어지는 추론에도 불구하고
이중 물탱크와 자동여닫이를 갖춘 편리한 시설에도 불구하고,
항문은 여전히 원시적인 구제불능의 기관으로 남아 있다.
항문의 반응은 때때로 모순되지만 그 증후들은 논리적일 때가 많은데,
이를 이해하려면 항문에 더 가까이 다가가 자세히 살펴봐야 한다.
아주 가벼운 증상부터 골치 아픈 증상까지,
매력적이면서도 요사스러운 병명을 가진 항문 질환들을 살펴보고
치료 방법까지 알아보기로 하자.

• 대뇌의 겉질에서 가장 최근에 분화된 부분. 이성적 사고, 언어능력, 고차원의 사고능력이 발휘된다.

항문 관련 질병들

항문소양증

항문이 가려워서 긁어대느라 뜬눈으로 밤을 새우는 사람들이 의외로 많다는 걸 아는가? 항문 주변은 민감해서 가려움증에 걸리기 쉽다. 특히 건조한 부위에 스키드 마크•가 조금이라도 남은 경우 가려움증이 생긴다. 알레르기나 습진, 기생충, 치질 또는 더 심각한 병을 의심해볼 수 있는 징후들을 동반하지 않는 경우라면, 배변 후 항문 주변에 수분크림을 바르는 것만으로도 가려움증을 충분히 가라앉힐 수 있다.

• 속옷에 묻은 변 자국을 뜻하는 은어.

일반적으로 항문소양증은 위생관리에 소홀했거나 아니면 지나치게 닦아대는 바람에 생기는 경우가 대부분이다. 이 가려움증은 가벼운 증상이지만, 잘못 관리하면 만성으로 발전할 수 있다. 가려움을 참지 못해 계속 긁으면 가려움증이 더 심해질 뿐만 아니라 항문 주위 피부가 손상되고 이내 염증이 일어나 상태가 점점 더 악화될 수 있다……

요충증

밤마다 항문 부근이 가렵다면, 요충이라 불리는 작은 기생충들이 그 주변에 몰려 있는 것일 수도 있다. 이 기생충은 장내에 살지만 가늘고 긴 띠처럼 생긴 암컷들은 항문 가장자리에 알을 낳기 위해 밤이 되면 밖으로 기어나온다. 이때 셀로판테이프가 있으면 유용한데, 요충들이 밖으로 나오지 못하게 막기 위한 용도가 아니라 그것들을 관찰하기 위한 것이다. 항문 부위에 전체적으로 셀로판테이프를 꼼꼼하게 붙였다가 떼어내어 살펴보라. 아주 미세한, 가늘고 긴 흰 띠 같은 것들이 달라붙어 있을 것이다. 그렇다고 불안해할 건 없다. 구충제를 한두 번만 복용하면 말끔하게 사라질 테니까.

치핵

일반적으로 치질이라고 불리는 질환이다. 치핵은 사실 결장 혈관과 결합조직을 뜻하는 말이다. 이 병명은 사람들이 기관과 기능 장애를 혼동해서 편의상 병리와 동일시해 부르는 명칭이다. 치핵이 밖으로 밀려나오거나 혈액순환을 막을 때만 그 존재를 의식하는 것은 피를 잔뜩 머금은 이 조직덩어리들이 평상시에는 보이지 않는 곳에서 조용히 정체를 숨긴 채 완벽하게 작업을 계속해나가고 있기 때문이다.

임신과 치질의 상관관계

성인 두 명 중 한 명은 살면서 한 번쯤 치질 증상을 겪는데, 그중에서도 임신한 여성이 치질에 걸리는 경우가 많다. 임신의 전형적인 증상들이 치질에 걸리기 쉬운 요인들(변비, 호르몬 변화, 혈액순환 장애)이기 때문이다.

혈액순환계통 장애가 다 그렇듯이, 이 항문 정맥류는 "삶의 즐거움과 사랑을 제대로 받아들이며 즐기기가 어렵고, 우리 몸안에 그런 것들을 위한 자리를 남겨두기가 힘들다는 것을 의미한다"[10]. 이 질병은 항문에의 달갑지 않은 침입, 즉 불명예스러운 침입들에서 정조를 지켜내기 위해 우리의 정신이 세워놓는 경비병의 역할을 하는 듯하다.

10 미셸 오둘, 『어디가 아픈지 말해줘, 그럼 내가 왜 그런지 알려줄게Dis-moi où tu as mal, je te dirai pourquoi』, France Loisir, 2002.

직장염

혈변, 점액변, 가짜 변의와 잔변감, 직장이 당기거나 욱신거리면서 복통이 일어날 경우 직장염을 의심해볼 수 있다. 문제는 직장과 항문 끝부분의 염증인데, 다음과 같은 것들이 원인일 수 있다.

- 염증성 장질환 혹은 항생제 복용.
- 세균성 감염, 외부 유입 기생충 감염 혹은 항기생충약 복용.
- 감염성 질병(살모넬라 감염, 매독, 결핵 등) 혹은 장기간의 항생물질 치료.
- 성행위를 통해 전파된 전염성 질병(콘딜로마, 임질, 헤르페스 등).
- 방사선치료를 받은 후 생긴 염증.
- 윤활제 알레르기, 욕실용품(비누, 샤워젤 등) 알레르기.
- 완화제 남용, 자위 도구의 빈번하고 난폭한 사용, 젖먹이 아기의 경우 항문체온측정계의 과다한 사용.

치열

치열은 항문이 갈라진 것이 아니라 항문의 피부와 점막 사이가 헐어서 문드러지거나 궤양, 파열 등이 생긴 상태를 의미한다. 다시 말해, 내항문괄약근이 아주 뜨겁게 달아오른 상태에서 혈관화•가 제대로 되지 않아 좁아진 항문 통로로 변이 통과할 때 마찰이 일어나

• 혈관 분포가 왕성하게 일어나는 것.

헐고 찢어진 것이다. 항문이 아닌 다른 부위에서 이런 증상이 생겼다면 그 지경까지 가지는 않을 것이다. 하지만 치열이 발생하는 부위는 항문 통로의 바로 아랫부분이다. 체펠린 비행선 같은 대변이 통과할 때마다 이 부위에서 통증이 일어난다. 증상이 염려스러운 건 둘째 치고 배변시 통증이 극심하기 때문에 두려움으로 인한 변비를 초래할 수 있다. 아플까봐 겁나서 용변을 참다가 결국 변이 딱딱하게 굳는 것이다. 변비가 오래갈수록 치료도 오래 걸리고, 괄약근의 긴장도가 변의 배출을 가로막는 만큼 상처가 아무는 것도 더 어려워지기 때문에, 치료가 지지부진해진다……

항문농양

우리는 항문선이 무엇을 분비하는지, 그게 어떤 쓸모가 있는지 잘 모른다. 하지만 이 항문선들이 위치한 항문벽은 항문농양 발병률이 아주 높은 곳이다. 박테리아가 아주 풍부한 배설물이 주기적으로 지나가기 때문이다. 이 항문선들 중 하나가 감염되면 항문 주위 피부에 고름 주머니가 빠르게 형성되는데, 다소 딱딱하고 불그스름하며 아픔이 느껴지기 시작한다. 축하합니다, 그게 바로 항문농양입니다!

만일 그 고름 주머니가 저절로 사라지지 않으면, 더 퍼지기 전에 터뜨려야 한다. 국부마취를 한 뒤 외과용 메스질 한 번이면 충분하다. 통증은 즉시 가라앉는다. 그다음 고름이 흘러나올 수 있게 관을 끼운다. 절개 부위는 2주 뒤면 아문다. 그러면 끝이다…… 재발하기 전까지는.

사실 농양을 터뜨려 없앤다고 해서 그 뿌리가 완전히 제거되지는 않는다. 농양 아래에 흔히 항문관과 직결되는 터널이 생긴다. 언제라도 다시 감염될 수 있는 이 터널이 바로 누관瘻管이다. 이곳으로 분비물이 흘러들어 고이면 농양이 재발한다. 자, 풍악을 울려라!

치루

치루가 생겼다면, 한 단계 업그레이드된 것이다. 이제 통원 치료를 하면서 간단한 메스질 한 번으로 치료하는 건 불가능하다. 치루 수술은 누공이 통하는 항문관 내부까지 죽 절개한 다음 수술로 잘라낸 괄약근을 정확하게 봉합해야 하기 때문에, 숙련된 의사가 극도로 세심하게 살펴야 한다.

놀랍기 그지없는 사실!

다른 누구도 아닌 왕의 항문을 다뤄야 할 때는 긴장하지 않을 수 없다. 이 질병은 세상 누구나 걸릴 수 있으므로 루이 14세도 이 고통을 피해 가지 못했다. 하지만 높은 신분에 합당한 품위를 지켜야 하기 때문에, 신권군주가 그 지위에 어울리지 않는 병으로 죽는 것은 금기시되어 있었다.

상황이 급박하다고 해서 곧바로 수술에 들어가는 건 생각도 할 수 없었다. 그래서 왕은 이발사이자 외과의사인 샤를 프랑수아 펠릭스가 제대로 수술할 수 있다는 것이 확실하게 보장될 때까지 무려 6개월 동안 구멍 뚫린 의자에 앉아 기다려야 했다. 가난하고 힘없는 치루 환자들을 궁중으로 마구 잡아들였기 때문에 임상실험 대상자는 얼마든지 있었다. 처음에는 100명의 모르모트들이 죽어나갔고, 점점 그 수가 줄어들다가 마침내 사망률이 0퍼센트가 되자, 펠릭스는 드디어 왕을 수술할 준비를 했다. 루이 14세의 수술은 1686년 11월 18일에 집도될 수 있었다. 그 시대에는 왕가에서 일어나는 분만 같은 대소사가 공개적으로 행해졌다. 치루 수술도 예외가 아니었다. 수술은 세 시간이 넘도록 이어졌고, 왕궁의 많은 사람들이 지켜보는 앞에서 진행되었다.

거기에는 왕실 작곡가이자 음유시인인 륄리도 참석했는데, 그는 브리농 공작부인의 가사에다 곡을 붙여 노래를 만들었다. 세균감염을 막기 위한 살균소독은 고사하고, 마취제도 없이 수술을 받는 왕을 응원하기 위해 수술하는 동안 생시르 학교의 여학생들이 노래를 부르기 시작했다. "신이시여, 왕을 구하소서!"라고 애원하는, 기독교적인 열정과 예배의 특징이 농후한 가사의 노래를.

그다음에 일어난 일들에 관해서는 여러 이야기가 전해진다. 그래도 왕이 목숨을 건졌다는 것과, 신의 은총에 감사하는 뜻에서 주기적으로 울려퍼지는 그 음악이 여러 해 동안 궁중에서 널리 불렸다는 것은 어쨌든 사실이다. 치루를 위한 그 노래는 영어로 번역되어 〈신이시여, 왕을 구하소서God Save the King〉가 되었고, 영국에서 어마어마한 인기를 모아 지금도 공식 국가로 불리고 있다.

탈항

항문 및 직장 점막 또는 전층이 항문 밖으로 빠져나와 들어가지 않는 상태인 탈항은 기관이 완전히 내려앉아 원래 자리를 이탈한 탈장에 비하면 가벼운 증상이다.

심한 탈항은 일반적으로 변비가 원인이거나 분만하는 동안 강하게 힘을 줘 밀어내기를 반복해서 생긴다.

탈장

변비증 환자들과 산모들이 힘주어 밀어내기를 한 결과 탈장(일명 직장 헤르니아)이 생기는 것을 볼 수 있다. 만일 탈장이 질 쪽에서 일어난다면 질벽이 변형되어 불쾌한 이물감을 주면서 성관계시 통증을 유발한다.

항문암

항문암은 항문에 생기는 악성종양으로 편평상피세포암이 가장 흔하다. 그런데 직장암과 결장암에 비해 발병률이 낮아서, 프랑스에서 이 병에 걸리는 사람은 1년에 1000명도 안 된다. 그중 대부분은 65세 이상의 노인이거나 HIV 바이러스에 감염된 사람이다. 자궁경부암의 원인 중 하나인 16형 유두종 바이러스도 문제다. 프랑스 여성들은 청소년기에 유두종 바이러스 백신을 맞는다. 성관계를 하는 26세 이하의 남성에게도 이 백신이 권고된다.

50세 이상부터는 예방을 위해 결장암과 직장암 검진을 정기적으로 받을 필요가 있다. 항문암은 조기 발견시 완치율이 80퍼센트에 달한다. 그 기관의 기능을 보존하면서 종양을 제거하기 위해 방사선치료와 화학요법치료를 병행한다. 최근에는 여러 곳에서 부작용을 최대한 줄이는 방향으로 완치할 수 있는 치료법들을 연구하고 있다.

항문은 섬세하고 민감한 부위이긴 하지만, 알고 보면 간단한 관리만으로 건강을 유지할 수 있는 단순하고 까다롭지 않은 기관이다. 부드럽고 조심스럽게 다루기만 하면, 큰 재앙을 겪지 않고 건강한 항문을 오랫동안 별 무리 없이 유지할 수 있을 것이다.

항문 검사 방법

즐거움을 향해 미끄러지듯 달려가는 것처럼 신나게, 가벼운 육안검사부터 직장 내부 깊숙한 곳까지 정밀하게 살펴보는 직장 내시경검사에 이르기까지, 다양한 항문 검사 방법을 개괄해보기로 하자.

육안검사

검사대 위에 무릎을 오므리고 옆으로 눕거나 아니면 엉덩이를 들어올린 자세를 취하게 하고 빛을 비추면 항문이 적나라하게 드러난다. 정교하고 조화로운 방사형 주름들을 벌리면 매끄러운 부위가 나타난다. 이 간단한 육안검사만으로도 의사는 과도하게 긁어대서 생긴 균열이나 상처를 발견할 수 있다.

초음파검사

직장 초음파검사를 통해 내부 조직의 모든 층과 괄약근의 상태를 확인할 수 있다. 그로부터 의사는 변실금의 원인을 찾아내거나 양성종양, 농양 또는 치루수술 결과에 대한 종합적인 평가를 내릴 수 있다.

기구 이용하기

항문내압검사는 물을 가득 채운 작은 기구를 직장 내에 어느 정도 깊숙이 삽입하여 배변 활동을 하는 경우와 가상으로 배변을 할 경우, 항문의 압력과 자발적 수축 정도를 알아보는 방법이다. 물의 양을 점점 더 늘려가면서 항문직장의 억제반사가 돌발적으로 일어날 때까지—또는 일어나지 않을 때까지—직장이 팽창하게 만든다.

항문검사

앞의 검사 방법들과는 달리, 항문 점막을 검진하는 이 방법은 아무런 준비도 필요 없다. 깊숙한 내부까지 불빛을 비춰 관찰하기 위해 직장 아랫부분까지 원통형 항문경을 삽입해 검사하는 방법이다.

촉진

직장관 안으로 곧창자 자궁 오목까지 손가락을 넣고 그 내부의 벽을 더듬어 전립선이나 자궁경부를 촉진한다. 괄약근을 한 번 조이는 것으로 괄약근의 힘과 탄성까지 확인하면 검사는 끝난다!

다시 항문으로!

결장 내시경검사를 할 때도 항문을 거쳐야 한다. 그런데 거기까지 다루는 건 도가 지나친 것 같다. 우리의 주제에서 벗어나기 때문이다. 다시 항문으로 돌아가자…… 검사 방법들을 모두 살펴봤으니 이제 긴장을 좀 풀기 위해, 자연스레 우리의 머릿속에 떠오르는 질문을 과감하게 던져보자.

인공항문은 어떻게 만들어질까?

인공항문은 완전히 망가진 낡은 항문 대신 꿰매넣는 쪼글쪼글한 작은 고무고리 같은 것이 아니다. 그보다는 보기 흉한 주머니라고 해야 맞을 텐데, 공부를 많이 한 사람들(12~15년 동안 의과 공부를 한 사람들)은 그것을 '스토마'라고 부를 것이다(자기들끼리만).

스토마는 직장이 종양이나 상처로 인해 손상되었을 때 체외로 대변을 배출시키기 위해 부착하는 결장 우회 장치다. 항문괄약근을 절제한 경우 그 부분이 재생할 때까지 스토마를 임시로 부착한다. 환부나 막힌 부위에서 결장을 절제한 다음, 거기에 복벽을 통과하는 관을 연결해 배설물이 빠져나갈 수 있는 배출로를 만든다. 이 배설물들은 불투명하건 투명하건, 일회용이건 세척해 쓸 수 있는 것이건 간에 교체 가능한 장루 주머니 안에 모인다.

배설물이 모인 장루 주머니를 떼어내면, 환자의 복부에 점막 돌기 꽃봉오리 같은 스토마가 보일 것이다. 수술 후 두 달이 지나면 공기가 빠지면서 단순한 구멍처럼 보이게 된다. 그런데 안타깝게도 이 구멍은 괄약근이 없어서 배변을 조절하지 못하기 때문에 고체도 가스도 그대로 밖으로 내보낸다. 따라서 비행기 탑승이 금지될 수 있다. 기내 압력으로 인해 가스 누출 위험이 증가할 가능성이 있어 인공항문의 안전을 보장할 수 없기 때문이다!
장루 주머니에 가스 배출을 위한 밸브가 달린 경우도 있다. 하지만 이 주머니는 항상 몸에 달고 다녀야 한다. 스토마에 장루 주머니를 연결하고 그 위에 방수 복대를 두르는 대신, 미리 관장을 하고 몇 시간 정도 장루 주머니를 빼놓고 춤을 추러 가거나 목욕을 할 수도 있을 것이다. 하지만 이런 식으로 자기 자신을 속여서는 안 된다. 인공항문을 달면 인생이 전과는 약간 달라진다. 그러나 비슷한 상황에 있는 유명인들의 사진이나 '당신들의 배를 드러내세요'• 같은 사이트에 올라온, 장루 주머니를 몸에 단 사람들의 사진을 보면서 인공항문을 별로 심각하게 생각하지 않을 수도 있다.

숨기고 싶은 병

항문성애는 무의식중에 통제된다. 항문을 항상 확실하게 닫고 청결하게 유지하는 것 자체가 관리고 통제다. "우리가 받는 모든 교육은 자기통제, 유지, 확실한 관리를 지향한다."[11] 그렇기 때문에 항문 관련 질병뿐만 아니라 통제력 상실을 의미하는 질환들은 수치심을 불러일으킨다. 변실금은 물론이고 각종 중독, 비만증, 신경성 장애,

• 〈당신의 배를 드러내세요〉 캠페인을 진행하는 장루장애인 국제지원센터.
11 알베르 시콘, 알랭 페랑, 『수치, 죄의식, 정신적 외상Honte, culpabilité et traumatisme』, Dunod, 2015.

심리적 장애 등이 그러하다. "질병 상태는 항문성애와 직접적으로 연관되는 신체의 통제력을 파괴한다."[12] 성인이어도 환자가 되면 다시 어린아이 같은 상황에 처할 수밖에 없다. 환자는 벗은 몸을 내보이며 의사로 하여금 자신의 몸을 만지작거리며 탐사하게 두어야 하기 때문이다. 그러므로 병 자체가 아니라, 환자의 입장이 수치스러운 것이다!

치열이나 치질 같은 고통스러운 항문 질환 때문에 평소 항문성교를 즐겨하던 사람들이 이를 두려워하게 될 수도 있다. 하지만 역설적으로, 이런 유의 질환은 자신의 머릿속에서 항문 지대를 의도적으로 배제해왔던 사람들에게 그 지대를 재발견할 기회를 가져다줄 수도 있다. 완치된 후 새롭게 태어난 항문은 배변이나 가스 배출, 그리고 타인과의 접촉을 즐겁게 받아들이는 신호들을 다시 보내기 시작한다. 그때 이런 신호들을 더 깊이 탐사하는 데 동의하는 파트너가 있다면 더할 나위 없을 것이다!

사람은 자기 몸을 있는 그대로 받아들임으로써 행복해진다. 그리고 항문은 몸의 한 부분이다. 신체의 중심인 그곳을 계속 감추기만 하면서 그 기관의 관능성이 완전히 발휘되기를 바라는 것은 어불성설이다. 확실하게 증명된 사실들을 토대로, 성의학자들은 성욕저하나 관계에 문제를 느끼는 환자들의 성생활에 항문을 다시 끌어들이는 치료법을 조명했다[13]. 중요한 건 항문을 파티에 억지로 끌

12 같은 책.

어들이는 것이 아니라 경계심 없이 자연스럽게 항문의 존재를 인정하는 것이다.

관장과 좌약

의학적으로 무지했던 시대에는 사혈과 관장이라는 두 가지 치료법이 공식적으로 인정받았다. 프랑스 절대왕정의 상징이던 태양왕은 자신이 관장하는 광경을 2000번 넘게 사람들에게 보였을 것이다. 살균소독의 개념이 없던 당시에 이 극성스러운 치료법은 널리 알려진 그의 치루와 분명 관련이 있었을 것이다. 그런가 하면, 17세기에 날던 새도 떨어뜨리며 온갖 영광을 다 누렸던 프랑스 기병대 사령관 페르테 공작은 자신의 치루에 대해 이렇게 한탄했다. "내 엉덩이 안에 포탄 한 발이 박혀 있었는데, 그걸 터뜨릴 수도 떼어낼 수도 없었다. 얼마 전 심한 복통과 설사를 겪고 난 뒤 주치의가 나에게 관장을 권고했다. 그 처방에 따라 약사가 관장기로 나를 아주 고통스럽게 만들어서 저절로 비명이 나왔다. 내 엉덩이에 상처를 입히는 그 온갖 종류의 대포 포신 같은 관장기를 이용해야만 하는 운명을 소리 높여 원망하지 않을 수 없었다."[14]

13 잭 모린, 『항문 쾌락과 건강Anal pleasure&health』, Down There Press, 1981.

14 프랑수아 그자비에 테스튀, 『심술궂고 기지 넘치는 언행들에 관한 책Le Bouquin des méchancetés et autres traits d'esprit』(2014)에 인용됨.

국소 치료(예를 들어 치질)나 혈류순환계 치료시 약물을 투여할 때도, 약이 잘못된 통로로 들어갈 위험이 있거나 경구투여가 불가능한 경우 직장으로 투여한다. 중증 간질 환자의 보호자들은 환자가 발작을 일으키면 그 즉시 발륨 좌약을 항문에 삽입한다. 젖먹이 아기의 열을 내리는 데도 좌약이 효과가 빠르고 편리하다. 경구용 약물을 복용할 때 구토 증세가 있거나 위가 쓰리고 뒤틀리는 느낌이 든다면 약이 위를 거치지 않도록 좌약을 사용하기를 추천한다. 그렇지만 이 생약의 효능은 때에 따라 불확실하기 때문에 논란이 계속 이어지고 있다. 직장 점막은 혈관 분포도가 매우 높기 때문에 활성 성분들이 훨씬 더 빠르게 흡수된다. 그렇지만 잘못 투여하여 좌약이 직장 윗부분에 머문다면 활성 성분은 장간막 동맥을 지나 간 쪽으로 나아가고, 인체 내에 확산되기도 전에 여기서 소화되어버리고 만다.

좌약은 어떻게 만들어질까?

엉덩이 안에서 녹아 사라지는 좌약의 역사는 아주 먼 옛날로 거슬러 올라간다. 좌약suppositoire이라는 명칭이 '대체하다'라는 뜻의 라틴어 'supponere'에서 유래한 점으로 미루어 볼 때, 좌약은 아마도 관장의 대체 방법으로 발명된 듯하다. 그래서 옛날에는 하제 작용을 하는 식물에 꿀을 섞어 좌약을 조제했다.

좌약 제조법은 여러 의학서에 기재되어 있어 흥미로운 제조법들이 오늘날까지 전해진다. 출산을 돕기 위해 늑대의 음경을 말려서 가루를

낸 다음 사향과 사프란, 정향을 섞어 만든 좌약을 항문 깊숙이 넣는 것은 널리 알려진 사실이다. 프랑수아 로지에의 『이론적이고 실제적이며 경제적인 농업과 농촌수의학의 완성』에 따르면 대체로 목화, 아마 섬유, 양배추나 근대의 흰 줄기 부분, 그리고 파를 섞어 약을 만든다. 때로는 비누, 라드, 기름, 산패한 버터, 벌꿀, 카카오버터, 가염치즈를 혼합해 만들기도 한다. 이 약들은 보통 길이가 큰 엄지손가락만하고 두께는 손가락 마디 정도다. 배설하게끔 배를 자극하는 경우에는 여기에 또 다른 물질들을 첨가할 수도 있다. 기름이나 버터를 바르고 여러 겹으로 꼰 튼튼한 실로 약을 묶어서 항문 안에 넣기도 하는데, 부작용이 있을 경우 언제라도 실을 잡아당겨 약을 밖으로 빼내기 위해서다. 따라서 이것은 외용약에 해당한다.[15]

1762년에 카카오버터를 주성분으로 한 최초의 좌약이 개발되었다. 섭씨 37도, 즉 체온에서 완전히 녹아버리는 이 약은 활성 성분들이 자연스럽게 온몸에 퍼지면서 최대한의 약효를 낸다. 오늘날에는 약제의 형태를 잡는 부형제로 사용되던 카카오버터 대신 글리세린을 쓴다.

좌약 넣는 방법

좌약은 항문을 통해 투약한다는 점을 분명히 해두자. 잘못된 경로로 투약되는 사고가 가장 많이 발생하는 생약이 좌약이기 때문이다. 인간

15 아밀롱, 『농업의 모든 과정Cours complet d'agriculture』 9권, Hôtel Serpente, 1796.

들은 항문에다 넣어서는 안 될 것 같은 이상야릇한 것들은 다 넣고 싶어하면서도 약을 투여해야 할 때는 무의식적으로 입으로 삼킬 생각부터 한다.

그런데 혹시 알고 있는지? 좌약을 원뿔형으로 만드는 이유는 보다 쉽게 삽입하기 위함이기도 하지만, 항문수축운동을 통해 장 쪽으로 빨려들어갈 수 있도록 하기 위해서다. 그러므로 약이 안으로 빨려들어가지 않고 직장 내에서 빠르게 효과를 보기 위해서는 평평한 (또는 움푹한) 부분으로 삽입하는 게 좋다. 몇몇 분분한 견해에 따르면, 뾰족한 부분을 항문 쪽으로 하여 좌약을 삽입하는 방식은 직장 하부의 혈관 분포를 거쳐 활성 성분을 곧바로 대정맥 쪽으로 보내는 이점이 있다. 반면에 평평한 쪽으로 삽입하면, 약이 간을 먼저 통과하면서 장간막 동맥과 접촉해 직장 안에서 더 위쪽으로 깊숙이 들어간 뒤 소화된다.

18세기에 의사 티소와 레오뮈르는 물에 빠진 사람들을 소생하기 위한 가장 효과적인 반사요법으로 담배 훈증요법을 권고했다. 역시 18세기 의사였던 안톤 더 하엔은 신생아 질식사의 경우에도 이 요법을 추천했다. 농담이 아니다! 인명 구조원들에게 보상금을 제공하던 네덜란드의 한 자선사업 단체가 1767년부터 보급하기 시작한 이 소생술은 낭트의 농업, 상업, 예술 협회를 통해 프랑스에 전해졌다.

"우선, 물에 빠진 사람의 항문에 파이프나 대롱, 끝부분을 잘라낸 칼집을 삽입하거나, 풀무를 이용해 공기를 불어넣어야 한다. 이 조치는 신속할수록, 공기를 세게 불어넣을수록, 쉬지 않고 계속할수록 좋다. 물에서 건져올린 사람의 몸안에 그냥 공기 대신 담배 파이프나 훈증기를 이용해 담배의 따뜻한 연기가 몸 구석구석으로 퍼져나가게 하면 훨씬 더 효과적일 것이다."[16]

18세기 덴마크의 해부학자 바르톨린의 훈증기에 뒤이어, 딱총나무 줄기를 이용한 단순한 대롱부터 2개의 파이프를 결합하거나 관장용 주사기와 부레를 결합한 기구에 이르기까지, 다소 복잡한 30개 가량의 기구들이 발명되었다. 유럽의 모든 대도시의 강가에 위급시 언제라도 이용할 수 있도록 항문에 담배 연기를 불어넣는 다양한 기구들을 비치해놓을 정도로 당시에 이 치료법은 널리 전파되었다.

이런 치료법이 언제부터 사용되었는지 민중의 역사에서 그 기원을 찾기는 힘들다. 당대 의료 기록에 빠짐없이 등장하지만 이 치료법을 실제로 이용했다는 것을 증명하는 기록은 그 어떤 문헌에서도 찾아볼 수 없다. 그 옛날 중세의 암흑기에 나온 애매하고 무지몽매해 보이는 이상야릇한 발상이 어떻게 계몽시대의 양식 있는 사람들에게까지 이어져올 수 있었을까? 아마도 집단무의식이 배어든 증후들을 통해서일 것이다. 관과 풀무의 전체적인 상징성은 성령의 창조의 입김과 연관이 있다는 사실을 우리는 이 책 7장에서 살펴볼 것이다. "부활을 모방하기 위해 항문 안에 공기를 불어넣는 것은 18세기 훨씬 이전 〈코메디아델라르테〉•, 라블레의 소설들, 더 멀리는 사육제 의식, 그리고 설화나 동화에서 나타난다."[17]

16 〈상업신문Gazette du commerce〉, 1770년 1월 1일.

• 16~18세기 이탈리아에서 성행한 희극.

시칠리아에서는 산파들이 사산아를 되살리기 위해 아기의 항문에 암탉 부리를 넣었다. 그러므로 부활의 중요한 상징인 숨결(공기를 불어넣는 것)은 그 효과에 대해 증거를 제시하지 않고도 소생을 위한 기본 조치로서 만고불변의 관습에 어김없이 포함된다. 그저 웃어넘길 수도 있지만(잊지 마시라, 웃는 것은 괄약근 강화에 아주 유익하다……), 그 옛날의 담배 훈증요법이 현대의 커피 관장보다 몰상식하다고 할 수 있는가.

1950년대에 대체의학의 선구자인 독일계 미국인 맥스 거슨 박사가 암과 대부분의 퇴행성 질병들을 치료하기 위해 고안한 대체요법인 커피 관장은 근래에 귀네스 팰트로 때문에 다시 유행하고 있다. 그는 자신의 생활 노하우를 소개하는 사이트에서 흥미로운 라이프스타일을 공개해 팬들의 평범하고 시시한 일상에 즐거움을 불어넣어주었다. 그는 형이상학적인 결장 물 세척요법(125달러)과 가정용 커피 관장 세트인 O-Rama 시스템(135달러)을 보여주는데, 커피(100퍼센트 순수 유기농 아라비카 원두)를 물에 희석해 끓여서 소장에 일정량 주입하면 간장, 담즙, 효소의 기능이 자극되어 평소보다 600퍼센트 더 많은 독소와 활성산소가 인체에서 제거된다고 한다. '나의 결장아, 정기적인 커피 세척은 에너지 회복 이외에도 많은 질병과 알레르기를 가라앉혀줄 거야', 그 약속은 매력적이다. 게다가

17 앙통 세르덱슈네, 『죽은 자를 위한 담배—소생의 역사Du tabac pour le mort—Une histoire de la réanimation』, Champ Vallon, 2018.

누가 알랴, 그 약속이 완전히 거짓은 아닐 수도 있지 않겠는가? 중구난방으로 전해져 내려오는 민간요법들 중에도 진짜가 있듯이. 소화기내과의들이 커피 관장에 대해 크게 우려할 가능성은 별도로 하고…… 커피 관장 탓에 장내 유익한 미생물마저 함께 씻겨나가 균형이 깨질 수도 있다고 의사들이 경고한다 할지라도, 시도해보는 데 그다지 위험할 건 없다. 더욱이 거기서 실제적인 이익, 즉 쾌감을 끌어낼 수도 있다. 액체를 장내에 가득 채웠다가 배출하면 누구라도 기분좋은 감각을 느낄 수 있기 때문에, 아주 쉽게 얻을 수 있는 혼자만의 쾌락에 빠르게 중독될 수도 있다.

부부 간 정조 의무라는 묵직한 덮개에 여성의 성본능이 은밀하게 감추어져 있던 청교도적인 19세기에는 많은 '히스테리 치료법'들이 꽃을 피웠는데, 이 치료법들은 사실상 은밀한 진료소 안에서 남몰래 음핵을 만지작거리는 식으로 이루어졌다. 통신판매업체 '라벨에포크'의 상품 카탈로그에서 인기를 끌었던 품목인 전기진동안마기는 전기청소기가 발명되기 9년 전 우리의 가정에 스며든 다섯 번째 가전제품이다. 항문의 쾌락은 이제 더이상 금기가 아니게 되었으니, 장세척을 의료상 수음이나 음부 샤워 같은 과거의 히스테리 치료법을 대신하는 현대판 치료법이라고 해도 될까? 스스로 위생학자를 자처해서거나, 예방을 위해서거나, 날씬해 보이기 위해서거나 간에, 디톡스 관장은 정숙한 행동, 순결의 실천이라는 은폐막 아래 자기도 모르게 즐기는 관장 기호증이 아닐까? 강요되는 유행에 따라 몸을 정화시키기 위해 몇 번이고 되풀이해 이성적인 사고를 밀어내는 게 아닐까? 그게 아니면 또 뭐가 있을까?

항문일광욕을 실천하세요!

웰빙 인플루언서들은 장을 세척한 뒤 항문일광욕을 할 것을 권유한다. 머리부터 발끝까지 온몸을 가린 채 실내에 틀어박혀 사는 서양 남자는 비타민D가 부족할 것이다. 그것을 보충하고 다시 에너지를 끌어올리기 위해서는 매일 30초 동안 회음부를 햇빛에 내놓기만 하면 된다. 인플루언서 '메타피지컬 미건'이 인스타그램에 쓴 바에 따르면, 항문일광욕으로 삶에 대한 통제력을 되찾고, 만족스러운 성생활을 다시 이어갈 수 있으며, 사람들과의 관계 역시 개선할 수 있다고 한다.

만병통치요법

커피 관장이 제아무리 효과가 크다고 해도 기공 수련 중 하나인 항문 조이기에는 발끝에도 미치지 못할 것이다. 중국 당나라시대에 도교에서 유래한 이 요법은 성불능을 포함해 모든 질병을 치료할 수 있다. 괄약근의 수축과 이완을 교대로 반복하는 항문수축운동을 하면 기氣가 항문을 통해 체내에서 자유롭게 순환한다. 복식호흡과 함께 이 운동을 하면 몸 전체의 에너지가 진동하며 되살아난다. 이 항문수축운동은 50회씩 하루에 3세트를 하면 되는데, 언제 어디서든 남모르게 할 수 있다.

중국 전통 의학에서 항문은 '간의 눈'이라 불린다. 경혈점인 회음혈(항문 앞 회음 위)과 장강혈(꼬리뼈 위)을 마사지나 지압으로 자극하면 효과를 볼 수 있다. 이 자극은 모든 질병을 낫게 해주진 않을지 몰라도 몇몇 문제들, 특히 소화기나 비뇨기 쪽 문제를 완화하는 효과가 있다.

항문수축운동은 회음부 주변의 혈액순환을 개선해주기 때문에 부인과 질환의 예방과 치료에 효과가 뛰어나다. 물론 이 운동은 남자들의 건강 증진에도 아주 좋다. 항문수축운동을 매일 실천하면 골반저 근육이 강화된다. 여성에게는 분만 후와 완경 후 회음부의 탄력성을 복원하고 유지하게 해주는 한편, 남성에게는 발기부전을 예방하고 조루증을 치료하는 최고의 방법임이 분명하다.

몸을 종합적으로 바라보는 중국 의학 역시 입과 항문을 생명의 숨결이 순환하는 관의 두 극단으로 간주한다. 따라서 혓바닥에 침을 놓아 치질을 완화하는 침술요법과 마찬가지로, 항문수축운동은 머릿속이 산만할 때 스트레스를 줄여준다.

도에서 말하는 섹스

섹스에서 도道를 깨치는 비결은 사정을 마음대로 조절할 수 있느냐 없느냐에 달려 있다. 정액 배출을 참으면 기를 잃지 않고 새로운 쾌락의 길을 펼칠 수 있다. 노자의 『도덕경』에 쓰인 것처럼, "정액 배출 시간을 연장하면 수련자는 몸 전체에 기가 솟구쳐오르는 것을 느낄 수 있다."

두 사람이 관계 전후로 10회 이상 항문수축운동을 할 경우, 그들은 성행위의 쾌락이 급속도로 증가하는 것을 경험할 것이다. 그렇지만 도는 중용을 강조한다. 중용을 실천하는 사람은 사랑의 기술을 지나치게 사용하는 것을 삼간다.

마지막 구멍

어쨌거나 사람은 결국에는 죽는다. 병상에 누운 당신의 체온이 조금씩 떨어지는 참이고 아직 마지막 숨결을 내뱉지도 않았건만, 시체를 먹고사는 검정파리떼의 선발대가 당신 몸의 구멍들을 벌써 점령했다. 파리떼는 당신의 콧구멍, 입, 그리고 당연히 항문 주위에까지 부지런히 알을 낳는다. 그곳은 단백질덩어리라 파리 유충들에게 풍부한 영양소를 제공해줄 것이다. 쉬파리들도 부지런히 움직여야 할 것이다.

무덤 속에 있는데 항문 주위에 털이 자라는 것 같다면, 그건 살이 수축해서 일어나는 현상임을 알면 유익할 것이다(유익하지 않을 수도 있겠지만). 나머지 구멍들과 마찬가지로 당신의 그 조그마한 구멍에서도 수분이 빠져나간다. 당신이 죽은 뒤에도 장 압력 때문에 방귀를 계속 뀐다는 사실에 위안을 받으시라. 어쨌든 몇 시간 동안은.

끝을 알 수 없는 구멍 안에서 찾아낸, 놀랍도록 다양하고 무궁무진한 물건들 2

사람들은 매일같이 복통이나 항문출혈로 응급실에 실려온다. 그들의 직장이나 S자 결장 안에는 뭔가가 처박혀 있는데, 그 뭔가가 항문관을 통과해 직장이나 결장보다 더 위쪽까지 밀려올라가 있는 경우도 많다. 그들은 아마도 욕실에서 미끄러져 넘어지면서 머리빗이나 샴푸병을 깔고 주저앉았다고 둘러댈 것이다…… 하지만 정밀검사를 하면 환자들의 7퍼센트 이상은 그들이 처한 곤경의 진짜 원인이 밝혀진다.

얼핏 보기에 우스꽝스러운 그 상황이 심각한 재앙이 되기도 한다. 대부분 사고가 일어나자마자 병원에 오지 않고 박힌 게 저절로 빠지기를 기다리거나 빼내기 위해 이런저런 시도를 해보다가 결국 상태가 악화되어 뒤늦게(이틀, 사흘 후……) 응급실을 찾기 때문이다.

물건의 형태에 따라서는 괄약근이 그런 것처럼 부드러워져서 경구 완화제의 도움을 약간 빌리면 저절로 밖으로 빠져나올 수도 있다. 그러나 몇 시간이 넘도록 무작정 기다려서는 안 된다. 24시간이 지나면 항문벽에 부종이 생기기 때문이다.

그러니 조심하자! 그 물건을 잃어버릴 수도 있다는 사실은 말할 것도 없고, 똥꼬 안에 아무거나 쑤셔넣었다가는 외상성 상해를 입을 수 있다. 직장 점막은 상처 입기 쉬울 뿐 아니라, 수분을 재흡수하도록 설계되어 매끄럽지 않다. 페니스는 그곳에 손상을 입히지 않겠지만 그 구멍 안에 넣을 수 없게 만들어진 물건이 들어가면 치열, 누관과 함께 장이나 혈관의 점진적 악화, 혈종, 감염, 농양, 폐색, 출혈, 만성 통증을 초래할 수 있다. 부피가 큰 물건들의 빈번한 삽입은 변실금도 초래할 수 있다.

어떤 물건을 항문에 삽입하면 괄약근이 수축하면서 내장 안쪽으로 밀려들어가고, 그 추진력으로 연동운동의 방향이 바뀌면서 소화관 안쪽으로 더 깊숙이 들어가게 된다. 어떤 이들은 자극을 높이고 쾌락을 열 배 더 키우기 위해 그곳에다 다시 꺼낼 수 없을 정도로 깊숙이 뭔가를 집어넣는다. 간혹 무려 여섯 달 동안 그 이물질을 몸속에 간직한 채 생활하는 사람들도 있다……

아주 무모한 사람들은 나무숟가락, 포크, 옷걸이, 온갖 종류의 집게 같은 생활용품이나 주방도구, 또는 더 괴상한 도구들을 동원해 항문에 넣은 물건을 억지로 빼내보려 한다. 1934년에 보고된 한 남자의 사례가 그랬다. 그는 작은 병을 이용해 직장 안에 뜨거운 물을 부어넣으면서 '전립선을 따뜻하게 데우고' 싶어했는데, 불운하게도 그 병이 저 안쪽 깊숙이 사라져버렸다. 손가락으로 꺼내보려다 실패한 그는 철사를 꼬아 갈고리처럼 만들어 안에 넣고 후벼댔다. 이런 행동은 심각한 상황을 불러올 수 있다. 궤양, 천공, 장폐색, 급성 폐뇨, 괄약근 파열, 심지어 심한 탈장까지. 조이스틱으로 성욕을 충족하던 18세 소년은 항문으로 소장이 밀려나오기까지 했다……

일단 치상선을 지나면, 직장벽은 더이상 통증을 느끼지 못한다. 따라서 쾌락을 과격하게 추구하다보면 결장벽에 천공이 생겨도 제때 알아차리지 못할 수 있다. 그래서 세균 감염으로 인한 궤양 발생(복막염), 더 나아가 혈관 손상으로 인한 과다출혈로 쇼크가 와 생명을 잃을 수도 있다. 마크 바이어드 박사는 구둣주걱으로 자위하다가 결국 죽음에 이른 56세 남자의 사례를 보고했다……

직장 내 이물질 제거를 위한 의학적 치료가 처음 실시된 16세기 이후로, 사람들이 그곳에 끼워넣을 생각을 했던 다양한 물건의 목록이 여러 문헌들에 기록되었다. 아득한 옛날, 지금보다 훨씬 초보적인 가공물들을 항문 안에 쑤셔박는 사람들을 얼마든지 상상해볼 수 있다. 그 시대에는 장비나 기술이 부족했기 때문에 사람들은 능력껏 그 물건들을 빼내야 했다. 하지만 16세기 이전에는 그 누구도 그런 사실을 문서로 기록해 남기는 것을 유익하다고 생각하지 않았다.

환자가 실려오면 병원에서는 제일 먼저 바륨관장을 실시한다. 물건이 너무 깊숙이 박혀 있지 않은 경우라면 손으로 직접 빼낼 수도 있다. 특별히 그런 용도로 사용하기 위해 직장경이 만들어지기까지 했다! 그게 불가능할 경우 개복수술을 해야 하고, 경우에 따라서는 불가피하게 결장을 잘라내야 할 때도 있다.

꺼낸 물건들 중 가장 흔한 것은 술병이다. 그다음으로는 나무로 된 물건들, 그리고 뒤이어 작은 화장품병이나 솔, 브러시 같은 욕실용품이다…… 이런 미친 짓을 하는 이유는 도대체 뭘까? 술에 취해 친구들끼리 하는 일종의 내기, 제대로 된 성인용품을 사러 성인용품점에 가는 것에 대한 두려움, 독특한 페티시즘, 다양한 소재와 질감, 온도로 새로운 감각을 느껴보려는 시도, 아니면 그저 갑작스럽게 끓어오르는 주체할 수 없는 욕구.

하지만 항상 즐기기 위해서만은 아니다. 옛날에는 항문에 통나무를 끼워넣으면 설사가 멎는다는 믿음이 항간에 널리 퍼져 있었다…… 그래서 안쪽 깊숙이 빨려들어간 나무를 뽑아내기 위해 의사가 자주 불려다녔다. 훨씬 더 최근에는, 50세 남자가 지긋지긋한 변비를 날려버리겠다고 산 뱀장어를 거기에 넣을 생각을 했다. 복막염으로 홍콩의 한 병원에 실려온 그 남자가 말한 바로는 어쨌든 그랬다고 한다.

즐거움을 추구하는 데 나이는 상관이 없다. 연령대는 2세부터 94세까지 광범위하고, 성비는 남성이 훨씬 더 많다(여자 한 명에 남자 스물여덟 명). 애호가들 중 대부분은 20세에서 30세 사이 또는 60세에서 70세 사이이다. 거의 대부분 선진 공업도시에서 발생한 사례다. 제3세계의 농부에게는 즐길 만한 도구가 자신의 쟁기 이외에 달리 떠오르는 게 없지만, 도시인에게는 권태를 이기는 데 쓸 만한 다양한 물건들이 무궁무진하기 때문일까?

4장
사춘기만큼 중요한 항문기

“권위 있는 이론에 의하면,
우리는 구강기에서 항문기로 나아간다.
그런데 나는 그 두 시기 사이,
배꼽 단계에서 꼼짝달싹하지 못하고 있었다.”

기 베도스

아기는 머리의 크기와 모양 덕분에 순조롭게 모체 밖으로 빠져나온다.
하지만 한번 빠져나온 다음에는
두 번 다시 어머니의 자궁으로 되돌아가지 못한다.
다른 포유류의 새끼는 태어나자마자 일어나 첫걸음을 떼는 반면
인간 아기의 경우 서 있는 법과 걷는 법을
익히기까지는 몇 달이 걸리고
배변을 가리기까지는 강아지보다 더 오랜 시간이 걸린다.

영유아의 배변 조절

신생아의 경우, 배변을 참을 수 있게 해주는 신경 말단들이 아직 제대로 기능하지 못하고 괄약근도 아직 발달하기 전이다. 그렇기 때문에 아기에게 젖을 먹이고 나면 항상 엉덩이를 닦고 기저귀를 갈아줘야 한다. 배변 예절을 익히는 데 조급해하지도, 호기심을 느끼지도 않는 아기는 오히려 아주 이른 시기부터 항문과 관련된 쾌락을 발견한다. 아기는 대변을 배설할 때 기분이 좋다고 느끼기 때문에, 자신의 몸에서 유독 이 부위에 관심을 집중하게 된다. 젖 빨기와 기저귀 상태 말고는 갓난아기가 그만큼 몰두할 관심사는 아무것도 없다!

기후 조건 때문에 굳이 옷을 입을 필요가 없는 지역에서는 아기들이 발가벗은 채로 지내면서 자신을 돌봐주는 사람과 계속해서 밀접한 신체 접촉을 한다. 보호자는 아기가 몸을 뒤틀고 얼굴을 찡그리는 모습만 보고도 배변을 하고 싶어한다는 사실을 단번에 알아차린다. 그러면 그들은 아기가 용변을 볼 수 있도록 바닥에 뉘어 놓는다. 아기는 생후 12개월에서 18개월 사이에 괄약근을 마음대로 조절할 수 있는 능력을 갖추게 된다. 하지만 몸이 옷에 감싸여 계단이 있는 집에서 사는 선진공업국의 젖먹이 아기는 괄약근이 늦게 성숙하는데, 그 시기는 계단을 오를 수 있게 되는 시기와 거의 같을 것이다(생후 24개월에서 48개월 사이). 한 연구(일회용 위생용품 산업의 후원을 받지 않고 진행됐다)는 기저귀 착용이 실금을 부추긴다는 것을 증명하면서 이러한 지연의 이유를 설명한다.[18]

배변 가리기의 역사

생리적인 욕구이면서 교양의 문제이기도 한 배변 가리기의 역사는 장소와 시대에 따라 다르다. 어린 후계자에게 왕좌(즉 변기)에 올라앉는 방법을 알려주는 사람도 시대 상황에 따라 매우 다르다. 1950년대에는 어머니였고, 19세기 오스트리아에서는 여자 가정교사였다.

18 레이철 타복스, 래리 윌리엄스, 패트릭 프리먼, 「늘어난 기저귀 착용 기간: 기저귀 착용 여부가 배변 자제에 미치는 영향Extended diaper wearing: effects on continence in and out of the diaper」, 『응용행동분석 저널Journal of applied behavior analysis』, 2013.

그런가 하면 세심한 부모가 다정하고도 자연스럽게 안내하는 경우도 있다.

너무 이른 배변 훈련

지난 세기 초의 육아지침서들은 배변 훈련 시기를 늦춰서는 안 된다고 조언했다. 앉아 있을 수 있을 때부터, 다시 말해 생후 9개월가량 지났을 때부터 아기를 실내용 변기에 앉히고 뭔가가 일어날 때까지 내버려두는 게 좋다는 것이다. 상점에 가면 아주 실용적이고 착용하기도 간편한 안전띠가 부착된 실내용 변기를 찾아볼 수 있다. 체온계나 좌약 또는 비누의 도움을 받아 배설을 부추길 수도 있다. 눈에 보이는 구체적인 결과물을 빠르게 얻기 위해서 수단과 방법을 가리지 않기도 한다. 이웃에게 자기가 배변 교육을 잘 시켰다고 자랑할 목적으로, 비뚤어진 경쟁 심리에서 비롯된 이런 식의 배변 훈련은 아기의 상황과 감정을 하나도 고려하지 않은 것이다.

괄약근 조절능력이 전혀 없는 갓난아기에게 대변을 볼 때까지 실내용 변기 위에 억지로 앉혀 놓는다면 아기는 불안해할 수 있다. 아직 자기 몸의 안과 밖을 분간하지 못하기 때문에 무슨 일이 일어나고 있는지 이해하지 못한다. 자기 몸의 일부가 저절로 밖으로 빠져나온 것이다.

생후 12개월이 지났는데도 여전히 기저귀를 차고 있을 경우, 또는 너무 일찍 기저귀를 떼었을 경우, 아기는 뭔가가 자기 몸밖으로 흘러나오게 내버려두는 대신 참으면 그 감각이 훨씬 더 강렬해진다는 사실을 알아차린다. 대변이 직장 안에 머무를 때 점막은 대변이 함유한 수분을 재흡수하기 때문에 액체 상태였던 변은 단단해진다. 그럴 경우 변이 항문을 통과할 때 느껴지는 쾌감이 훨씬 더 커진다. 배변 조절능력을 습득하기 전까지 아기는 그 기분을 느끼려고 대변을 계속 몸안에 간직하고 싶어한다. 이때, 아기는 자신의 항문을 통해 성적 쾌감을 느끼려고 대변을 참는 것일까? 그렇다면 반드시 조치를 취해야 한다. 이 어린 다형도착자•가 장차 어떤 미치광이로 자라날지 아무도 모른다……

"아기가 스스로 결정하게 놔두는 것이 무엇을 의미하는지 아는가? 대변을 배설하기 전에 변이 충분히 모일 때까지 약간 기다리는 게 좋을 것 같다는 사실을 경험을 통해 깨달을 기회를 주는 것이다. 그리고 그 결과물이 흥미롭고, 실제로 배변이 순조로우면 대단히 만족스러운 경험이 될 수 있음을 알아차리게 해주는 것이기도 하다."[19]

1960년대에 들어서면서, 양육을 전담하던 어머니들이 취업하는 경우가 점점 늘어났다. 탁아소는 비용이 많이 든다. 유치원은 대소변을 가릴 줄 아는 아이들만 받는다. 그래서 어머니들은 아기가 만 2세가 되자마자 정해진 시간에 규칙적으로 실내용 변기에 앉히라는 권고를 받았다. 일과표에 넣기만 하면 되는 이 편리한 방법은 아

• 프로이트의 이론에 등장하는 개념으로, 성기뿐 아니라 다양한 곳을 통해 성적 쾌감을 느끼는 성향을 말한다. 프로이트는 이러한 면을 유아기의 특징으로 보았다.

19 도널드 위니콧, 『아이와 가족L'enfant et sa famille』, Payot, 1957.

기에게 반드시 배설하고 싶을 때만 배설하는 게 아니라는 것을 알게 해준다. 그런데 이 방법은 아기의 자연스러운 생체리듬을 거스르고 자신감을 무너뜨린다는 사실이 드러났다. 유아용 변기에 앉아 보낸 시간은 엉덩이 주위에 붉은 동그라미 자국을 그 세대의 상징으로 남겼고, 더 지속적으로는 곤혹스러운 감정의 혼란을 낳았다. 설령 얌전하게 지루함을 견뎌낸 대가로 자기가 만들어낸 아주 훌륭한 반죽덩어리를 받는 즐거움을 얻었다 하더라도, 그 즐거움은 '지지, 그건 똥이야!'라는 가차없는 꾸중으로 즉시 요절나버렸기 때문이다.

이해할 수 없는 거부에 이어 마음 졸이는 기다림, 지나치게 부담스러운 기대, 끔찍하다는 듯한 혐오…… 같은 어머니의 반응은 아이를 엄청나게 혼란스럽게 한다. 아이의 정신 구조에 대변에 대한 감정이 죄책감 어린 혐오와 끌림이 뒤섞인 상태로 고착화된다. 유아기에 경험하는 잘못된 배변 훈련은 예의와 무례 간의 내적 갈등을 유발하고, 이는 훗날 불안증으로 자리잡아 신성한 행위를 수치스러운 것과 결부 짓게 된다. 이 저주받은 변기 주위에서 실제로 무슨 일이 일어났건 간에, 변기에 관해서는 힘들고 괴로웠던 기억만 영원히 남게 된다!

아이의 배변 훈련을 도맡았던 이 세대의 어머니들은 자신이 변기 때문에 얻은 신경증을 그런 식으로 자식에게 물려주었다. 여기서 '어머니'라 표현한 이유는 그게 그들이 도맡아야 할 역할이라고 생각해서가 아니라, 그런 식의 '배변 훈련'이 어머니의 의무라고 여겼던 시대(다행히도 지금은 지나간 시대)적 분위기가 있었기 때문이다. 아버지들이 자녀 교육에 보다 적극적으로 관심을 쏟기 시작한 이후로, 유아는 전과는 다른 방식으로 교육받는다.

아무것도 하지 않기

아이를 가능한 한 자주 벗겨놓으면 괄약근 조절능력 습득이 빨라지진 않더라도 최소한 늦어지지는 않을 것이다. '유아자연위생Natural Infant Hygiene'이라 불리는 이 방법은 아기들의 생리를 보다 존중하는 육아법으로 아기가 더 빠르게 배변을 가릴 수 있게 하기 위한 기술이 아니라, 오히려 아기의 정상적인 발달에 해가 되지 않도록 신경 쓰는 자상한 교육 태도다. 이 교육법은 양육자가 완전히 열린 마음으로 불가피한 '돌발적 사고'에 직면했을 때도 느긋한 태도를 보일 수 있어야 가능하다.

이 교육법이 아무리 매력적이라도 해도, 휴가 기간이 아니고서는 이 방법을 실천할 수 있는 양육자가 극히 드물다. 아이를 발가벗겨 키우는 것은 상당한 인내심을 요하는데, 이는 도시의 생활양식과 사실상 양립할 수 없기 때문에 배변 훈련은 얼마 동안 불안을 낳는 근심거리가 될 우려가 있다. 우리의 산업문명은 기저귀, 유아용 변기 같은 물건들만 만들어낸 게 아니다. 산업문명은 심리적인 문제를 낳았고, 이어서 그 문제를 바로잡을 책임을 맡아 유아용 변기 주위를 맴도는 사람들을 낳았다……

'의무 괄약근 교육'이 따로 있다고 생각하는 양육자들에게 배변 능력의 습득은 단순히 거쳐가는 단계가 아니라 시급히 해결해야 할 몹시 걱정되는 단계다. 하지만 양육자가 개입하지 않고 느긋하게 기다려준다면 아기는 자연스레 배변 능력을 습득할 것이다. 이 능력을 습득하기까지는 대략 1년이 걸리는데, 완전히 자리잡기까지 여러 차례 퇴행을 보일 수도 있다. 아기를 한 명의 인간으로 존중해주면서 자기 나름대로 자유롭게 행동할 수 있게 해주면, 자신의 내밀한 즐거움과 자율성에 대한 욕구를 가치 있게 여기며 스스로 배변을 가리게 된다.

유아의 리비도 발달

심리학의 창안자 프로이트는 항문성애에 대해 진정한 강박관념이 있었다. 내면에 묻혀 있던 것을 밖으로 드러나게 하는 정신적 소화 과정이 곧 정신분석이라면, 분석하는 것le fait d'analyser이라는 말과 발음이 비슷한 '항문에 관심을 가지다faire de l'anal'처럼 들릴 수도 있다. 하지만 요람에서 임종의 침상으로 너무 빠르게 넘어가지는 말자!

아직 아무것도 모르는 아기에게 최고의 즐거움은 물론 달콤하고 따뜻한 모유를 빨고 느끼는 즐거움이다. 그것은 입안으로 쏟아져 들어와, 요란하게 우르릉대는 불안한 빈속을 진정시켜준다. 익숙한 냄새, 감싸안은 두 팔, 온화한 목소리와 조화하는 강렬한 쾌락을 탐욕스럽게 갈망하고 그 기다림 속에서 느끼는 구강 흥분은 아기의 심리에 리비도•로 고착된다. 아기는 프로이트가 '구강기'라고 부르는 리비도 발달의 첫 단계에 다다른다. 이 단계는 완전한 행복의 시기다.

아기는 직장항문의 신경분포가 성숙하고 근육이 발달하면서 배변시 쾌감이 점점 더 강렬해진다. 따라서 구강에 초점이 맞춰져 있던 리비도 에너지가 점차 항문지대 쪽으로 옮겨간다. 생후 2년까지는 우선 항문 영역에 리비도가 고착된다. 아기는 리비도 발달의 제2단계, 즉 '항문기'로 들어간다.

이 단계에서 아기는 자기가 엄마와 분리된 존재임을 깨닫는다. 처음 그에게 젖을 먹인 이 존재는 여전히 구강기의 원초적 쾌감과 연결되어 있다. 하지만 아기가 스스로 처한 의존관계가 무엇을 의미하는지를 더 잘 이해함에 따라 자신에게 가해지는 위협들에 불안해진다. 불안에서 벗어나기 위해 아기는 자기가 할 수 있는 유일한 해결법인 항문 오토에로티즘••에 매달린다.

괄약근 조절능력을 갖춘 항문기의 끝에 다다르면 아기는 자신의 유아용 변기나 어른들처럼 화장실 변기에 응가를 할 수 있다는 것

• 프로이트가 사용한 정신분석학 용어로, 성본능 혹은 성충동을 가리킨다. 발달 과정에서 결핍, 부적응, 불만족 등으로 리비도가 비정상적으로 발달되면 이후 강박이나 집착, 콤플렉스 등 정신적 문제가 발현될 수 있다.

•• 외부 자극 없이 스스로 성적 감정을 일으키거나 자기 자신의 몸으로 성욕을 만족시키는 것.

(또는 하지 않을 수 있다는 것)을 아주 잘 이해하게 된다. 그리고 아기는 이미 오래전에 그 장소에서 끌어낼 수 있는 모든 즐거움을 깨달았다. 자신에게 일어나는 일들에 숙련된 그는 이제 새롭고 흥미로운 경험들을 할 수 있고 나르시시즘에서 자기위안을 얻을 수도 있다.

아이가 혼자 알아서 볼일을 보는 한 모든 게 순조롭다. 하지만 부모가 개입하면 모든 걸 망치고 만다. 더욱이 아이에게 보여주는 반응을 통해 항문 오토에로티즘은 나쁘고 더러운 것이며 그러다가는 부모에게 사랑받지 못한다거나, 그 쾌락을 포기하고 부모가 좋아하는 애정어린 의존관계에 머물러 있는 것이 더 좋겠다는 생각을 아이의 심리에 조금씩 불어넣는다면 어떻게 될까……

몸이 자라고, 무언가를 혼자서 할 줄 알게 되고, 점점 더 독립을 향해 나아가는 경험은 모든 유아에게 동기를 부여한다. 보상으로 그들을 부추기는 것은 도움이 되지 않고, 부적절한 반응으로 그들을 당황케 하거나 관심을 딴 데로 돌리는 것은 해롭다. 부모의 신경증에서 비롯된 불안, 반복적인 말, 과장된 칭찬, 은연중에 드러내는 혐오는 아이를 불안에 빠뜨리고 혼란스럽게 만든다.

이상적인 것은 아이가 부모에 맞서기 위해서가 아니라 자신을 위해 스스로 조절능력을 이용하는 것이다. 다시 말해, 성장한 아이가 유아용 변기에 볼일을 보겠다고 스스로 마음먹고 변기 위에 가서 앉을 만큼 충분히 오랫동안 변을 참을 줄 알아서 기저귀를 차지 않게 되는 것이 가장 이상적이다. 물론, 우리 인간들 사이에서는 순수

이론에서 말하는 이상적인 일은 거의 일어나지 않는다.

상황이나 조건이 완벽한 경우는 결코 없다. 그렇지만 다행스럽게도, 불완전한 상황이 반드시 비극적인 결과를 초래하는 건 아니다. 또한 개인마다 각기 다른 심리현상의 여러 요인들에 따라서도 결과가 달라진다. 한마디로, 부모가 어떤 실수를 저지르든 간에 아이의 정신적 균형 상태가 전적으로 부모의 책임은 아니다.

괄약근 조절능력을 습득하게 하려고 아이에게 교육적인 강요를 할 때, 부모는 무엇보다 신체상 제어 기능을 중요시한다. 그래서 배설물은 일종의 힘으로 이용된다. 그것은 부모에게 제시하는 교환조건으로 사용될 수 있다. 부모에게 사랑받기 위해 배설물을 보유하거나 내어줄 수 있다. 또한 그것을 만지작거리거나 휘저을 수도 있고, 더럽히기 위해서 혹은 쾌락을 위해 이용할 수도 있으며, 자신의 의지를 명확히 드러내기 위한 압박 수단으로 사용할 수도 있다.

항문기를 지나며 아이는 선택할 수 있다는 것이 얼마나 매력적인 일인지 알게 된다. 하지만 동시에 선택하는 것은 곧 포기하는 것이라는 사실도 깨닫는다. 하나를 얻으면 하나를 잃는다는 것, 다시 말해 조절능력을 얻으면 사랑을 잃을 위험이 있다는 것을 알게 되는 것이다. 공격성과 사랑처럼 양립할 수 없는 것으로 경험된 감정들, 번갈아 나타나는 상반된 감정들 속에서 분열된 아이의 정신세계는 다음과 같은 이항의 대립으로 형성된다. 지배–복종, 소유–박탈, 배설–보유, 적극성–수동성, 드러내기–감추기. 이 대립들은 아이로 하여금 지배와 피지배, 적극적인 것과 수동적인 것, 큰 것과 작은 것, 침투하는 것과 침투당하는 것, 남성적인 것과 여성적인 것 등등 앞으로 스스로 결정해야 할 많은 것들을 계속 비교하게 만든다.

아이는 바로 이 양립을 받아들이면서, 다시 말해 상반된 감정들을 동시에 느끼는 능력이 생기면서 다음 단계인 남근기로 넘어간다. 만약 이 미묘한 과정이 방해를 받는다면, 혹은 너무 융합적이거나 너무 엄격하거나 단절되었거나 제대로 기능하지 않는 환경에서 이 단계가 진행된다면, 정신적 장애가 생겨날 가능성이 아주 높다.

아이가 죄책감 없이 자율성을 향해 자유롭게 나아가는 데 괄약근의 제어보다 더 효과적인 것은 바로 오토에로티즘이라는 수단이다.

민감한 항문기

항문기의 아이에게 제일 큰 문제는 유아용 변기가 아니다. 그것은 부모의 문제일 뿐이다. 아이의 문제는 훨씬 더 심각한 것이다. 자율성을 향한 첫걸음을 의미하는 이상 효과적인 절제능력의 습득은 대수롭지 않게 여길 만한 문제가 아니다. 항문기의 가장 큰 골칫거리는 다름 아닌 자아 형성의 문제다. 이 중요한 사항을 잘 이끌어가기 위해, 아이는 본질적인 문제들—능동적이냐 수동적이냐? 지배하느냐 지배당하느냐? 좋은가 나쁜가? 아기는 어떻게 만들어지는가?—에 질문을 제기하고 그 대답을 스스로 찾아내야 한다.

감정적이건 감각적이건 간에 아기가 느끼는 자극의 강도는 완전히 새롭다. 아기가 느끼는 쾌감이나 기쁨이 클수록, 부모에 대한 사랑과 거부의 감정들은 놀라울 정도로 거칠다. 만약 아기가 말로 감정을 표현할 줄 안다면, 순진무구한 인형 같은 사랑스러운 이미지를 단번에 무너뜨릴 욕설을 고래고래 내뱉을지도 모른다. "이 나쁜 놈아! 빌어먹을! 꺼져!" 하지만 아기는 현명하게도 감정을 밖으로 드러내지 않고 자신의 이미지를 지킨다. 아기는 자기가 현재 처한 단계이자 자신의 언어 능력 향상으로 이어져야 할 민감한 항문성애 단계를 성공적으로 넘어서지 못하게 방해를 받는 경우에만 세상을 향해 분노를 표출할 것이다.

이 단계에서 발육이 빠른 아기는 괄약근 조절능력이 발달하면서 대소변을 배설하는 것뿐만 아니라 참는 것도 오토에로티즘적인 즐거움을 얻는 수단 중 하나라는 것을 알게 된다. 그후로 이전까지 몰랐던 괄약근의 기능을 습득하면서 관심사가 옮겨간다. 이때부터 성적인 충동으로서의 배변과 가학적인 충동으로서의 숙달된 공격성이 배변을 참는 것으로 대체된다. 하지만 만일 주변 사람들이 화를 내거나 불안해하는 등 부정적인 태도를 보임으로써 이 단계의 발달을 방해한다면, 초기의 항문 가학적 단계에서 리비도가 고착될 위험성이 크다. 정신적으로 미성숙한 탓에 성적 충동과 가학적 감정 충동 간의 갈등을 해결하지 못하면 이때 생기는 강박적인 신경증이 장차 편집증이나 우울증으로 발전하기 쉽다.• 엄습하는 가학적 충동을 물리치지 못해 불안해져 신경증에 시달리는 아이는 정신병질로 자신을 보호하거나 병적인 한계 상태에서 갈팡질팡하게 된다.

이러한 항문기의 문제들을 해결하는 방법은 가치의 뒤바뀜을 인정하고 받아들이는 것이다. 즉, 나에게 좋은 것—뱃속에 간직하고 있는 나에게 은밀한 즐거움을 주는 아주 소중한 것—이 바깥에서는 나쁜 것, 엄마가 내던져버리는 쓰레기가 될 수도 있다. 항문기에서 이 가치의 전도를 인정하게 되는 아이는 거부당하고 버려질까봐 두려워하지 않고 배설할 수 있는 자신감 있는 성인으로 성장한다. 아이가 배설을 둘러싼 가치의 뒤바뀜을 받아들이기 위해서는 정신적으로 안정된 보호자가 잘 이끌어주어야 한다.

정신세계를 구성하는 두 영역

유아의 정신세계는 엄마와 아빠라는 두 극을 중심으로 형성되어 있다. 이 정신적인 양성 소질素質은 아이를 둘러싼 부모(또는 부모 역할을 하는 인물)의 성별이나 인원수와는 무관하다. '모성적인 것'은 아이가 생애 첫 시기에 자신과 분화되지 않은 융합상태로 느끼는 신체다. 부드러움, 따뜻함, 편안함, 보살펴주는 것과 같은 감각은 상징적으로 모성적인 것들이다. '부성적인 것'은 아이를 모성적인

● 초기 정신분석학에서 아주 중요하고 영향력 있는 인물인 카를 아브라함의 주장으로, 그는 주로 성격발달 및 정신질환에서 유아의 성이 어떤 역할을 하는지를 연구했다.

것에서 떼어내어 분리된 개인의 자율성 쪽으로 이끌어가는 제3의 존재다. 중심, 경계, 구조를 결정하는 개념은 상징적으로 부성적인 것들이다.

아이의 몸은 원초적인 3개의 세포에서 자라났기 때문에, 그 심리적 외피•는 모계의 유연성과 부계의 견고성을 함께 지닌다. 따라서 항문기 아이가 아버지의 음경을 자신과 동일시한다는 프로이트의 개념은 결국, 척삭, 척추, 항문관(항문기 성격 소유자와 언어의 정신적 역할이 움직이는 관)과 관계된다.

프랑스를 대표하는 정신분석학자 중 한 명인 프랑수아즈 돌토에 따르면, 신체도식••은 우리 자신을 독립적인 개인이라고 생각할 수 있게 하는 신체 표현을 내재화한다. 신체도식은 대체로 머리 하나, 눈 둘, 손 둘, 항문 하나로 이루어진다. 반대로 신체상•••은 각자의 내력이나 특별한 감정적 경험들과 더불어 개인마다 특수하다. 아이가 자기 자신에 대해 가지는 인식은 처음에는 다양한 감각들(더움, 달콤함, 자극적임, 충만함, 축축함)로 표출되지만, 점차 축적되면서 조합을 이루게 된다. 중요한 것은 신체도식을 이루는 신체기관들의 조합이 아니라, 주변 사람과 아이의 관계에서 일어나는 사건과 결

• 프랑스 정신분석학자 디디에 앙지외의 개념. 피부가 신체를 감싸듯이 자아가 심리를 감싼다는 의미로 자아를 피부에 비유하고, '심리적 외피'의 개념으로 확장했다. 다양한 감각에서 비롯된 심리적 외피가 서로 맞물리며 자아를 구성하고, 이는 곧 자신과 세상의 경계가 된다.
•• 정적 또는 동적 상태에서 자신의 신체에 대해 갖는 직관 또는 인식.
••• 자신의 신체에 대한 느낌 또는 이미지.

부된 감각들, 다양한 부위에서 느껴지는 여러 가지 쾌감들이다(이 감각들은 서로 연결된다). 리비도 집중•에 의해 공들여 만들어진 신체상은 "욕망하는 주체의 역동적 표현이다"[20]. 그러므로 현재의 '나'는 자신에게 즐거움을 주는 것과 내밀하게 연결되어 있다.

자신을 둘러싼 세계와의 관계에서 처음 느낀 감각들을 익히는 가운데, 아이의 신체상은 언어를 매개로 계속 진화한다. 아이가 혼란에 빠진 자신의 신체상을 계속 발달시켜나가면서 건강한 신체도식을 가질 수 있는 이유는 바로 그 때문이다.

프랑스의 정신분석학자이자 아동심리학자인 드니즈 브라운슈바이크에게 항문 괄약근은 안과 밖, 나와 타자의 경계를 의미한다. "이곳은 수동적이고 능동적인 성애가 실행되는 부위다. 우리는 이곳에서 정체성을 구축하고 주체화를 이룬다."[21] 아이의 성별과 별개로 적극성과 수동성의 대립은 항문기에서 가장 중요한 부분 중 하나다. 아이가 이 논리를 어떤 식으로 풀어가느냐에 따라 장차 그의 성적 집중과 나르시시즘의 구조가 결정된다.

이런 관심사에 사로잡힌 아이의 정신구조는 아이의 반응에 따

• 대상에 대한 관심이 끊임없이 지속되어 정신적 에너지가 특정 사고나 행동에 축적되는 현상.

20 프랑수아즈 돌토, 『무의식적인 신체상L'image inconsciente du corps』, Le Seuil, 1984.

21 베랑제르 드 세나르클랑, 『경계선 성격장애 환자들에게 나타나는 항문성애기의 현상들과 치료의 문제점Les avatars de l'analité chez les patients limites et la problématique de la cure』, PUF, 2002.

라 구축되는 것은 물론 주변 인물들의 행동과 태도에 영향을 받는다. 전 성기기前 性器期•에는 아이가 타인들과의 관계, 그리고 자기 자신과의 관계를 운용하는 방식이 결정되기 때문에 매우 중요하다.

영국의 정신분석가이자 소아과의사인 도널드 위니콧에 의하면, '놀이' 영역, 즉 성애유희적인 나르시시즘이 이때 형성되며, 후일 이 자기애가 사회생활을 하며 맞닥뜨리는 난관에 잘 대처할 수 있게 해준다고 한다.

아이는 '내 똥구멍' '아빠 자지' '창녀 엄마' 같은 표현에서 드러나는 항문기의 문제, 다시 말해 항문과 성기에 과하게 집착하는 성향을 성장하며 스스로 해결하게 된다. 그러면 아이는 타인이 자신의 신체를 침범한다 하더라도, 그리고 살아가는 동안 배신과 방치, 실망과 환멸을 여기저기서 겪는다 하더라도, 삶을 즐기며 살아갈 수 있는 안정적인 토대를 갖추게 된다.

싫어!

세 살 무렵의 아이가 최초로 내뱉는 "싫어!"는 항문 괄약근을 조절할 수 있게 됨으로써 생겨난 주체성과 말을 배우기 시작한 것이 결

• 프로이트의 정신분석학에서 성기성욕의 우위가 확립되는 성기기 이전의 발달단계를 아울러 이르는 말. 즉, 구강기, 항문기, 남근기를 통칭한다.

합되는 시점을 나타낸다. 아이는 더이상 자신의 항문에 국한된 표현을 쓰지 않는 대신, 구어체 언어를 쓰기 시작하면서 뭔가를 의미하지만 원뜻과는 전혀 다른 엉뚱한 낱말들을 사용한다.

받아들이느냐 거부하느냐? 이제 말하는 존재가 된 주체는 "싫어"라고 말함으로써 자기가 갈등을 해결했음을 보여준다. "싫어"라고 말하는 것은 거부하는 게 아니다. "싫어"는 변증법적이다. 아이는 자기가 원하는 것을 전부 다 할 수도 없고 전부 다 가질 수도 없음을 이해한다. 그와 동시에 무언가를 거부할 자유가 자신에게 있다는 것, 명령에 당장 따르지 않아도 된다는 것, 모든 걸 다 주지 않고 약간만 줘도 된다는 것을 이해한다. 그 "싫어"는 미묘한 뉘앙스를 띤다. 상징화단계로 들어가면서 아이는 자신의 요구를 표현할 무한한 가능성이 있음에도 불구하고 즉각적인 만족을 포기하는 것을 받아들인다.

총배설강 가설

한 가지 의문이 항문기 아이를 집요하게 사로잡는다. '아기는 어떻게 태어날까?' 아이는 자신의 환상에 관찰한 것들을 조화롭게 끼워맞추면서 여러 가정들을 만들어낸다. 그 가설 중 하나는 아기가 항문으로 태어난다는 것이다. 아직 질의 존재를 모르는 아이는 그게 논리적이라고 생각한다. '아기는 똥처럼 배출되는 게 분명하다.' 그것이 바로 총배설강 이론이다. 엄마와 아이는 분리되어 있지 않다. 엄마 몸의 한 부분인 아기는 마치 똥처럼 떨어져나온다고 아이는 믿는다.

임신 과정을 몰랐던 시절

총배설강 이론의 논리적 타당성은 오늘날에야 확인되었다. 프로이트의 관찰에 따르면 아이가 질의 존재를 모르는 이유는 미성숙해서라기보다는 19세기 비엔나 상류사회의 어마어마한 내숭 때문이었다. 그 시대에는 결혼 전까지 여성과 남성이 엄격하게 분리되고, 성교육은 거의 전무하다시피 했다. 그래서 당시의 개신교 부르주아 계층에서는 무지로 인해 아이를 낳지 못하는 부부들이 꽤 많았다. 의료검진을 통해, 이들이 아이를 낳지 못한 것은 인체구조에 대해 몰이해하여 오로지 항문성교만 했기 때문임이 밝혀졌다.

1983년 프랑스어권 정신분석학자 회의에서는 특히 '여성'에 관심을 가졌다. 장 쿠르뉘와 모니크 쿠르뉘 자냉에 따르면, 프로이트의 총배설강 이론은 "항문성애는 서로 같은 구멍을 이용하기 때문에 성평등을 이루기 쉽다"는 개념이다. 개인적으로 나는 같은 구멍보다는 같은 변기를 사용하는 것에서 성평등을 이루기 쉽다는 말이 차라리 더 그럴듯해 보인다고 생각한다.

인간이란 정말로 복잡한 존재다…… 전문가조차 오류를 범하고, 서로 옥신각신하며 반박한다. 이런 상황에서 누구를 신뢰할 수 있을까? 작가는 어떨까? 베케트의 작품에서 총배설강 이론은 다음과 같이 확인된다.
"자전거와 뿔에 관해 말하다보면 마음이 아주 편안해진다. 그런데 불행하게도 문제는 그게 아니라, 내 기억이 정확하다면, 똥구멍으로 나를 낳은 사람이다. 잘못 끼워진 첫 단추."[22]
총배설강 이론은 어떤 방향으로든 접근할 수 있다는 것이 확인된다.
"친애하는 친구들이여, 태어나시오, 태어나서 내 밑구멍 안으로 다시 들어오시오, 그 안에서 배배 꼬는 것이 기분좋게 느껴진다 하더라도, 그 즐거움이 오래가지는 않을 거요, 내가 요즘 설사에 시달리고 있거든."[23]
그러므로 "배설은 탄생 행위의 전형이다"라고 주장하는 그 노인의 말이 맞을지도 모른다……

성인이 되어서도 정신에 고착된 총배설강 이론을 고수하는 것은 '편집광적 상태'로 규정된다. 이는 타자와 한몸이고 싶은, 서로 분간되지 않는 혼연일체를 이루고 싶은 욕망으로 표현된다. 말하자면 분리되지 않은 상태에 대한 향수, 의존상태에서 비롯되는 완전한 행복을 느끼며 어머니와 융합되어 있던 시절에 대한 향수다. 편집증 환자는 마치 어린아이처럼 자신과 타자, 자신의 몸과 자신의 생

22 사뮈엘 베케트, 『몰로이Molloy』, 1951
23 사뮈엘 베케트, 『이름 붙일 수 없는 자L'Innommable』, 1953

각을 구분짓지 않는다. 편집증 환자가 타인의 생각을 자기 것인 양 간주하면서 그 생각들을 계속 통제하려 하는 모습을 보면, 이 이론의 속성이 그대로 나타난다. 생각의 타자성을 인정하는 것은 어머니와의 융합에 대한 환상을 버리고 육체적 분리를 받아들이는 것이다. 설령 그 분리가 죽음으로 인한 불가피한 결별의 순간처럼 고통을 대가로 할지라도, 성을 통해 맺어진 만남은 분리될 수밖에 없다.

항문성애의 장애들

사랑스러운가 혐오스러운가? 창조인가 배설인가? 영원한가 사라지는가? 만일 어린 선수가 이 양가감정의 수수께끼를 해결해내지 못한다면 그다음 단계로 나아갈 수 없다. 그는 항문기의 정신적 장애라는 모호한 상태에서 영원히 헤매게 될 것이다. 게임에서 진 것이다!

능동과 수동의 대립이 해결되지 못했을 때나 항문기에서 주체화가 이루어지지 않아 리비도가 생식단계로 넘어갈 만큼 발달하지 못하면 항문은 계속 가장 성적인 신체 부위로 여겨지기 때문에, 생식기 오르가슴과는 별개로 항문으로 만족하는 것에 관심이 집중된다. 특히 아버지에게 벌받는 환상이 더해지는 경우가 많다. 하지만 이 항문성애는 너무 죄스럽고 찜찜해서, 인간의 정신은 정신병으로 발전될 위험을 무릅쓰지 않고는 항문성애가 의식의 수면 위로 떠오르게 내버려두지 않는다. 정신은 자기애를 보호하기 위한 대비책으로 강박적인 신경증을 만든다. 불결함에 대한 병적인 혐오, 섹스 공포증, 통제 강박증은 환상에서 기인한 혐오로부터 정신을 보호한다. 청결과 관련된 강박적인 행동들을 통해, 신경쇠약 환자는 자신의 잘못된 생각(당시에는 만능이라고 여겼던)으로 인해 파괴되었을 수도 있을 물건이 온전한 상태임을 확인한다. 이런 유형의 사람들은 규율을 잘 따르고 엄청나게 꼼꼼하며 항상 모든 것을 제어해야만 직성이 풀린다. 쓰레기를 엄격하게 분류하는 것을 즐기는, 질서와 청결에 편집증적인 집착을 보이는 유형이거나 아니면 인색해서 물건을 잃어버리지도 남에게 주지도 못하는 구두쇠 유형 또는 뭐든 버리지 못하는 저장 강박증을 가진 유형이 그 예다.

자기가 저지르지 않은 행동과 자신이 억누르는 생각들에 대해 무의식적인 죄의식을 느끼는 강박증 환자는 이 '저장 강박증' 인격에 속한다. 이들은 별것 아닌 욕구도 스스로 표현하지 못한다. 항상 불안해하고 냉소적인 강박증 환자는 콤플렉스에 사로잡힌 채 수치심을 안고 살면서 자신의 행동과 태도에 지나치게 엄격하게 굴고, 다른 사람들이 과감하게 즐기는 쾌락을 두려워하며 유혹에 저항한다.

정신병 환자에 관해 말하자면, 그는 자신의 공격성을 인지하지 못하고 경직된 반응과 강박적인 태도를(그리고 이런 태도에 대해서도 여러 가지 반응을) 보인다. 자신의 내적 영역이 기습당할지도 모른다는 생각으로 공포에 질려 더더욱 안으로 틀어박힌다. "자신의 몸을 일종의 여과기(관계를 맺지 않도록 걸러주는 거름망)라고 생각하는 정신분열증 환자에게 모든 것이 다 들어갈 수 있는 구멍만큼 불안한 것은 없다."[24]

요컨대, 부모는 항상 어떤 식으로든 잘못을 저지를 우려가 있다. 항문기 때 부모가 성급하게 잘못 개입하는 일이 없어야 심각한 장애가 생기지 않을 것이다. 항문-가학적 단계에 고착하게 만드는 기능 장애는 자기도취에 빠지는 주체화단계에서 강박증을 초래할 수 있고, 경계성 성격장애에 이어 강박성 인격장애를 낳을 수 있다. 그렇지만 유아기 때 확실하게 결정되는 건 아무것도 없다. 단지 땅에 씨가 다소 잘못 뿌려진 것뿐이다. 그 씨앗은 잠재되어 있다가 몇 년 뒤 사춘기와 함께 싹을 틔우고 꽃을 피우면서 불쑥 모습을 드러내기 시작한다……

강압적인 배변 훈련

엄격하고 단호한 교육의 우선적인 목표 가운데 하나는, 아주 어릴 때부터 항문에 대한 혐오와 수치심을 주입시키는 것이다. 이는 청결하고 단정한 아이로 자라게 하는 데 효과적인 유일한 방법이다. 이런 교육을 받고 자란 아이들은 어른이 되었을 때 자신의 신체에서 항문을 경멸하게 된다. 그러면서 조심스럽게 모든 탈선행위들을 멀리한다. 건전하고 도덕적인 그들의 섹스는 오직 종족보존이라는

24 자크 세다, 『지그문트 프로이트, 프로이트의 주요 사상들Sigmund Freud, les grandes étapes de la pensée freudienne』, Armand Colin, 2013.

목적에서만 추진될 것이다.

동성애에 대한 고정관념에서 비롯된 항문성애 혐오는 아버지에게만 책임이 있지도 않고, 아들에게만 전수되지도 않는다. 아버지가 딸이 어머니처럼 '성녀'가 되도록 이끄는 것처럼, 어머니 또한 자기 아들이 훌륭한 이성애자가 되도록 이끈다. 사실, 부계사회에서는 어머니들이 아무리 힘이 세다 해도 부권중심적인 경향이 있다. 마찬가지로 아버지들(또는 삼촌 등)도 모계사회에서는 모권중심적인 경향을 보인다.

아이가 무조건적으로 복종하게 만들고자 한다면 부모는 아이에게 존경을 강요해야 한다(설사 부모로서 존경받을 만한 구석이 전혀 없다 하더라도). 아이는 본보기 역할을 해줄 자신과 동성인 부모의 이상적인 이미지를 내면화해야 한다. 그리고 어떤 경우에도 그에 반하는 개인적인 방식은 받아들이면 안 된다.

문제는 남자아이의 경우 이상적인 지배자에게 존경심을 갖고 복종하는 것을 언젠가 자기가 여자들을 지배할 수 있다는 위안과 결부시킬 수도 있다는 것이다. 사내아이라면 몸을 숙여 복종한 뒤, "젠장" 하고 내뱉으면서 눈물을 삼키고 한번 훌쩍이는 것으로 그냥 넉살 좋게, 제대로 교육받은 성숙한 남자답게 다시 일어서야 한다.

뭐라고? 그건 사도나 군인을 키우는 것과 다를 바가 없다.

동서고금의 밑씻개

"어떻게 해야 깨끗해질 수 있는지 알려면 뭐든 다 시도해봐야 한다."

켈리스 백작, 『콩깍지 까는 여자들Les Écosseuses de pois』

인간이 발가벗고 다니던 시절에는 밑을 닦는 것에 신경쓰지 않았을 것이다. 찌꺼기가 묻으면 나뭇가지로 충분히 닦아낼 수 있었으니까. 하지만 옷을 걸치기 시작한 이후로 인간은 엉덩이를 가리던 짐승 가죽으로 밑을 닦았다. 얼마나 편한가!

사는 지역에 따라 조개껍질이나 자갈을 이용하기도 했고, 막대기나 입고 있던 옷을 이용하는 곳도 있었는데, 이러한 습관은 그리스로마시대까지 계속된다. 희극 시인 아리스토파네스는 자신의 풍자문학에서 표면이 반들반들한 막대기를 4개 정도 미리 마련해두라고 조언했다. 스스로 최고의 문명인이라고 자부했던 그리스인들은 입고 있던 토가를 더럽히지 않기 위해 대파와 비슷하게 생긴 리크를 주로 사용했다. 하지만 그들의 자부심은 로마인들이 얼마나 세련되었는지 몰랐기 때문에 가능한 것이었다. 로마에서는 평민들조차 밑씻개용으로 도자기 파편인 페소이pessoi를 사용했다. 세습 귀족들은 모직이나 아마천을 잘라 만든 수건을 사용했는데, 물론 장미수에 적신 수건이었다. 로마에는 향수가 흘러넘쳤기 때문에 개들에게까지 향수를 뿌렸다. 심지어 말에게도! 그리고 네로 황제는 샌들 밑창에도 향수를 뿌렸다. 세네카에 경도되었던 몽테뉴는 다음과 같은 사실을 알고 있었다. "로마인들은 공중변소에서 천연 스펀지(해면)로 밑을 닦는다. 라틴어로 스폰지아spongia가 '혐오스러운, 기분 나쁜'을 뜻하는 것은 바로 그 때문이다. 해면은 막대기 끝에 묶여 있다."[25] 그 막대기는 '테르소리움tersorium'이라 불렸는데, 변소 한편에는 항상 식초를 섞은 물 양동이가 있었고 막대기는 그 안에 담긴 채 구비되어 있었다. 이것은 오늘날 현대적인 화장실의 어떤 장치를 떠올리게 한다…… 몽테뉴성城에서는 삼 부스러기나 짐승의 몸에서 뜯어낸 털 뭉치, 또는 종이를 되는대로 한 움큼씩 사용해야 했다. 그 성의 영주가 다음과 같은 사실을 확실하게 알고 있었음에도 불구하고.

"더러운 엉덩이를 종이로 닦는 자는 언제나 불알에 유혹을 남기게 되니."[26]

몽테뉴는 이전 세기에 라블레가 써낸 쩌렁쩌렁한 풍자소설 『가르강튀아』를 분명히 읽었을 것이다. 『가르강튀아』에서는 밑씻개로 사용할 수 있는 온갖 것들을 줄줄이 읊어대고 있다. "벨벳 목도리, 그 여자의 두건, 목수건, 진홍빛 새틴으로 만든 귀덮개, 깃털 꽂힌

25 몽테뉴, 『수상록』 1권, 1580.

26 프랑수아 라블레, 『가르강튀아』, Juste, 1535.

시종의 헝겊 모자, 향기나는 어머니의 장갑, 샐비어, 딜, 회향풀, 꽃박하, 장미, 호박잎, 양배추, 근대, 포도나무 이파리, 접시꽃, 엉덩이를 빨갛게 만드는 버배스컴, 상추, 시금치 잎, 산쪽풀, 여뀌, 쐐기풀, 컴프리, 바지 앞섶, 양탄자, 모포, 커튼, 방석, 카펫, 초록색 도박판, 행주, 머리쓰개, 손수건, 실내복, 건초, 짚, 대마, 털 뭉치, 양털, 베개, 실내화, 전대, 바구니, 털모자, 펠트 모자, 벨벳 모자, 호박단 모자, 새틴 모자(그중에 으뜸은 바로 털모자랍니다, 엉덩이에 묻은 것을 아주 깔끔하게 닦아낼 수 있거든요), 그리고 또 암탉, 수탉, 병아리, 송아지 가죽, 토끼, 비둘기, 가마우지, 변호사의 가방, 수도사의 두건, 철갑 투구, 미끼새……로 밑을 닦았지요. 아무튼 결론적으로 말씀드리자면, 솜털이 보송보송한 새끼 거위만큼 훌륭한 밑씻개는 없습니다. 그 녀석의 대가리를 다리 사이에 끼운 채 붙들고 있기만 하면 되니까요. 명예를 걸고 드리는 말씀이니 제 말을 믿으세요. 솜털의 부드러움도 그렇지만 거위의 적당한 체온으로도 엉덩이 구멍에 놀라운 쾌감을 느낄 수 있는데다, 그 쾌감은 직장과 다른 내장으로 전해져서 심장과 뇌가 있는 곳까지 다다르거든요."[27]

터무니없이 비싼 밑씻개로 쾌감을 얻고 벨벳이나 새틴 같은 보드라운 천의 감촉을 느끼는 사람들도 있었지만 하층민은 여전히 막대기에 의존했다. 유럽에서는 인체공학에 맞춘 곡선형 막대기를 선호했다. 중세 일본에서는 통나무를 잘게 썰어 매끈하게 다듬은 작

27 같은 책. 몇몇 부분은 임의로 삭제했다.

은 작대기를 사용했는데, 주인이 사망하면 불에 던져 태워버렸다. 하지만 동시대의 중국인들은 그것을 깨끗이 씻어서 대대손손 물려주었다. 중국에서 밑씻개로 비단 종이를 사용하는 최고의 사치를 누릴 수 있는 사람은 오직 황제뿐이었다. 14세기 말, 중국 명나라 황실은 밑씻개용으로 비단 종이 72만 장을 만들라고 명령했다. 역사책에 분명히 기록되어 있는 명백한 사실이다. 그런가 하면, 프랑스 왕족 베리 공작은 삼 부스러기를 킬로그램 단위로 공급받았고, 샤를 6세는 아마로 만든 밑씻개를 주문했다. 당시 회계장부를 살펴보면 전부 확인할 수 있는 사실이다! 예를 들어, 켈뤼스 백작이 남긴 책에는 다음과 같은 조소 섞인 이야기가 적혀 있다.

"우리는 교육을 잘 받고 자라나 과학에 능통하고 교양이 넘치는 사람들을 안다. 즉 오해와 편견의 대양 위에 돛을 활짝 펴고 노를 저어나가는 사람들. 하지만 교양보다 본성이 훨씬 더 강한 것은 어쩔 수 없기에 그들은 아직도 똥 냄새를 퍼뜨리고 다닌다. 이름을 언급하면 당신들도 알 만한 사람들을 내가 몇 명 아는데, 그 사람들은 똥을 어찌나 좋아하는지 언제나 똥을 약간 달고 다닌다. 변기가 아니라 (……) 셔츠 뒤쪽이나 바지 안에다."[28]

은밀하게 용변을 해결하기 위한 장소와 리넨 천이 구비된 곳은 수도원밖에 없었다. 심지어 베네딕트 수도사들의 옷가지 꾸러미에는 '아니테르주'라고 이름 붙인 밑씻개용 천도 들어 있었다. 일반적

28 켈뤼스 백작, 『웃기는 이야기Œuvres badines complètes』, Visse, 1787.

인 기독교 신자는 숲속으로 들어가서 식물, 건초 등 쉽게 구할 수 있는 것으로 해결했는데, 특히 널찍한 마로니에잎이 널리 애용되었다. 보다 세심한 이슬람교도들은 항상 왼손을 이용해 물로 밑을 닦아냈고, 물이 없을 경우에는 모래로 닦았다. 종이는 사실상 르네상스 무렵에야 글을 읽을 줄 아는 계층의 밑씻개로 부드러운 천조각 대신 사용되기 시작했다. 루브르 궁전의 옛 변소 자리에서 17세기 말과 18세기 초로 날짜가 기록된, 화려한 문장들로 봉인된 우편물 조각들이 발굴되었다. 그 당시 평민계급은 항상 자신의 막대기를 갖고 다녔다. 19세기에 이르러 일간지와 위생관념이 일반화되고 나서야 비로소, 날마다 '엉덩이 사이'(당시에는 항문을 이처럼 완곡하게 표현했다)를 씻는 것이 좋고, 큰 볼일을 보고 나면 그때마다 새 신문지를 이용하는 것이 바람직하다는 생각이 퍼졌다.

19세기 말 미국에서 두루마리 휴지가 공산품으로 처음 등장했다. 하지만 꺼칠꺼칠한 이 갈색 휴지를 서양 사람들이 엉덩이에 사용하기까지는 거의 한 세기가 걸렸다. 프랑스 소설가 루이 페르디낭 셀린이 1925년 뉴욕에서 관찰한 바에 따르면, "신문지들은 작은 쿠션만큼이나 두툼했음에도 불구하고, 다 읽고 난 그 즉시 직장의 신호를 받은 사람들의 밑씻개로 쓰였다"[29]. 1935년 휴지 회사 노던 티슈는 꺼칠하지 않은 휴지를 개발하는 데 성공했지만, 라블레는 더

29 루이페르디낭 셀린, 『밤 끝으로의 여행Voyage au bout de la nuit』, 1932.

이상 이 세상에 없어 그 휴지를 사용해볼 수 없었다. 그래서인지 이 휴지가 자리를 잡기까지는 오랜 세월이 걸렸다. 전쟁이 끝난 뒤 유럽에서는 1인당 1년에 책 한 권 분량의 휴지가 소비되었다. 오늘날 우리가 화장실 변기로 내려보내는 휴지의 분량은 1년에 책 열두 권 정도다! 그렇다, 당신은 엄청난 분량의 책을 소비했다. 1년에 항문 하나당 6킬로그램, 거기다 낱장이나 두루마리로 된 셀룰로스 탈지면뿐만 아니라 일회용 물티슈, 그리고 그 모든 것을 쓸어보내기 위한 물 18,000리터까지. 그것들을 나라별로 어떤 식으로 사용할까? "영국인은 밑을 문지르고, 독일인은 힘차게 비벼 닦으며, 미국인은 항문 점막을 자극하지 않기 위해 휴지를 공처럼 둘둘 말아 닦고, 프랑스인은 (……) 대충 닦거나 아니면 휴지에 구멍이 나 손가락에 똥이 묻는 불상사가 일어나지 않도록 휴지를 겹쳐서 조심스럽게 뒤처리를 한다."[30]

"1만 년 전부터 오로지 포장 기술과 쓰레기 처리 분야에서만 진보를 이룬"[31] 인간이란 원래 그런 존재다. 인간은 언제쯤 비위생적인 기질과 충동적인 증오를 제대로 조절하고 오물 버리는 곳을 분간할 줄 알게 될까? 언제쯤 찌꺼기들을 걷어내버리고 항문이라는

30 마르탱 모네스티에, 『배설물에 관한 엽기적인 사회상과 역사Histoire et bizarreries sociales des excréments』, Le Cherche Midi, 1997.

31 이브 르 마나슈, 『뒷구멍에 사로잡힌 물질주의Le matérialisme saisi par derrière』, Éditions La Digitale, 1988.

기관을 제대로 마주하게 될까? 폭정과 지배와 억압으로 귀결되는 인류의 배설 문화는 변기 물을 내릴 때에야 비로소 끝날 것이다.[32]

수치심을 느끼며 밑을 닦는 사람들이 벌써 여기저기 보인다. 어떤 이들은 다채로운 색깔로 체면을 차린다. 어제는 분홍색, 오늘은 노란색, 더러워진 색색 가지 휴지들이 깃발처럼 보란 듯이 모습을 드러내면서 외친다. "이제 더이상 갈색은 원치 않는다! 우리는 부드러운 것을 원한다! 세 겹으로 된 것을 원한다!" 은은하게 풍기는 상큼한 향기가 기분 나쁜 냄새를 몰아낸다.

까까똥꼬!•

아기는 더이상 배변 가리기 훈련을 받지 않는다. 그는 대립단계로 들어선다. 그는 괄약근 조절능력과 함께 자기가 자율적인 개인이며 자유를 실천하는 것은 자신에게 달려 있다는 사실을 충분히 이해했다. 이제 그의 중대사는 언어다. 엄마 배 속에서부터 익숙했던 이 언어를 그는 곳곳에서 펼쳐놓기 시작한다. 언어는 우리를 '인간'으로 만들어주며, 손가락을 더럽히지 않고도 응가를 가지고 더 재미있는 것을 만들 수 있는 수단이다! 엉덩이로 훨씬 더 멋진 것을 할

32 안토니노 페로, 『정신분석학 유럽연맹회의Conférence de la FEP』, Madrid, 2001.

• 스테파니 블레이크의 동화 제목 'Caca boudin'. 늘 '까까똥꼬'라는 말만 하는 아기 토끼 시몽의 모험을 그린 이야기.

수 있다는 걸 알기 전까지, 이 세 살배기(또는 열두 살, 서른 살) 아이는 '쉬' '응가' '냄새나는 똥꼬!'라는 말을 큰소리로 되풀이하게 된다! 그는 『반쪽짜리 달걀에서 나온 수탉』 같은 이야기에 황홀해하며 귀를 기울일 것이다.

> "반쪽짜리 달걀에서 나온 수탉은 아주 기뻐합니다. 여행이라니, 정말 마음에 쏙 들었거든요! 하지만 길을 가던 도중에 여우, 늑대, 강물, 그리고 모험을 꿈꾸는 거인을 만납니다…… 그들은 모두 왕궁에 다다랐을 때 죽임을 당하거나 지쳐 쓰러지거나 문전박대를 당할까봐 두려워합니다. 수탉은 그들 각각에게 똑같이 이런 이상야릇한 말을 합니다. '네 모습을 들키지 않고 여행하고 싶다면 내 똥꼬 안으로 들어와서 꼼짝도 하지 말고 가만히 있어!' 그건 반쪽짜리 달걀에서 나온 수탉에게 떠오른 아주 멋진 생각이었지요. 일단 도착만 하면 그의 길동무들은 그에게 큰 도움이 될 테니까요……" (콩트 작가 피에르 델리)

아이는 배꼽이 빠져라 웃는다. 그는 너무도 천진난만하게, 완전히 넋이 빠진 채 엄청나게 즐거워한다. 그 즐거움은 마침내 어른들이 화를 낼 때까지 오래오래 지속될 것이다. 어른들이 아이의 손을 찰싹 때리면서 화난 어조로 "쉿! 조용히 해! 그런 식으로 말해선 안 돼. 아서, 지지야. 차라리 꼬마병정들을 갖고 놀아!"라고 꾸짖기 전에, 그 아이는 이미 자라 있다.

항문을 부끄러워하지 않고 개방적인 태도로 편안하게 대하면서 성장하면, 사춘기에 이르러 볼이 화끈 달아오른 채 바지 안에 손을 집어넣고 이유도 모르면서 구멍을 긁어대는 사태를 피할 수 있다. 그 당혹스러움과 혼란은 자기가 하면 좋은 짓이고 남이 하면 더러운 짓이라고 생각함으로써 일단 해결될 수 있다. 하지만 그것은 대단히 위험한 방법이다. 이 세상을 흑백논리로 바라보면서 단칼에 환부를 도려내려 하게 되기 때문이다.

놀이에서 찾아보는 항문

유아기 때부터 근사한 장난감이던 항문은, 성장하면서 새로이 재발견되며 결코 싫증나지 않는 놀이 세계의 모든 것을 내포한다. 생식기의 흥분이나 오르가슴과는 별 상관없는 에로틱한 만지작거림, 임신과는 관계없는 생식기이며 쾌감 이외에 다른 목적이 없는 환희의 무한한 원천인 항문은 그 자체로 놀이의 핵심이다. 따라서 항문이 그 자체만큼이나 헛되고 무익하며 비생산적인 다른 놀이들에 영감을 준다 해도, 별로 놀랄 일이 아니다.

똥꼬 게임(또는 대통령 게임)

세 명 이상이 함께하는 카드 게임으로, 참여자들 중 손에 든 카드를 제일 먼저 다 털어내는 사람이 '대통령'이 된다. 아이와 어른이 함께 즐길 수 있는데, 아이가 대통령이 되고 어른이 똥꼬로 머물러 있을 수도 있다!

5장 항문이 선사한 쾌락

"오, 이해할 수 없는 호모들이여,
그대들의 엄청난 타락에
욕을 내뱉을 자는 내가 아니다. 깔때기처럼 생긴
그대들의 항문에 경멸을 퍼부을 자는 내가 아니다."

로트레아몽 백작, 『말도로르의 노래』

"인간을 고통스럽게 하는 것은
일어난 일 그 자체가 아니라,
그 일에 대한 자신의 견해다."

에픽테토스

항문으로 할 수 있는 것이나 해선 안 되는 것에 관한 인간의 생각은
지역에 따라 야유를 받거나 인정을 받고,
시대에 따라 금지되거나 격려를 받는다.
그러므로 항문에 관한 생각은 끊임없이 달라진다.
개화의 바람이 불며 관대해졌다가도
뒤이어 편협한 윤리적 관점과 맞닥뜨리며 다시 폐쇄적인 경향을 띠기도 한다.
주기적으로 되풀이되는 이 눈살 찌푸림은 우리를 아연실색케 한다.
그러므로 찬란한 깃발을 꽂으며
영광스러운 자유를 획득했다고 생각해서는 안 된다!
치욕은 침묵과 어둠 속에 웅크리고 숨은 채 자신의 때를 기다리고 있으니.
어떤 합의에 이르기까지는 검열이 따르기 마련이듯, 항문도 항상 검열을 당한다.
생각이 통과하는 긴 터널이 그렇듯이,
이 주제에 관한 생각들도 결코 한 방향으로만 쭉 뻗어 나아가지 않는다.
어쩔 수 없이 앞으로 나아갔다 뒤로 물러났다를 반복한다.

항문에 대한 편견

유사과학은 실험적으로 증명된 근거가 전혀 없기 때문에, 프로이트의 무의식 이론은 많은 해설자들의 다양한 기호에 따라 달라진다. 따라서 무의식 이론에 대해 반박할 수도 없다. 이것은 무의식 이론의 약점이자 강점이다. 우리는 마치 경전처럼, 그 내용을 믿건 믿지 않건 우리가 원하는 대로 해석한다. 그 이론에 고정관념들과 오류들이 있어도, 그 이론에 대한 헤아릴 수 없이 많은 비판이 있었음에도, 프로이트가 현대 정신병리학에 큰 기여를 했다는 사실은 부인할 수 없다. 물론 오늘날 그의 많은 이론들은 시대에 뒤처지고, 더욱이 페니스의 욕구와 억압에 관한 이론들은 더이상 통용되지 않고 있다. 하지만 어떤 이론들은 지금까지도 타당성을 인정받는다. 항문성애에 관한 이론이 그렇다.

항문을 인간이 주변 환경과 관계를 맺어나가는 중심축으로 바라보던 이 늙은 강박증 환자는 보다 근본적인 것을 간파했다. 더구나 그의 생각은 아주 견고해서 현실에서도 그 생각을 따를 수밖에 없었다. 이를 통해 그는 인간 정신이 우회적으로 표출하는 것들을 더 잘 이해하게 되었다. 항문은 가치와 힘의 지배적인 원칙들이 돌아가는 하나의 축으로서 존재하는 세계를 우회하게 해주기 때문에, 항문기적 성격의 소유자는 보편적인 것을 항문과 결부시킨다.

"사실, 시대에 뒤떨어진 사고방식이 군림하거나 현재까지도 고수되는 곳이라면 어디서나, 고대 문명에서, 신화, 우화, 미신 들에서, 무의식적인 생각 속에서, 꿈속에서, 신경증 속에서, 돈과 똥은 긴밀하게 연관된다."[33] 성이나 권력, 돈에 관한 관점은 개인적이건 집단적이건 간에 동일한 역학관계를 가지며, 그 상징은 영속적이다.

개인의 성장 과정은 해결해야 할 갈등의 연속이다. 마찬가지로 역사는 세계의 정신에 영향을 미친다. 인간의 생각은 유추적인 것에서 명확하게 발음되는 구체적인 것으로 발달해오는 과정에서 보편적인 상징들을 낳았다. 그래서 프로이트의 충동이원론의 예는 의미심장한데, 그의 이론을 심도 깊게 비평한 프랑스 철학자 앙리 발롱은 이와 같이 밝혔다. 1차세계대전 발발 전까지 이 이원론은 에고(자아)의 리비도와 본능의 대립으로 인식되었다. 하지만 전쟁이 끝난 뒤, 현실에 영향을 받은 이 개념은 에로스(생명 본능)와 타나토스(죽음

33 프로이트, 『성격과 항문에로티즘Caractère et érotisme anal』, 1908.

본능)의 대립으로 옮겨왔다…… 정말 변증법적이다! 변화, 고착, 퇴행, "개인의 역사에서 힘들은 계속 대립하면서 새로운 형태의 생각과 집착을 낳는다".[34] 집단적 역사를 봐도 비슷한 퇴행들로 요동치는 동일한 역학이 관찰된다. 이 역학은 "인간의 운명에 대한 비극적 인식과 낙관적 인식 사이의 영원한 갈등"[35]으로 인해 갈팡질팡하면서 앞으로 나아갔다가 뒷걸음치기를 반복한다.

항문에 대한 반감과 혐오에 사로잡힌 채 항문을 성감대로 인식하는 것을 금기시하는 분위기에서는, 항문을 연다고 하면 당장 거기서 나오는 것만 떠오를 뿐이다. 사람들은 직접 풀어 열어볼 수 없는 것 앞에서 불안에 휩싸인 채 몸을 웅크리고 있다. 항문을 봉인하는 금기가 그 의미를 숨기고 있다. 그렇게 세상은 축적과 축재에 대한 숭배를 고수한다.

다행히, 우리들 각자의 초자아는 그런 금기들을 잘 소화하는 듯하다. 교묘하게 피하고 마음 가는 대로 행동하면서…… 그러니 이제 인류 역사의 치욕스러운 과정을 거슬러올라가보자! 오랜 세월을 지나며 화산암 찌꺼기가 잔뜩 쌓인 분화구의 충적층을 파고 들어가보자! 모든 인간이 유아용 변기를 병적으로 두려워하고 혐오했는지—삶을 앗아가는 죽음에 대한 불안감이 있었는지—, 아니

34 다니엘 뷔들뢰셰, 「발롱과 프로이트Wallon et Freud」, 『Enfance』, 1979.
35 같은 글.

면 과거 어느 곳에서도 항문이 지금처럼 자유롭게 열리고 닫히는 잊힌 작은 섬으로 존재했었는지, 또는 앞으로 이곳에서 우리의 가련한 항문이 해방될 희망이 조금이나마 있는지 확인해보기로 하자. 최악의 경우에는 어떻게 될지도……

자연에서 문명으로

어느 날, 영장류가 허리를 펴고 일어나 두 발로 걸으면서 인간이 되었다. 엉덩이는 근육이 발달되며 둥글둥글해졌고, 항문은 그 사이에 파묻혀 눈에 보이지 않게 되면서 성적 매력이 뛰어난 부위가 되었다…… 유사 이래로 항문은 늘 인간의 중심에 있었다. 세속적이건 신성하건 간에 항문과 관련된 제의와 관습들 역시 이런저런 형태로 분명하게 존재했다.

자연 속에서 살던 인간은 그곳에 문명을 만들었다. 농경문화건 후원금을 받는 문화건, 문명이라는 것은 어떤 속박이다. 문제는 문명이라는 것이 모든 파괴적인 욕망과 공리적이지 못한 쾌락을 정화를 통해 또는 강제성을 동원해 철저히 억압하고, 점점 더 확대되어야 할 집단적 공공복지에 반하는 모든 것들을 억누른다는 데 있다.

인류 역사를 살펴보면, 각 사회에서 '자연을 거스르는' 성행위들을 인식하는 방식은 계속 발전해가는 게 아니라 진전과 퇴보를 되풀이하면서 조정되는 듯 보인다. 동물들을 관찰하다보면 그런 행위에 인간도 마음이 끌렸으리라 생각할 수 있지만, 다 그랬던 것 같지는 않다. 사실 베를린에서 매년 개최되는 퀴어 프라이드•가 40회를 넘긴 시점에도, 피그미족 가운데 하나인 아카족 같은 농경 문명 이전의 석기시대를 살고 있는 부족은 동성에게 성적으로 끌릴 수 있다는 사실에 여전히 무관심한 듯하다. 그들이 동성애를 거부해서가 아니다. 그들은 오히려 성 문제에 매우 자유롭다. 그들의 멋진 표현대로 말하자면, 그들은 "아이들을 만나기" 위해 부부간에 노력을 더 많이 해야 한다는 생각에 사로잡혀 있기 때문에 동성애에 관해서는 한 번도 생각해본 적이 없을 뿐이다.

이와는 정반대로, 이집트의 시와 오아시스••에서는 모든 성인 남자와 사내아이들이 동성애를 한다. 고고학자 바이런 쿤 드 프로로크 백작은 1937년 이집트 원정에서 돌아와 다음과 같이 전했다. "거기서 동성애는 과도한 정도가 아니라 말 그대로 맹위를 떨치고 있었다…… 남자 무용수들은 저마다 남자 애인을 두었다…… (그리고) 족장들은 소년들로 이루어진 하렘을 갖고 있었다." 그곳에서는 지금도 이집트 당국의 규제를 무시하며 동성결혼식이 전통예식에 따라 거행되고 있다.

항문 삽입은 키라티족, 삼비아족, 그 외 뉴기니의 여러 부족들, 피지섬의 멜라네시아제족, 오스트레일리아의 몇몇 원주민의 성인식

• 레즈비언, 게이, 양성애자, 트랜스젠더 등 성소수자들이 자긍심을 높이고 권리를 인정받기 위해 벌이는 행진.

•• 이집트 나일강 북서부에 있는 광대한 오아시스.

에서 행해지고 있다. 입문식이 거행되는 동안, 젊은이들은 구강성교나 항문성교를 통해 '항문 아버지'라 불리는 연장자의 정액을 빨아 마셔야 한다. 이 불가피한 통과제의를 거침으로써 소년은 강인한 전사가 된다.[36]

이 고립된 소사회들이 다소 문란해 보이기도 하는 흥겨운 문화를 자유롭게 지속해나갈 수 있었던 것은, 그 어떤 힘도 서로 대립하지 않아 새로운 사고방식과 애착이 생겨날 수 있었던 덕분이다. 이제 자신의 사고방식과 애착 형태를 따르도록 강요하는 새로운 압박이 생겨날 때 어떤 일이 일어나는지 알아보기로 하자.

의외로 느슨한 금기 사항

가장 오래된 고대 문명의 발상지 중 하나로 알려진 중국에서는, 항문 애무와 삽입이 운우지정雲雨之情의 일부분이었다. 중국의 상류사회에서는 옥문•으로 시작하는 것이 더 매너 있는 행동이라고 권해지기까지 했다. 동성애에 관해 말하자면, 아주 어린 소년들이 유곽에서 손님을 받아 항문성교를 하도록 양성되었던 것이 사실로 확인되었지만, 우리로서는 '황색 뱀장어들'이니 '토끼 사냥'이니 '부리

36 C. S. 포드, F. A. 비치, 『성 행동 양식Patterns of sexual behavior』, Harper&Brothers, 1951.

• 중국에서 여자의 성기를 일컫는 은유적 표현.

로 물고기를 물고 있는 물총새'•니 하는 이야기들은 듣도 보도 못한 헛소리다……라고 단언하는 공식적인 주장을 인정하는 수밖에 없겠다.

우리가 아는 것과는 달리, 고대 그리스에서는 많은 철학자가 동성애를 비난했다. 아리스토텔레스와 라케다이모니아의 메기니우스는 남색을 자연의 착란이라고 생각했다. 스승과 제자가 사제 관계 이상으로 내밀하지만 딱히 의심의 눈초리로 바라볼 만한 구석은 없다고 생각되는 경우 그것은 보다 고양된 이상, 즉 '아레테arété'를 추구하는 관계로 여겨졌다. 고대 그리스인들은 '완벽한 조화'를 뜻하는 이 용어에 미덕과 쾌락의 개념을 긴밀하게 뒤섞었다. 제멋대로 끼워맞추기가 쉽다보니 대부분은 아마도 그 개념을 이용하려 할 것이다. 하지만 고대 그리스에서 항문성교는 엄밀히 청년을 성교에 입문시키기 위한 관계에만 해당되는 것이지, 성인 남자끼리나 남자와 여자와의 관계에서는 허락되지 않았다.

인도에서는 성에 관한 금기보다는 찬미가 훨씬 더 널리 퍼져 있다. 인도에서 성은 신성한 의무로 여겨진다. 성은 우주 질서의 수레바퀴가 돌아가도록 하기 위해 각자가 행해야 하는 수행의 일부다. 16세기까지 『카마수트라』 같은 성과학 개론서에서는 질 삽입으로 첫날밤을 보냈다는 조건하에서만 부부 간 성생활에 항문 삽입을 허용했다.

• 항문성교를 뜻하는 중국 고대 문헌의 은유적 표현.

어떤 실용주의적인 도덕적 권위자들은 부부 간 성생활에서 아내의 월경 기간 동안 항문성교를 추천한다.[37] 심지어 중세 페르시아에서는 출산을 억제하기 위해 부부들에게 항문성교를 권장하기까지 한다. "여자들은 너희들이 가꾸어야 할 경작지와 같나니, 너희가 하고 싶은 대로 그 밭을 경작하라"라고 공포하는 코란 223장에 뒤이어, 불순한 것으로 간주되는 월경 기간 중 금지사항이 곧바로 제시된다. 어떤 학자들은 이를 월경 기간 동안 다른 행위를 대신 행하라고 권유하는 것으로 본다(다른 학자들은 이에 반론을 제기했지만).[38] 항문은 물론 불결하지만, 그들은 월경할 때 흘리는 피가 항문보다 훨씬 더 불결하다고 여기는 듯하다.

파티마왕조 시기(10~11세기)에 마그레브 지역을 여행한 궁정 지리학자 이븐 하우칼은 다음과 같이 기록했다. "베르베르인들은 (……) 손님을 융숭하게 대접하는데, 융숭하다 못해 사내아이들 가운데 가장 명망 있는 가문의 자제를 골라 손님에게 성 접대를 시키기까지 한다. (……) 나는 베르베르인들이 손님에게 커다란 신의의 표시로 주고 싶어한 아부 알리 브 아비 자이드Abū ʻAli b. Abī Saʻīd에게서 들었는데, 그들은 이러한 관습을 명예롭게 여겼다. "(파티마 왕조의) 지도자 아부 아브드 알라Abū ʻAbd Allah는 극단적인 방법을 동원해

37 D.S. 마셜, R.C. 서그스, 『인간의 성행위Human sexual behaviour』, Basic Books, 1971.
38 무함마드 메지안, 『9세기부터 11세기까지 이슬람의 항문성교와 여성적인 남자Le sodomite et l'efféminé dans l'Islam du IXe au XIe siècle』, 2005.

서라도 그 고약한 관습을 타파하려 했지만, 그의 온갖 노력에도 그 관습은 지속되었다."[39] 하지만 그처럼 극악무도한 관습에도 불구하고 이븐 하우칼은 "여자 같은 악사들, 여성스러운 남자들, 그리고 정숙하지 못한 언행"이 나타내는 방탕함과 문란함에 대해서는 이야기하지 않고 마그레브 사람들을 경건하고 겸허한 민족으로 묘사한다. "여기서, 한 사회의 역설적인 초상을 볼 수 있다. 이 사회는 중동의 일탈 행위들, 특히 성전환과 예술에서의 문란한 행위를 거부하지만 그럼에도 불구하고 항문성교는 널리 퍼져 있는데, 법으로 정해진 환대 의무의 범주에 항문성교가 포함된다."[40] 이 점에 관해, 성경에서 소돔의 주민들이 벌을 받은 것은 결코 성적 문란이라는 죄 때문이 아니었다는 사실에 주목하자. 그들이 징벌을 받은 이유는 고대 동양의 기본 미덕인 환대를 실천하지 않았기 때문이다. 다시 말해, 죄의 본질은 동성애가 아니라 나그네를 환대하지 않은 것이다.[41]

무슬림 문명의 도덕규범은 여러 유산이 교차되며 만들어졌다. 고대 그리스의 남색에 대한 관용, 기독교의 결혼을 통한 생식 명령(종족 보존을 목적으로 하는 성관계), 그리고 신플라톤주의의 남성적 힘이라는 미덕에 해를 끼치는 여성적 약점으로 간주되는 관능성(육체적 쾌락)에 대한 경멸이 모두 엿보인다.

39 이븐 하우칼, 『아프리카 묘사Description de l'Afrique』, 1842.

40 시몽 피에르, 「중세 모로코의 동성애, 관용과 지탄Homosexualité au Maroc médiéval, Tolérance et réprobation」, 2013.

41 「창세기」 19:1~11.

아랍 세계와 기독교 세계 곳곳에서 남자 간 성관계는 예사로운 관습이었다. 지배관계하에서 행해지기도 하고 그저 기분전환용으로 이루어지기도 했다. 그 관계들은 출산이 목적인 부부 간 성생활을 방해하지 않는 선에서 나란히 존재했다. 고대와 중세 초기의 도덕규범은 남색 행위를 비난했다. 지나친 쾌락의 추구일 뿐, 생식력이 없기 때문이었다. 그러나 그 어떤 법도 공식적으로 제재하지 않았고, 실제로 어디에서도 억압하지 않았다.

이슬람 세계에서는 신자에게 명시적으로 남색 행위를 금지하는 문서를 전혀 찾아볼 수 없다. 무슬림이 일상에서 실행해야 할 의무를 기록한 '녹서'에 항문과 관련된 내용이 언급되어 있긴 하지만, 단지 행위 후 몸을 정화하는 데 필요한 세정 횟수를 명시해놓았을 뿐이다. "성교시 음경이 여자의 질이나 남자의 항문에 완전히, 또는 할례한 성기의 귀두 부분까지 들어가면, 설령 사춘기에 이르지 않은 나이라 해도 두 사람 모두 몸이 불결해진다. 따라서 세정 의식을 치러야 한다."[42]

책에 따르면, "남성 동성애자는 신에게 저주받은 집단에 속한다"고 성직자들이 때때로 상기시킨다 하더라도, 당시 봉건사회에서의 삶은 남자들이 아내의 항문을 찾아갈 만큼 여유롭지 못했다. 농노들은 입에 풀칠하기도 힘들고 삶이 고단했기 때문에 차갑게 얼어붙은 한밤중 오막살이 안에서 위안이 필요할 경우 사제의 경고 따

42 루홀라 호메이니, 『정치, 철학, 사회, 종교의 원칙들Principes politiques, philosophiques, sociaux et religieux』 8권, Éditions Libres Hallier, 1979.

위는 별로 개의치 않았다. 수도원에 갇혀 사는 수도사들은 일반인의 눈에 띄지 않는 만큼 자신이 원하는 것을 마음껏 할 수 있었다. 영주로 말할 것 같으면, 전쟁과 교역 같은 다양한 임무들 때문에 몇 달 또는 몇 년씩 아내와 멀리 떨어져 지내야 했기에 긴 여정을 함께 하는 동료들과 관계를 가지며 위안을 얻었다. 그런 연유로 1099년 프랑스 왕은 큰 반발에 부딪치지 않고 투르 대주교의 유명한 연인을 주교로 임명했고, 이어서 교황의 승인도 받았다.

종교가 개입하던 시절

봉건제로 교회의 영향력이 커지며 교회법의 권한이 확장되었을 때에야 비로소 프랑스에서는 성관계에 대해 엄격한 규칙을 적용하고 방탕한 행위를 처벌하기 시작했다. 교회는 오직 자손을 생산하는 신성한 목적으로만 생식기를 사용하라는 신의 명령을 지켜야 한다고 합의를 보았다.

그때부터 남성의 귀중한 정액을 낭비하는 것은 죄가 되었다. 구약성서의 오래된 이야기들에 근거하여 이 죄에 명칭이 부여되었다. 바로 '비역질'이다.[43] 이어서 아우구스티누스의 독설을 들어가며 미친듯이 공부하던 성직자들은 금지해야 할 반인륜적인 행위들을

43 마크 D. 조르당, 『중세 신학에 나타난 남성 동성애L'invention de la sodomie dans la théologie médiévale』, EPEL, 2007.

상세하게 기술하는 데 온 힘을 기울였다. 남자들 간 항문 삽입뿐만 아니라 부부 간 항문 삽입, 동물과의 성행위, 구강성교, 남자가 여자 뒤에서 성교하는 후배위, 여성이 남성 위로 올라타는 기승위 등등…… 그들에 따르면, 이 체위들에서 항문은 말할 것도 없고 여성의 질에서 분비물이 흘러나올 위험이 있는데, 그것은 정력을 해치기 때문에 성관계의 유일하게 합당한 목적인 수태가 위태로워진다. 1602년 스페인 예수회 수도사 토마스 산체스는 남자가 성교시 항문을 보게 되면 생식을 위한 곳이 아닌 다른 곳에 교미하고 싶은 마음이 들 수 있어 후배위 체위는 반종교적이라고 설명한다.

1020년 독일 보름스의 주교 부르카르드는 참회자들을 위해 아주 세세한 참회 규정서를 만들었는데, 속죄를 위해서는 정해진 참회 기간 동안 마른 빵과 물만 먹어야 하는, 비난받아 마땅한 온갖 죄악의 목록이 실려 있다.

- 남자가 남자 엉덩이 사이에 성기를 삽입하면서 육체관계를 맺은 경우: 참회 기간 40일
- 결혼한 남자가 다른 남자와 비역질을 한 경우: 참회 기간 12년!

1049년 프랑스 랭스에서 열린 공의회에서는 "갈리아 지방에 퍼져 있는 (……) 남성 동성애자들을 파문하고, 그들의 권리와 재산을 상속받거나 그들을 보호하려 하는 자들 역시 함께 파문한다"[44]라고 선포했다. 다른 교회법령집들을 살펴보면, 1120년 나블루스• 공

의회에서는 다음과 같이 공포했다. "만일 어떤 성인이 어떤 형태로든 소돔의 타락에 자발적으로 몸을 더럽힌 것이 확인된 경우, 그자를 화형에 처한다."[45]

파문이 실제로 집행되는 등 규범 체계가 공고히 자리잡으면서, 중세의 느슨했던 규율은 폐쇄적이고 의혹으로 가득한 준엄한 도덕규범에 밀려나 자취를 감춘다. 1427년, 성프란체스코회의 설교자 베르나르댕 드 시엔은 "저주받은 남성 동성애보다 더 추잡하고 영혼을 더럽히는 죄는 이 세상에 존재하지 않는다"라고 주장했다. 브라질에서는 포르투갈에서 파견된 종교재판관이 네팡도nefando('입에 담을 수 없는'이라는 뜻의 라틴어 nefandus에서 비롯된 말)로 규정되는 행위를 완전히 뿌리 뽑아야 한다고 주장했는데, 그들에게 네팡도는 악마까지도 모욕하는, 차마 입에 담을 수 없을 정도로 혐오스럽고 가증스러운 죄를 뜻했다.[46] 성도미니크회의 수도사이자 설교자로 활동한 사보나롤라의 강력한 개혁 아래 피렌체 사람들은 4년 동안 숨을 죽이고 살아야 했다. 그 신권정치 기간 동안 모든 쾌락이 억압당했고 남성 동성애자들은 사형에 처해졌다.

물론, 특별한 우정은 여전히 존재했다. 하지만 동성애자들은 조

44 필리프 라브, 가브리엘 코사르, 『거룩한 공의회 新대전집Sacrorum conciliorum:nova et amplissima collectio』 19권, H . Welter, 1774.

● 팔레스타인 중부에 있는 도시.

45 크리스티앙 드 뷜프, 1682.

46 로날도 뱅파스, 1997.

심스럽게 침묵하고 은신해야만 했다.[47] 추방자들끼리 은밀하게 무리를 형성하면서, 사회 바깥에서 하위문화가 서서히 생겨나고 있었다. 이름 없는 그들은 자신을 거부하는 세상에서 곧 부정적인 이름들을 부여받게 될 터였다. 살친구, 남색꾼, 호모, 게이, 퀴어.

그후, 과학의 부상

교회의 도덕적 권위가 사회질서를 충분히 유지할 정도가 되자, 교회는 더 나아가 기독교인 개개인의 성생활까지 통제하기 시작했다. 하지만 교회의 영향력은 19세기 유럽에서 과학이 발전함에 따라 쇠퇴한다. 그러자 교회는 도덕적 영향력을 영속화하기 위해 바로 이 과학을 새로운 논거로 삼는다.

교회는 '반인륜적'으로 받아들여지는 모든 행위의 목록을 세세하게 작성했다. 생식을 목적으로 하지 않는 모든 성행위는 파렴치한 것으로 간주되었다. 다만 파렴치한 것은 바로 행위 그 자체였다. 그 행위를 저지른 죄인은 언제든 행실을 고칠 수 있기 때문이다(회개하기만 하면 도덕적으로 구원받았다). 동성애와 마법에 대한 수많은 재판이 이를 증명한다. 남자들끼리 또는 여자들끼리의 성행위는

47 존 보즈웰, 『기독교, 사회적 관용, 동성애: 14세기 기독교 시대 초기 서유럽의 동성애자들 Christianisme, tolérance sociale et homosexualité: les homosexuels en Europe occidentale des débuts de l'ère chrétienne au XIVe siècle』, University of Chicago Press, 1980.

흔했다. 그럼에도 불구하고 그것이 지속적으로 행해지는 자연스러운 행위라고 여기지는 않았고, 그 행위가 개인의 선택이거나 그 개인의 본성이라고는 더더욱 생각하지 않았다.

19세기에 이가 들끓고 영양실조에 걸린 비참한 룸펜프롤레타리아트•를 양산한 산업의 승리와 더불어, 사람들의 시각이 근본적으로 변한다. 자연주의 계열 신문의 문예란은 구체적인 사실 묘사에 집착했기 때문에, 객관성을 부르짖으면서 저속한 세부 묘사를 좋아하는 애호가들에게 날개 돋친 듯 팔리는 사회비평과 의미 없이 떠들썩하기만 한 상투적인 기사들을 쏟아냈다. 그 시대는 시대가 만들어낸 추방자, 아웃사이더, 일탈자, 미치광이 들이 배회하는 어두운 이면에 열광했다. 또한 진화론, 나쁜 유전자가 따로 존재한다는 터무니없는 이론과 함께 '동성애자'라는 용어를 만들어냈다. 새로운 도덕관념에 근거한 그 이론은 위생을 개선하고 질서를 복구하여 사회가 악에 감염되는 것을 막아야 한다고 주장했다. 새로운 '과학'(골상학, 브로카의 인체측정, 두개학[48]……)이 끊이지 않고 출현해 '악의 본질'을 파악하기 위해 표준에서 벗어나는 것들을 유형별로 분류했다. 분류를 위해 라벨에 기재할 명칭들이 필요했고, 그렇게 '동성애'라는 단어가 만들어졌다.

• 마르크스가 처음 사용한 용어로, 자본주의 사회에서 낙오되어 하는 일 없이 혼자 살아가는 주변인을 가리킨다.

48 개인의 골상이나 얼굴을 다각도로 측정함으로써 성격, 지적 능력, 도덕성 등을 추론해낼 수 있다고 주장하는 이론들로 성차별주의, 동성애 혐오, 인종차별주의, 반유대주의를 공고히 하는 데 이용되었다.

도덕 질서를 유지하기 위해 법에 적극적으로 협력한 의사들의 제안에 따라, 법의학은 동성애를 과학적으로 평가하는 임무에 전념하게 된다. 의사이자 철학자였던 피에르 장 조르주 카바니스는 관념학파의 중심인물이었다. 열렬한 유물론자이자 신진세력의 지지자로 구성된 관념학파는 '건전한 생각은 건강한 신체를 만들고, 건강한 신체는 건전한 생각을 낳는다'라는 신조를 토대로 조화로운 사회(즉, 도덕적인 사회)를 만들겠다는 야심을 가졌다. 골상학자가 여자의 열등함과 백인 남자의 우월함의 증거를 찾기 위해 사람들의 두개골을 측정하는 동안, 이 관념학자들은 혐오스러운 일탈의 명백한 증거들을 찾을 생각으로 엉덩이들을 탐사했다.

법의학자 앙브루아즈 타르디외에 따르면, '깔때기 모양' 항문은 수동적인 역할을 하는 남자 동성애자의 것이다. "잠자는 남자와 관계를 맺는다는 악령들은 언제나 괄약근이 풀려 있고, 흔히 항문이 튀어나오고 두꺼운 살이 늘어져 있다. 부정한 경로로 성병에 걸리면 그 부위에 찢어짐, 열상, 손상, 발진이 나타나는데, 이런 증상들은 정상적인 경로로 성관계를 맺다가 성병에 걸린 남자에게서는 거의 찾아볼 수 없다."[49] "또한 신체의 어떤 부분을 부자연스러운 방법으로 사용해서 생기는 성병도 있다. 파리를 비롯한 프랑스 대도시들에 빈민들을 무료로 치료해주기 위해 설립된 병원을 드나들던 사람들은 성병 바이러스에 감염된 많은 환자들을 맞닥뜨렸다. 그

49 외죄브 드 살, 「법의학Médecine légale」, 『의학백과사전Encyclopédie des sciences médicales』 9권, Paris, Au bureau de l'encyclopédie, 1835.

환자들은 벌어진 항문 주위에 성병 바이러스, 다양한 형태의 바이러스성 돌기 또는 사마귀가 있었고 그리고 그 원인인 죄를 명백하게 증명하는 또다른 신체적 증상을 보였다."[50]

가난한 사람의 게으른 기질, 알코올중독자의 유전적 기질, 흑인의 야만적 기질, 유대인의 교활함, 여자의 히스테릭함, 바텀의 변태적 기질을 나타내는 신체 특성들을 열거하면서, 과학은 모든 것을 범주화하기 시작했다. 이러한 범주는 포괄적인 질서를 정립하는 기초가 되었다. 모든 것은 엄격하게 선별되었다. 최악이 무엇인지 증명하기 위해……

남성 동성애자에 대한 시선

사람들은 동성애 그 자체보다도 수동적인 남성 동성애자를 더 비난한다. 남자의 명예를 훼손하는 자세를 떠올리게 하기 때문이다. 고대 로마에 이미 그 예가 있었다. 그 시대에 수동적인 역할을 하는 남성 동성애자는 시민권을 박탈당할 수도 있었다. 10세기 마그레브에서도 그런 사례가 있었다. 당시 한 왕자가 다음과 같은 풍자시 구절로 치욕을 당했다. "게눈은 자기가 그냥 호모일 뿐이라고 주장한다. 하지만 그는 시동과 단둘이 있을 때 여자 역할을 하는 동성애자

50 피에르 레이델레, 「남색Pédérastie」, 『의학사전Dictionnaire des sciences médicales』, Panckoucke, 1819.

다."[51] 능동적인 역할을 하는 동성애자는 그를 받아들이는 구멍이 어떤 것이건 간에 타고난 남성적 행위를 실행한다. 그러나 수동적인 자세는 여자나 청소년, 농노나 노예에게나 적합하지, 상류층 남자가 해서는 안 되는 지극히 불명예스러운 자세였다.

사실 남자가 다른 남자의 몸 아래에서 쾌락을 얻을 때 위협받는 것은 그 남자의 남자다움보다는 사회의 근간을 이루는 남근숭배다. 그렇기 때문에 권력은 아무것도 모르면서 무턱대고 남성들의 동성애를 공격하며, 심지어 여자 몸에 올라타는 성행위를 격려하기까지 하는 것이다. 세상에는 남성적인 성만 존재한다. 여성적인 성은 단지 구멍으로만 존재할 뿐이다. 남근상, 즉 발기한 음경은 성행위 과정과 무관하게 사회적인 위신을 갖춘 남자를 투영한다. 이는 권위와 지배, 능동적인 힘을 특징으로 한다. 반면에 여성적인 성은 출산을 통해서만 그 사회적 정당성을 획득한다. 당연히 여성 동성애 행위들은 완전히 무시된다. 이런 조건에서, 남성의 성기가 힘차게 돌진하는 곳은 질 아니면 항문이다. 그리고 이를 받아들이는 자를 열등하고 수동적인 존재로 간주하는 것은 피스톤 운동을 하는 자의 우월성을 견고히 하는 데 기여한다.

헐렁한, 숭숭 뚫려 있는, 탄력 없는, 왠지 미덥지 않은, 금방이라도 뭔가가 질질 흘러나올 것 같은…… 수동적인 동성애자를 생각할 때 자연스럽게 떠오르는 표현들이다. 물론 여자와 연관되는 표

51 카트린 키쿠시, 『중세의 동성애: 남자들 사이의 사랑Sodomie médiévale: l'amour entre hommes, envers et contre tous』(Nonfiction, 2016)에 인용됨.

현들이기도 하다. 스스로 '최초의 남자 아담' '기준이 되는 성'을 의미하는 주체적 존재라고 생각하는 남자에게 여자 또는 수동적인 남성 동성애자는 대상적 존재다. 그러나 이들은 자신의 완전함을 보장해주는 여자보다 남성 동성애자에게 훨씬 더 큰 두려움을 느낀다. 왜냐하면 남성 동성애자는 그를 닮은 대상적 존재이며 그 자신의 전도된 분신이기 때문이다. 이 혼란스러운 거울 앞에서 그는 당혹스럽게도 자기도 대상적 존재가 될 수 있다는 가능성을 언뜻 보고 공포심을 느끼는 것이다……

이 불안하고 불안정한 남자는 타자성을 두려워하는데, 자신의 완전성을 위태롭게 만들 수도 있다는 생각 때문이다. 그는 이 위협에 방어와 공격이라는 이중적인 반응을 보인다. 정체성의 혼란과 '호모를 공격'하는 폭력성으로 발현되는 항문 신경증의 전형이다. 이처럼 자신감이 흔들리는 불안정한 상태의 남자들은 상징적으로든 실제적으로든 자신이 동성애자를 상대로 삽입함으로써 남성다움을 확인받을 수 있다고 생각한다. 지배 논리로 볼 때, 여성 역할을 하는 수동적인 남성 동성애자는 열등한 인간이고, 권위를 지키고 성무 일과를 거행하는 남자야말로 진정한 남자, 사내 중의 사내이기 때문이다!

자신의 항문 영역으로 접근하는 모든 것에 극단적인 거부감을 느끼는 남성에게는 남성다움을 잃을지도 모른다는 공포가 내재해 있다. 그걸 건드려서는 안 된다. 그에게는 결코 있을 수 없는 일이고, 협상할 수 없는 것이다! 그는 삽입당하는 것, 완전성의 상실, 무시무시한 파괴의 조짐……을 두려워한다. 자신의 직장에 뭔가가 닿는다는 상상만 해도 온몸이 차갑게 얼어붙으며 극심한 공포에 사로잡힌다. 그에게는 모든 게 간단명료하다. 즉, 누군가의 항문에 자신의 성기를 삽입하는 것은 그 자신의 남성다움을 증명하는 것이지만, 반대로 타인의 성기가 자신의 항문에 삽입되는 것은 남성다움을 잃는 것이다. 동성애를 한다고 더 논리적인 것은 아니기 때문에, 남성 동성애자들도 이런 믿음에서 벗어나지 못하는 경우도 있다.

'바텀=호모'라는 공식이 대중의 뇌리에 깊숙이 뿌리박혀 있지만, 사실 항문성교는 동성애자만 하는 것이 아니며 동성애자라고 해서 누구나 항문성교를 하는 것도 아니다. 많은 남성 동성애자들이 다양한 이유로 마주보며 하는 자위나 구강성교를 더욱 선호한다. 반대로 이성애자가 동성애적 관계를 꿈꿀 때, 그리고 그런 관계를 자극하는 일이 실제로 일어날 때, 또는 성매매를 통해 그런 욕망을 실현하려 할 때, 대부분은 보통 수동적인 역할을 원한다. 더 직접적으로 말하자면, 아내를 속이고 다른 남자와 관계를 가지는 남자는 성기를 빠는 것, 삽입당하는 것에서 흥분을 느낀다.

항문은 동성애자와 이성애자, 두 그룹 모두에서 동일한 편견, 믿음, 두려움, 억압, 거부를 겪는다. 항문이 LGBT+ 사이에서 더 쉽게 받아들여지는 것은 그 환경에 더 친숙하며 이미 예사롭게 통용되기 때문이다. 사회 전체에 게이 문화가 확산되면서 보편화된 항문성교는 이성애자의 관계에까지 침투하는 추세를 보인다. 그럼에도 불구하고 여성적인(즉 수동적인) 남자들은 여전히 사회에 악영향을 끼치는 부류로 머물러 있다. 그들은 매우 '나쁜 부류'로 인식되는 듯하다. 반대로 남성적인 여자는 훨씬 더 긍정적으로 받아들여진다. 성 구별이 아주 분명한 사회에서조차 남성적인 여자는 비교적 거부감 없이 인정된다. 사실 사람들은 '사내 같은 여자'의 남성적인 성향에 대해 크게 문제삼지 않는다. 오히려 남자처럼 보이는 게 더 매력적이라고까지 생각한다. 게다가 레즈비언들은 그 고약한 항문성교를 실행하는 것 같지도 않다. 중요한 것은 그 개인이 실제로 자신의 엉덩이로 뭘 하느냐도 아니고, 바지 아래에 뭐가 있느냐도 아니다. 사회적 판단을 결정짓는 요소는 바로 겉모습이 시사하는 바다.

많은 트랜스젠더들이 사실상 성전환수술이 아니라 단지 호르몬 치료만을 받고 있다(다시 말해 그들의 성기는 여전히 그대로다). 그리고 질 성형수술을 받은 트랜스젠더들 가운데 많은 이들이 수술 후에도 그전부터 해오던 항문성교를 그대로 추구한다. 성형수술로 만들어진 여성 외음부의 첫번째 기능은 (만족이 반드시 보장되는 것도 아닌) 성기 삽입에 이용되는 것이 아니라 '여자인 척하기'다. 그는 수술을 통해 겉보기에 여성적인 성기를 가지게 된다. 그 용도로 만들어진 구멍에 성기가 삽입될 거라고 상상할 수 있는 한, 그가 자신의 엉덩이 사이로 쪼그라든 꼬리 조각을 밀어붙여 스카치테이프로 붙였건 말건 그건 중요하지 않다. 겉으로 볼 때 그는 이성애자 여성처럼 보인다.

타자의 시선에 대한 병적인 공포로 궁지에 몰리면 아주 극심한

성 정체성 혼란에서 헤어나오지 못할 수 있다. 사회는 그 외형적으로 트랜스젠더임을 알아보기 어려운 트랜스젠더는 인정할 수 있다. 자연의 실수를 바로잡아 사회적 규준에 부합하기 위해 성전환수술을 받고 싶어하는 것이 당연하다고 생각할 수 있다. 정상대열로 돌아가 이성애 유형의 성생활, 그러니까 항문성교가 아닌 성행위를 하기 위해 그가 치른 엄청난 노력을 높이 평가할 것이다.

사회는 모호한 성별 혹은 이성애가 아닌 다른 성 지향성을 가진 사람이 자신의 정체성을 자랑스럽게 과시하는 것을 불편해한다. 수동적인 자세로 인해 추락한 남성의 이미지는 비위를 거스르고 불안을 불러일으킨다. 항문 삽입을 당하는 남자는 남성성을 거스른다고 여겨지기 때문이다. 따라서 그는 '이성애 남자'처럼 성생활을 하면서, 항문성교를 떠올리기만 해도 자신의 존엄한 이미지 혹은 남성다움을 위협당한다고 생각하는 모든 남자들을 배반한다.

사회는 양가성 못지않게 애매모호함 역시 받아들이지 못한다. 같은 사회에 살고 있는 인간 집단의 차원에서 개인의 신경증을 살펴보면 유사한 메커니즘이 관찰된다. 질서에 대한 편집광적인 강박은 항문기의 충동과 관련된 온당치 못한 불안으로부터 자기애를 보호해준다. 특히 항문과 마주하지 않으려면 모든 것이 분명하게 정리정돈되어 있어야 한다. 한쪽에는 남자, 다른 한쪽에는 여자.

대부분의 사람들은 자신의 의식을 은밀하게 어지럽히는 환상들에도 불구하고, 자신에게 부여된 역할을 이행하는 것이 수치심을 가라앉혀주기 때문에 강요에 따른다. 말하자면 일종의 합의다. 그런데 어떤 이들은 그 과정에서 균형을 잃고 제 위치를 이탈한다. 마치 기숙사에서 사감의 점검에 대비해 아이들이 자신의 침대와 사물함을 깔끔하게 정리정돈해놓았는데, 느닷없이 침대 위에서 펄쩍펄쩍 뛰며 사감을 놀리고 깔깔대는 한 아이처럼 말이다. 그 아이 때문에 다른 아이들이 모두 두려움과 분노로 몸을 떤다.

시간이 아주 오래 걸리고 비용도 비싼데다 엄청나게 고통스러운 성전환수술을 견뎌내고 나면, 신체상과 자아존중감이 일치될 뿐만 아니라 사회적으로 확실하게 정의된 성별을 채택함으로써 성별불쾌감[52]도 해소된다. 이런 각도에서 보면, 두 갈래로 나뉘는 성전환수술의 심리적·의학적·법적인 과정은 사실상 보수적인 사람들이 동성애자를 치료한다는 명목으로 추천하는 야만스러운 방법과 별반 다르지 않다. 그리고 지극히 전통적인 체계를 고수하고 동성애를 혐오하는 이란의 물라•들이 수술비의 일부를 보조해주기까지 하는데다, 그 수술로 인해 사망하거나 정신질환에 걸릴 수도 있음에도 불구하고 성전환수술을 찬성한다는 사실도 놀랄 일이 아니다.

여전히 두 성별에 틀어박힌 편협한 사고는 양분된 질서를 엄격하게 유지하면 모든 게 다 해결된다고 생각한다. 그러나 두 가지 성별에만 관심을 집중하면 남성 아니면 여성, 이렇게 딱 2개의 성만 존재한다는 고정관념에 사로잡힌 사람들은 항문성교의 즐거움도 이

52 생물학적으로 타고난 성별과 자신이 느끼는 성 정체성 간의 불일치에서 기인하는 불쾌한 감각.

• 이란과 중앙아시아에서 성직자에게 붙이는 칭호.

해하지 못하며, 대체할 수 없는 유일한 성sex들만이 아니라 전형적이지 않은 성gender들 또한 존재한다는 사실을 이해하지 못한다.•

현대의 애매모호함

인류학자인 포드와 비치는 200개의 문명사회에서 이루어지는 성행위에 관한 자료들을 집대성하고 분석한 결과 양성애적 욕망이 보편적이라는 사실을 밝혀냈다. 문명에 따라 동성애적 행위가 야기하는 반응은 다양하다. 성적 지향을 오로지 동성애 아니면 이성애로 인식하는 것은 결국 사회적 산물에 불과하다. 1951년에 행해진 이 연구는 문명사회 중 64퍼센트가 남성 동성애를 받아들이고 있다고 결론을 내렸다[53]. 남성 동성애는 오늘날 70개국 이상의 나라에서 금지되어 있는데, 70년 전에 남성 동성애를 거부했던 나라가 전체의 36퍼센트였다는 점을 생각하면, 그 수치가 정확히 맞아떨어진다. 사람의 사고방식은 우리가 믿고 싶어하는 만큼 자명하게 발전하지 못한 것이다.

1972년 피에르 시몽이 실시한 프랑스인의 성행위에 관한 최초의

• sex는 생물학적 특징에 따라 구분되는 성을 가리키고, gender는 사회적으로 기대되는 성 역할이나 행동 양식을 아우르는 말로 사용된다.

53 C.S. 포드, F.A. 비치, 앞 책.

설문조사[54]를 보면, 19세기의 고리타분한 논고에서도 항문성교는 여전히 규범에 어긋난 행위로 일컬어진다. 그 책자에 따르면, "사도마조히즘적 행위는 여자에게나 남자에게나 불균형하고 난폭한 행위인 만큼 문명화되고 균형잡힌 부부관계에서는 실행할 수 없는 욕망의 분출인데, 항문성교는 바로 이 사도마조히즘적 행위의 범주에 속한다."[55] 성아우구스티누스의 기초 위에 가정을 중심으로 세워진 규범은 부부의 침대에서 생식과 상관없이 쾌락만을 추구하는 성행위를 추방하기 위해 계속 유지되고 있었다.

반동성애 법들은 2003년에 미국 대법원이 폐지할 때까지 미국의 13개 주에서 계속 효력을 발휘하고 있었다. 텍사스, 캔자스, 오클라호마, 그리고 미주리의 법은 동성 간의 항문성교와 구강 및 생식기가 관계되는 성행위를 금지했다. 다른 9개 주(앨라배마, 플로리다, 아이다호, 루이지애나, 미시시피, 노스캐롤라이나, 사우스캐롤라이나, 유타, 버지니아)의 청교도는 성인 이성애자 파트너들 간의 관계까지 포함해 모든 항문성교를 금지했다.

국가의 목적은 어디나 동일하다. 밖으로는 외세의 침략을 막아

54 P. 시몽, J. 공도노, L. 미로네, A-M 두를랑 롤리에, 『프랑스인의 성 행동에 관한 보고 Rapport sur le comportement sexuel des Français』, René Julliard, Pierre Charron, 1972.

55 미셸 보종, 『성행위들의 사회적 의미Les Significations sociales des actes sexuels』, Actes de la recherche en sciences sociales, 1999.

안보를 유지하고, 안으로는 사회질서를 정비해 자국의 안정성을 유지해야 한다. 실행 방법만 각기 다를 뿐이다. 동성애로 인한 사회문제를 타개하기 위해, 어떤 국가들은 철저한 탄압을 통해 전면적으로 배척하는 방식을 택한다. 그중에서도 가장 강압적인 국가들은 남아프리카와 동아프리카, 중동, 남아시아 지역에 위치해 있다. 우간다는 젊은이들 사이에 점점 증가하는 동성애를 막기 위해 'Kill the gays(게이들을 죽여라)'라는 법안을 통과시켰고, 다른 13개 국가에서도 동성애자를 사형에 처한다. 현재 공식적으로는 12개국(아프가니스탄, 사우디아라비아, 브루나이, 아랍에미리트, 이란, 모리타니, 카타르, 나이지리아, 파키스탄, 수단, 소말리아, 예멘)이 동성애 행위에 대해 법정 최고형인 사형을 언도할 수 있고, 비공식적으로도 5개국이 더 있다.

그 외 국가들은 보다 온건한 방식을 권장한다. 이 국가들은 수용정책을 통해 동성애 '문제'에 대처하기로 했다. 시민의 정부에서는 하나의 도덕이 다른 도덕을 내몬다. 도덕이 제 역할을 다하는 한, 즉 도덕이 안정성을 보장하는 한, 다시 말해 상업적 교류들을 안정적으로 해나갈 수 있게 해주는 한, 현행의 도덕적 기준이 권장하는 가치들은 별로 중요하지 않다. 과거 수세기 동안 그래왔듯이 수치스러운 것들을 덮어놓고 숨겨왔던 이 국가들은 오늘날 관대한 시선으로 온건한 분위기를 제도화하는 것이 훨씬 더 효과적이라는 사실을 깨달았다. 동성애자들의 상황을 법적으로 규범화하는 것에 관심을 두고 있는 26개국은 현재 동성결혼을 인정한다. 이는

LGBT+ 공동체가 장기간 투쟁해온 요구의 당연한 귀결이다.

프랑스에서 동성애자를 신체적으로 공격한 사건은 2017년에 139건, 2018년에 231건으로 66퍼센트 증가했다.[56] 브라질에서는 동성애 혐오로 인한 살인사건이 2010년에서 2014년 사이에 배로 늘어났고, 2017년 한 해에만 450건에 달했다. 자이르 보우소나루 전 대통령의 극단적인 동성애 혐오 발언으로 더욱 정당화되고 고무된 이 폭력 탓에 동성애자의 30퍼센트[57]가 조심스럽게 다시 구석으로 숨어드는 결과를 가져왔다. 브라질의 다문화 사회에 매우 적극적으로 뛰어든 사회운동가 안드레 피셔에 따르면, "그들은 더 안전하다는 이유로 다시 벽장에 들어간다". 권위 있는 학자들에 따르면 이렇게 동성애 혐오가 다시 만연하게 되면 2016년 미국 플로리다주 올랜도의 게이클럽에서 발생한 대량학살 사건 이후 주목한 바 있듯 과대망상적인 이성애 양상에 관한 신들린 듯한 예찬에서 멈추지 않고, 위선적인 성적지향 세탁[58]으로 넘어간다. 이는 결국 이성애 중심의 규범이 강화되는 결과를 낳는다.

사회집단은 양면성을 견디지 못하기 때문에 그 집단의 스토리에 어긋날 만한 부정적인 요소를 배제하거나 전면적으로 통제한다. 서구문명의 독자에게는 동성애자들을 거부하는 양상이 일종의 후퇴

56 2019년 프랑스 LGBT+ 지원 단체 SOS Homophobie가 발표한 수치.

57 다양한 여론조사를 통해 수집된 결과로 추정된, LGBT+ 공동체 내에서 보우소나루에게 우호적인 표심의 비율.

58 straightwashing. 동성애자를 이성애자처럼 묘사하는 것.

를 의미하는 것처럼 인지된다. 하지만 동성애자에 대한 거부가 평범한 시민사회에 흡수된다고 해서 더 많은 자유와 자율성을 향한 발전이 지연되는 것은 아니다. 미디어의 성적지향 세탁을 통해 동성애의 징후들을 제압하려 하는 편집광적인 강박증은 오히려 죄의식을 관리하려고 전전긍긍하는 노이로제에서 비롯된 것일 뿐이기 때문이다.

다른 사람들처럼 한 명의 시민으로 인정받는 동성애자는 더이상 죄인이 아니다. 하지만 그는 여전히 피해자다. 새로운 법률조항들은 사회구성원으로 문제없이 잘 살아가던 남성 동성애자들이 결혼해 가정을 이룰 수 있게 해준다. 그러나 성적지향 이나 애매한 성별 때문에 거리를 헤매며 마약에 중독되거나 성매매를 하게 되는 사람들의 상황은 조금도 해결해주지 못한다.

그리고 결혼식 후 첫날밤, 신부에게 항문성교를 슬쩍 시도하는 것에 대해서는 어떻게 생각해야 할까? 여성잡지들이 줄지어 화려하게 다루고, TV에서 황금시간대에 논의되고, 온라인에서도 모습을 드러내는 항문성교는 이제 흔한 것이 되었다. 사람들이 더이상 항문성교를 악마의 영향을 받은 행위라고 생각하지 않게 된 이후로, 항문성교 애호가들은 좀더 편하게 살아갈 수 있게 되었다. 그건 부인할 수 없는 사실이다. 그렇지만 법적으로 항문성교를 해방함으로써, 이를 거부하는 남자들과 여자들은 자신의 엉덩이를 지키기 위한 최후의 논거를 잃는다.

역사가 시몽 피에르는 그의 블로그 '이슬람 문명'에서 다음과 같이 추론한다. "자유와 성의 '다양성'은 서구화된 엘리트 집단이 현대 문명에서 인권의 근간을 이루는 표지로 소개했다. 하지만 이 절대적인 요청에 대해 대부분의 비서구권 지역들(구소련, 사하라 이남 아프리카, 아시아, 아랍-무슬림 세계)에서 대중의 인기에 영합하려 하는 동성애 혐오 반응이 기계적으로 나타났다. 이처럼 상반된 반응을 보이는 이유는 자연을 거스르는 행위를 지탄하기 위함이기도 하지만 도덕적 양식에 근거한 것이기도 하다. 더불어 종교적 가치와 가족적 가치를 중심으로 구축된 반제국주의적인 감정에도 근거한다." 그러나 이 가치들을 지지하는 사람은 해로운 결과와 관련하여 바빌론의 방임주의자를 전혀 부러워할 필요가 없다. 엄격한 도덕규칙 역시 해로운 결과들을 숱하게 낳기 때문이다.

순진한 사춘기 아이들은 항문성교를 하면 순결을 간직할 수 있는지 온라인 토론장에서 주기적으로 서로 묻는다. 비밀이라고 하기도 뭣한데, 많은 여자아이들이 아주 영리하게 두 마리 토끼를 잡으려고 애쓴다. 다시 말해, '그날'이 오기까지 지키고 싶은 걸 지켜내면서 즐길 건 즐긴다는 얘기다.

이 수법은 새로운 게 아니다. 제라르 가루스트는 『불안한 여자 L'Intranquille』라는 소설에서, 랍비 라시의 입을 빌려 레베카가 나오는 창세기 대목을 해설한다. "그 소녀는 심히 아리땁고 지금까지 어떤 남자도 가까이하지 아니한 처녀더라." 11세기에 살았던 랍비 라시는 이에 대해 다음과 같이 이야기했다. "그녀는 처녀막이 있는 경로에서도 처녀였을 뿐만 아니라, 자연적이지 못한 경로로도 남자와 성관계를 가진 적이 없는 진짜 숫처녀였다. 모든 부족의 소녀들이 처녀막이 있는 곳은 조심하면서도 또다른 장소로는 뻔뻔하게 관계를 갖곤 했지만, 그녀는 그런 관계조차 가지지 않았던 것이다."

그 묘책은 순결을 강요당하는 모든 소녀들과 출산을 강요당하는 모든 여자들에게 이미 오래전부터 알려져 있었다. 1930년대에 혼인성사 단체를 이끌었던 비올레 신부가 이미 자식을 너무 많이 낳은 부부들에게 '구원의' 성행위로 그 방법을 허용하긴 했으나, 그 '일요일의 구멍'을 '정숙한' 여인에게 당연하다는 듯 요구할 수 있는 것은 결코 아니었다……

요컨대, 확실한 건 하나도 없기 때문에 항상 의심해봐야 한다. 자타가 공인하는 '남성 동성애자'라 해도 처녀들도 즐기는 항문성교를 하지 않을 수도 있는 것이다. 상대방이 그의 엉덩이 사이에 어떤 신기한 기구를 넣는지, 그것을 어떻게 사용하는지도 결코 알 수 없다.[59] 사실 가정을 악착같이 지키고자 하는 사람들은 대체로 두려움 많은 게이들이다. 우리는 누군가의 겉모습만 보고 그 사람을 판단해서는 안 되고, 오로지 증거를 바탕으로 그가 게이인지 아닌지, 그 처녀가 항문성교를 하는지 아닌지 판단 내린 후 그 사람의 비밀을 지켜줘야 한다. 따라서 누군가를 판단하려 할 때는 한쪽으로 치우친 도덕적 잣대만으로 판단할 게 아니라, 다각적이고 포괄적인

59 반대로, 한 가지 확실한 사실은 그들 모두가 항문을 갖고 있다는 것이다!

시각과 유연한 사고로 판단해야 할 것이다.

1969년 이후로 프랑스 잡지 〈샤를리 에브도〉•에서 표현의 유연성과 표현 수위의 지표로 게재된 '엉덩이 노출'과 '항문 노출'의 변화 비교.[60]

〈하라키리 에브도〉 1969년 2월부터 1970년 11월까지 (94개 표본)
: 엉덩이 노출 5회-남성 4회, 여성 1회
: 항문 노출 0회

〈샤를리 에브도〉 첫번째 시리즈 1979년 11월부터 1981년 12월까지 (580개 표본)
: 엉덩이 노출 57회(대략 10권마다 1회)-남성 19회, 여성 38회
: 항문 노출 2회-모두 여성

〈샤를리 에브도〉 두번째 시리즈 1992년 7월부터 2019년 8월까지 (1413개 표본)
: 엉덩이 노출 42회(대략 33권마다 1회)-남성 28회, 여성 14회
: 항문 노출 11회-남성 10회, 여성 1회

이 연구 조사에서 무엇을 추론해낼 수 있을까?

엉덩이 노출 비율의 현격한 감소가 단번에 눈에 띈다. 10권마다 1회이

• 프랑스의 풍자 전문 주간지로, 지면의 대부분을 만평에 할애하는 좌파 성향의 잡지.

60 CIBPRJSB(풍자 신문과 잡지, 연재만화홍보국제연구소의 소장 시릴 보스크가 이끈 연구 조사.)

던 것이 이제는 33권당 1회다. 엉덩이의 인기는 점점 시들해진다. 시트 위에 알궁둥이를 얹어놓은 것은 더이상 팔리지 않는다. 여자 엉덩이라면 더더욱 그렇다. 여성의 엉덩이는 이제 관심의 대상이 아니기 때문이다. 반대로 항문은 갑자기 부상한다. 1970년 이전에는 드러나지 않던 항문이 수줍게 서서히 떠오르기 시작하더니, 1990년대에 이르러서는 항문 노출이 자그마치 10회가량에 달한다. 우리는 남성들이 항문을 드러내놓고 활짝 벌리는 것을 더이상 주저하지 않는 진정한 해방을 목도하는 것이나 마찬가지다!

6장

고문에서 마약 운반까지 항문의 흑역사

“구멍이라고 다 손가락을 집어넣어서는 안 된다.”
아프가니스탄 속담

“조심해! 꽉 끼일 수 있으니까.”
지하철의 경고문

“오징어튀김은 돼지 항문으로 만든다.”
도시 괴담

Sic transit gloria mundi•
그러므로 세상의 영광은 이렇게 지나간다.
그 아래, 그보다 더 아래, 보이지 않는 하수구가
피와 찌꺼기를 휩쓸어간다는 걸 모르고, 거만한 얼굴로.

• '그러므로 세상의 영광은 이렇게 지나간다'라는 뜻의 라틴어 문구. 인생의 덧없음과 인간은 누구나 죽으면 한 줌의 재로 돌아간다는 것을 상기시키며 겸손을 갖추도록 촉구하는 의미를 갖고 있다.

강간

남자가 상대방의 항문에 이물질을 삽입하는 것은 동성애 혐오 강간의 특징으로, 생식기를 사용하지 않고 모욕을 주려는 의도다. 가장 흔하게 사용되는 물건은 유리병이다. 1937년에 보고된 사례를 보면 어떤 성매매 여성에게 꽁꽁 언 돼지꼬리를 사용하기도 했지만.

직장 내에 이물질을 난폭하게 쑤셔넣을 경우 과다출혈로 사망을 초래하거나 천공을 야기해 혈류순환계에 치명적인 감염을 일으킬 수 있다. 1991년에는 한 정신질환자가 75세 남자의 직장에 지팡이를 강제로 쑤셔넣어 사망하게 했다.

헬베티아• 형법의 경우, 오로지 질 강간의 경우만 '강간'으로 인정되었다. 동의 없는 상황에서 남자의 항문 삽입은 '강제 성추행' 죄로만 인정되었다. 1937년까지 항문 삽입은 그리 심각하지 않은 죄로 여겨졌다. 질 강간의 최고 형량이 징역 20년인 것에 비해, 강제적인 항문 삽입의 최고 형량은 징역 5년에 불과했다……

튀니지, 이집트, 카메룬, 우간다, 케냐, 잠비아, 레바논, 투르크메니스탄에서는 사법권 아래 남자들에게 항문 삽입이 흔히 행해진다. 동성애자로 의심되는 경우 형식적 검사라는 명목 아래 실시되는 것이다. 경고도 동의도 없이 강제로 행해지는 이 부당한 행위는, 합법을 가장한 명백한 강간이다. 비겁하거나 무기력해서 또는 호의로, 사법권의 공모자인 동성애자 의사가 직접 자기 것을 삽입한다. "그 의사가 검진 결과로 보고하게 될 이른바 일탈 행동의 증거들로 인해 피해자의 수감 기간이 고무줄처럼 몇 년씩 늘어날 수도 있다. 그 기간 동안 그 못된 행위가 분명 여러 번 반복될 것이다."[61] 시민의 권리와 정치적 권리에 관한 국제협약인 '고문방지협약'이나 '인간과 인민의 권리에 관한 아프리카 헌장'에 위배되는 이 극도로 모욕적이고 성병 감염의 우려까지 있는 행위는 피해자에게 심각한 정신적 후유증을 남기고 그들의 자살로 이어질 위험이 대단히 높다.

• 스위스의 역사에서 1798년부터 1803년까지 존속했던 국가. 나폴레옹이 현재 스위스 지방에 세운 중앙집권 공화국이다.

61 미카엘 가녜, 『금지된 사랑: 마그레브의 성과 금기들L'Amour interdit: sexe et tabous au Maghreb』, L'Archipel, 2019.

2009년 이후로 독일에서는 수감자에게 실시하던 항문 검사를 완전히 폐지했다. 헌법재판소는 만약 용의자가 직장 안에 뭔가를 숨기고 있다고 추정할 수 있는 결정적인 증거를 확보하지 않은 한 이 내밀한 영역에 대한 침해는 정당화될 수 없다고 공포했다. 하지만 이 완화된 조치는 오직 구치소 수감자, 다시 말해 미결수일 때만 해당된다. 유죄 선고를 받은 사람들은 지금도 독일의 감옥에서 날마다 은밀한 부위를 수색당하고 있다. 2009년에 가결된 유사한 교정 관련 법령에도 불구하고, 그리고 투옥 기간 동안 하루 네 번에서 여덟 번 항문 검사를 받은 한 남자의 고소로 2011년 유럽 법정이 프랑스에 위헌판결을 내렸음에도 불구하고, 이 강압적인 검사는 프랑스의 모든 교정시설에서 면회를 끝마치고 돌아올 때마다 번번이 자행되고 있다.

손에 든 무기로 어떻게 피해자를 괴롭힐 것인지는 성도착자의 창의력에 달려 있다. 2017년 테오는 끔찍하게 고통스러운 경험을 했다. 세 명의 경관에게 무자비한 불심검문을 당하고 난 뒤, 그 22세 청년의 항문 주위가 10센티미터 가량 찢어지고 괄약근이 파열되었다(경관들은 범행을 전적으로 부인했지만). 이 부상으로 테오는 전치 8주 진단을 받았고 그후로도 18개월 동안 장루 주머니를 달고 살아야 했다. 경관들 중 한 명은 강간 혐의로 검찰에 의해 기소되었지만, 결국 기각되었다.

상징적 거세

잉글랜드 컴브리아주 배로인퍼니스에서는 젊은 여자 세 명이 술집에서 20세 남자 축구선수를 유혹해 집으로 데려가서는 의식을 잃을 때까지 술을 마시게 했다. 각각 나이가 20세, 22세, 26세인 이 여자들은 축 늘어져 있는 청년을 발가벗겨 눕혀놓고 온갖 음탕한 말을 내지르며 그의 주위에서 춤을 추었다. 그러고 나서 그중 제일 나이 많은 여자가 가위를 가져와 남자의 음모를 깎은 다음, 가위를 좌우로 흔들어대며 말했다. "뒷구멍에다 넣어줄까?" 실제로 그녀는 제스처까지 취하면서 그의 엉덩이를 벌렸다. 하지만 정말로 가위를 쑤셔넣었는지는 확실하지 않다. 어쨌든, 그 장면은 그 범죄자들이 기념용으로 찍은 비디오에는 나오지 않았다……

자살

여기까지 오려면 정말로 할 짓 못할 짓 다 해봤을 것이다. 여하튼 직장 경로를 통한 자살 사례들은 의학지에 기재되어 있다. 1998년, 극단적인 환상에 흥분한 남자가 자신의 직장 안에다 총을 한 발 쏘았고, 과다출혈로 끝내 사망했다. 또 어떤 남자는 가스용접기 토치를 항문 안에 삽입한 후 점화시켜 소화기관에 심각한 화상을 입고 결국 죽음에 이르렀다.

작가 케리 버터스가 쓴 책 『1955년에』에는 24세 남성 우울증 환자의 사례가 나온다. 이 환자는 출혈성 쇼크 상태에서 복통을 호소하며 응급실로 실려왔는데, 알고 보니 놀이용 소형 폭죽이 아닌 행사용 대형 폭죽을 항문 깊숙이 삽입한 다음 불을 붙여 자살을 시도했다고 한다. 1987년, 삶을 비관한 어떤 남자는 시멘트로 항문을 막아버리고자 했다. 그는 시멘트 가루를 반죽한 다음, 관장 노즐을 이용해 직장 안으로 주입했다. 응급실에 실려왔을 때는, 시멘트가 가득찬 직장을 열어 작품을 깨부수어야 할 정도였다.

암살

영국 왕 에드워드 2세는 1327년에 살해당했다. 이는 틀림없는 사실이다. 그러나 그 살해 방법에 대해서는 지금도 논란이 되고 있다. 사실 에드워드는 통치를 무척이나 성가시게 여겨 그 귀찮은 일을 자신의 연인들에게 떠넘겼다. 그래서 처음에는 프랑스 출신 피에르 드 가베스통이, 그다음에는 휴 디스펜서가 실권을 장악했다. 질투심에 불타오른 왕비 이자벨은 에드워드 2세를 그의 동성 연인 휴 디스펜서와 함께 왕좌에서 쫓아냈다.

감옥에 갇힌 휴 디스펜서는 곧 잔인한 방법으로 처형되었고, 여기저기 끌려다니던 왕은 결국 돌연사했다는 소문이 떠돌았다. 그 후 레널프 힉든이라는 연대기 작가가 음모를 밝혀내기까지 15년이라는 세월이 걸렸다. 그가 밝혀낸 바에 따르면, 에드워드는 살해당했다. 그것도 아주 잔인무도한 방법으로. 바로, 불에 달군 쇠막대를 항문에 쑤셔넣은 것이다. 왜 이런 방법을 선택했는지에 대한 두 가지 해석은 이 이야기에 신빙성을 더해준다. 자객을 보내 왕을 살해하려 했던 이자벨은 겉으로는 표나지 않게 자기가 받은 모욕을 보복하는 동시에 '그가 죄를 저지른 바로 그 부위를 통해' 왕을 벌함으로써 앙갚음할 수 있는 방법을 생각해냈을 것이다.

암거래

유럽인이 소비하는 불법 마약들은 대부분 바디 패커라고도 불리는 마약 운반책의 내장에 숨겨진 채 비행기로 운반된다. 하시시는 올리브 형태로 주조된다. 코카인이나 헤로인의 경우, 풍선이나 콘돔 안에 가루를 넣은 다음 비닐 랩으로 꽁꽁 싸매어 2~6센티미터의 장방형 팩으로 만든 뒤 직장 안으로 삽입한다. 더 작은 봉지들은 입으로 삼킬 수도 있다. 일반적으로 마약중독자가 아닌 마약 운반책들은 그런 식으로 1인당 한 번에 500그램에서 1킬로그램까지 운반한다. 단, 몸안에서 팩이 찢어질 경우에 대비해 소화기관 내에서 물질의 움직임을 늦추는 캡슐 약을 함께 복용한다…… 세관 통과시 의심을 받으면 복부-골반 엑스선 촬영을 통해, 그리고 때에 따라 더 심층적인 조사를 통해 그 팩들이 탐지되는 경우도 있다. 직장은 해외에서 무기나 돈을 들여오기 위해서도 이용되고, 감옥에 금지 물품을 몰래 반입하는 데도 이용된다. 바로 그 음험한 경로를 통해 핸드폰 같은 것들이 면회실에서 교도소 안으로 밀반입된다!

횡령

캐나다 왕립 조폐국의 한 직원은 비스킷 크기로 절단한 금조각들을 자신의 항문에 넣어서 조금씩 조금씩 빼돌려 바이어들에게 팔았다. 그렇게 몇 달간 빼돌린 금조각은 총 165만 달러어치(우리 돈 218억여 원)에 달했다. 장물을 거래한 돈을 하필 깐깐한 오타와 골드 바이어스 계좌에 입금하지만 않았더라도, 그의 범죄는 아마 절대로 발각되지 않았을 것이다. 그는 그 금을 쉽게 추적할 수 있는 7000달러짜리 수표 몇 장으로 맞바꾸어 자기 계좌에 별생각 없이 예치해두었다. 그런데 몇 달 사이에 거액의 돈이 그의 계좌로 들어온 것을 수상히 여긴 은행이 조폐국에 신고를 하면서 범행이 드러났다. 조폐국 건물 내 그의 사물함에서는 범행에 쓰인 바셀린과 윤활제 등이 발견되었다…… 결국 징역 30개월 형을 선고받은 그는 '똥구멍에서 나온 금은 똥으로 변한다'라는 속담을 몸소 확인시켜 주었다.

중독

겁을 상실한 젊은이들은 알코올에 흠뻑 적신 탐폰을 목구멍이 아닌 항문에 박아넣어 술에 취하기도 한다. 이 방법으로 간 경련이나 구토, 호흡곤란 같은 증상 없이 엄청난 양의 알코올을 주입할 수 있다. 또한 이론적으로 혈관과 모세혈관이 많은 항문과 직장에는 흡수가 잘되어서 술에 빨리 취할 수 있다. 하지만 술에 취한 효과를 보기 위해서는 엄청난 양의 알코올이 필요할 뿐만 아니라, 분해되지 않은 알코올은 독성이 아주 강해서 약한 항문 점막을 자극하게 되고 강렬한 쾌감을 느끼려던 시도가 자칫 사망에 이르게 할 수도 있는 끔찍한 경험으로 바뀔 수도 있다.

직장은 마약 주입 경로로 한층 더 추천된다. 코로 마약을 하도 많이 들이마신 탓에 비중격이 엄청나게 망가진 영국의 록 싱어송라이터 로드 스튜어트는 자서전에서 이런 이야기를 들려준다. 그는 친구 로니 우드와 함께 약국에 가서 연질캡슐 감기약을 사왔다. 그들은 캡슐의 내용물을 비우고 거기다 코카인을 채워 넣은 다음, 항문에 박아넣었다. 아마도 그들은 플러그plug라는 기술을 몰랐던 게 분명하다. 플러그는 바늘 없는 관장용 주사기를 이용해 직장 내에 마약을 주입하는 보다 효과적인 방법이다. 아편성 좌약 역시 흔히 원래의 치료 목적과 다른 용도로 쓰인다.

테러 행위

2009년 8월, 22세의 자살테러범 압둘라 하산 알 아시리는 자신의 항문 안에 폭탄을 숨긴 채 사우디아라비아의 모하메드 빈 나예프 왕자의 궁으로 들어가 자폭테러를 감행했다. 이슬람교에서는 항문 삽입을 70대죄 가운데 하나로 간주함에도 불구하고, 알카에다 지도자 아부 데마 알 콰삽은 그의 행동이 이슬람 성전의 종교적인 틀 안에서 완전히 용인될 수 있다고 평가했을 것이다. 그런데 공교롭게도 왕자는 멀리 떨어져 있었고, 그 지하디스트는 결국 목적을 달성하지 못한 채 폭발과 함께 목숨을 잃었다. 그가 포상을 받았는지에 대해서는 기록이 남아 있지 않다.

고문과 징벌

종교재판은 항문성교에 극도의 혐오를 드러낸 만큼 죄인의 항문에 이런저런 것들을 쑤셔박는 것을 몹시 좋아했다. 그로 인해 기괴하면서도 매우 정교한 항문 고문용 기구들이 발명되었다.

'유다의 요람'은 일종의 금속 피라미드로, 죄인을 발가벗긴 뒤 밧줄로 묶어 피라미드 꼭대기에 항문이 위치하도록 매달아놓았다. 밧줄을 풀면 몸이 늘어지면서 피라미드의 끝이 항문을 찢으며 점점 더 깊숙이 죄인의 몸속으로 박혀들어갔다. 설령 그 사람이 내출혈로 죽지 않고 풀려난다 해도, 세균감염으로 인해 며칠을 넘기지 못하고 사망했다. 그보다 먼저 고문당한 사람에게 사용했던 기구를 제대로 세척하지 않고 다시 사용했기 때문이다.

고문 집행인들 역시 끝도 없는 상상력을 동원해 고문 방법을 생각해냈다. 바로 희생자에게 물만 마시게 하는 고문이다. 그의 항문과 요관을 철저하게 막은 다음, 수십 리터의 물을 강제로 마시게 했다. 희생자가 물을 다 마시기도 전에 죽는 일이 일어나곤 했지만, 몸속에 가득찬 물 때문에 사망하지 않도록 하려면 어떻게 해야 하는지 아는 집행인들은 희생자의 몸이 부풀어 터져 죽기 직전에 막았던 부분을 뚫어주었다.

간단하지만 무시무시하게 스릴 넘치는, 처음엔 별거 아닌 것 같지만 갈수록 몸서리쳐지는 이 고문 방법은 큰 반향을 일으키며 유럽 전역으로 퍼져나갔다. 그런데 사실상 희생자에게 남근이 얼마나 위대한지 보여줄 수 있는 고문 기구로 말뚝보다 더 좋은 게 있을까? 말뚝 고문(신체 관통형 고문)은, 설령 그 시작이 썩 나쁘지 않았다 하더라도 결국은 날카로운 말뚝 끝이 내장기관 안으로 점점 더 파고들어가 끔찍한 고통과 함께 과다출혈로 사망에 이르게 한다. 일을 제대로 하기 위해서는 우선 땅바닥에 수직으로 박아놓은 말뚝의 뾰족한 끝부분에 희생자의 항문이 자리하게 해, 말뚝이 아주 깊숙이 들어가 몸이 완전히 꿰뚫리게 하는 게 좋다. 고통의 경련이 말뚝에 꽂힌 몸을 타고 내려오면서 비로소 작업이 완수될 것이다. 교육적인 의미를 지닌 경고로, 말뚝에 몸이 꿰여 처형된 희생자는 모든 이들이 볼 수 있는 장소에 전시되었다. 하지만 별로 경종을 울리지는 못했다. 말뚝에 대한 두려움이 결코 굶주림의 고통을 이길 수 없었기 때문에……

말뚝에 꿰인 몸

이집트와 루마니아에서 행해지던, 꼬챙이에 몸을 꿰는 신체 관통형(이 고문의 명칭은 루마니아의 블라드 3세의 별명 '블라드 체페슈•'에서 유래되었다)은 베트남에서도 성행했다. 특히 생장력이 뛰어나 하루에 75센티미터씩 자라는 대나무는 이 용도로 사용하기에 안성맞춤이었다. 희생자가 죽순 위에 주저앉은 자세를 유지할 수 있도록 버팀대를 만들어 결박한 다음, 자연의 순리에 맡겨두었다. 튀르키예식 방법은 아주 신속하다는 점에서 아시아의 방법과 달랐다. 높은 곳에서 아래쪽에 박아둔 말뚝들 위로 내던져진 몸은 되는대로 말뚝에 꿰어졌다. 여기까지 읽었으면 그런 유의 개론서를 읽어보고 싶다는 마음은 이제 싹 달아났을 것이다.

고통의 배梨는 그다음에 등장할 고문 기구를 불안에 떨게 만들 만큼 아주 흥미로운 기구였다. 서양배 모양의 항문용 재갈인 이 철제 기구는 신체의 구멍을 조사하는 의료 도구인 검경과 약간 비슷하게 생겼지만, 둥그스름한 4개의 금속 잎이 오므려진 상태에서는 커다란 서양배처럼 보였고 경우에 따라서는 고통을 가중시키기 위

• '체페슈'는 루마니아어로 '뾰족한 것'을 가리킨다. 블라드 3세가 죄인이나 포로를 꼬챙이에 꿰어 죽이는 공포정치를 하여 붙은 별명이다.

해 겉면에 날카로운 못들이 박혀 있기도 했다. 이 기구를 항문 안에 넣은 뒤 손잡이를 돌리면 잎들이 벌어지면서 항문이 엄청나게 팽창되었다. '교황의 배'라고도 불린 이 고문 기구는 스페인 종교재판관들에게 인기가 많았는데, 그들은 동성애자와 마녀를 벌하는 데 이 도구를 이용했다.

보다 목가적인 고대 그리스에서는 간통한 사람을 벌할 때 항문에 빨간 순무를 쑤셔넣었다.

프랑스의 음유시인 조르주 브라상의 노래는 여자들을 위한 노래이지만, 과연 남자들은 관련이 없었을까?

그 얼간이가 나의 은밀한 그곳에 빨간 순무를 넣었네,
점잖은 사람들은 거기다 관장용 주사기만 넣는데 말야.
무가 쑥쑥 들어가자 박수갈채가 쏟아지네,
이제 다 들어가고 무청 줄기만 보이네,
지금은 줄기도 보이지 않아,
사람들은 기다렸네,
빨간 순무가 낳을 결과를.
그런데 그 얼간이와 젠체하는 뚱보 여자들은 깜짝 놀라고 말았지,
후장이 뚫리는 고문을 받던 그 여자가
마법에 홀린 듯 소리를 질러댔거든. "더, 더, 더,
더 힘껏 쑤셔넣어, 힘 좀 내,
이봐, 무를 더 깊숙이 밀어넣으라고!"

그녀는 소리 높여 외쳤네, "이 고문이
이렇게 금세, 이처럼 큰 기쁨을 주리라곤
생각도 못했어!
무가 날 천국으로 데려가네!"
그녀는 빨간 순무를 끝없이 찬양하며 노랠 불렀네,
모든 음탕한 여자들이
달려들었다는 바로 그 채소를 찬양하면서.

조르주 브라상, 〈빨간 순무Les Radis〉에서

구멍 깊숙이

역한 냄새를 풍기는 유황가스가 스멀스멀 새어나오는 이 저주받은 구멍으로 더 깊숙이 들어가보자! 프랑스의 기자이자 작가인 트리스탕 사뱅을 따라, 세상의 항문들을 만나러 가보자. 지구 곳곳을 샅샅이 탐험한 이 위대한 기자는 나라마다 그 나라의 항문이라고 부를 수 있는 장소가 있다고 생각했다. 우리는 대체로 우연히 그곳에 뚝 떨어진다. 그곳은 사람들의 왕래가 잦은 오솔길에서 떨어진, 평판이 나쁘지만은 않은 장소, 아주 쾌적하고 심지어 천국처럼 보일 수도 있는 그런 장소다. 하지만 그곳에서 우리는 느닷없이 곤궁에 빠지고 재앙을 맞닥뜨린다. 사뱅은 그의 책[62]에서, 지구에서 가장 후미진 오지를 찾아갔을 때 겪은 재난을 상세히 기술한다. 순전히 여행자로서 세상의 가장 깊숙한 곳으로 들어간 그는 대단한 걸 보지는 못했지만 아주 다양한 사람들을 만났다. 아이티 좀비들, 갈라파고스제도의 매음굴 여주인, 버마족 비밀 정보원, 아마존의 석유 밀매업자, 털이 덥수룩한 날강도…… 그는 생명을 담보로 인간에 대해 많은 것을 배웠다.

심각한 재난을 겪고 싶지 않은 평범한 인간은 세계의 항문에 진저리를 친다. 그렇지만 길모퉁이만 돌아도 있을 법하지 않은 것, 수상쩍은 것, 금방이라도 뭔가 펑 하고 터질 듯한 것, 그림자에 가려진 것 들을 만나게 된다. 가로등 하나 없이 어두침침하거나, 인적이 드물거나, 벌레가 우글거리거나, 이제는 거의 사용되지 않거나, 폐쇄되어 있거나, 사방이 휑하니 뚫려 있거나, 음산하거나, 기괴하거나, 접근하기 어려운 그것은 저항할 수 없을 정도로 강하게 우리를 끌어당긴다.

세상의 중심을 메카나 파리로 보는 경우가 있고, 화가 달리처럼 페르피냥• 역으로 보는 경우가 있는가 하면 신인동형론자••들의 머릿속에서 세상의 중심은 배꼽이다. 이들이 생각하는 세상의 중심은 다른 말로 세계의 기원이라고 할 수도 있다. 즉 관점에 따라 부르는 명칭이 다를 뿐 세상의 중심과 세계의 기원은 같다. 이런 의미에서 항문과 똥구멍은 결국 같은 배설기관이지만 확실히 구분된

62 트리스탕 사뱅, 『세계의 항문Les Trous du cul du monde』, Arthaud, 2016.

• 스페인 국경 가까이에 있는 프랑스 남부 도시.

•• 신에게 인간의 본질이나 속성이 있다고 믿는 사람들.

다. 세상의 중심이 어디인지 찾는 위치적인 관점에서 이 기관은 똥구멍이라 불리지만, 세계의 기원이 무엇인지 생각하는 관점에서 이 기관은 항문이라 불린다.

어디에 위치하건, 어떤 지도에도 표시되지 않은 세상의 똥구멍은 분명히 다다르기 어렵다. 그곳은 대담한 모험가를 유혹한다. 살아서 빠져나가기 위해 목숨을 걸고 도전하게 만든다.

그런데 또다른 구멍은 결정적이고 영원하다. 수백만 명의 인간에게 그곳은 불행하게도 길의 끝이자 세상의 끝이다. 그곳은 인류를 절망에 빠뜨리고 희망조차 품을 수 없게 한다. 아우슈비츠 수용소의 독일 나치 장교이자 의사였던 하인츠 틸로가 감히 그 수용소에 붙여준 이름 '아누스 문디•'는 가장 냉소적인 자만심과 어울리는 극심한 혐오에 사로잡힌 끔찍한 표현으로 아직까지도 울려퍼지고 있다.[63]

주지한 대로 세계는 양극화되어 있다. 하지만 세계는 얼어붙은 주변 너머로 상상계를 전율케 하는 오싹한 두 극을 감추고 있다. 그중 하나는 태양이 비치는 신성한 중심으로, 시작을 주재한다. 그리고 다른 하나는 황혼의 저주받은 중심으로, 끝에 바쳐진다.

• anus mundi. '세계의 항문'이라는 뜻의 라틴어.

63 장 폴 크레메르 박사는 막 아우슈비츠에 이송되었던 1942년 9월 5일자 일기에 이렇게 썼다. "너무도 끔찍하고 소름 끼치는 일. 나치 친위대 파견대장 틸로가 오늘 나에게 '우리는 지금 세계의 항문 안에 있다'라고 말했는데, 정말로 맞는 말이었다."

끝을 알 수 없는 구멍 안에서 찾아낸, 놀랍도록 다양하고 무궁무진한 물건들 3

대도시의 감옥에 수감된 죄수들이 생각해낸 복안은 금속이나 상아로 만든 아주 작은 상자를 항문 깊숙이 밀어넣어, 항문 수색시 허리를 숙이고 엉덩이를 벌리거나 크게 기침을 해도 발각되지 않게 하는 것이었는데, 그들은 그 상자를 '소지품' 또는 '잡주머니'라고 불렀다. 죄수는 중요한 물건들, 그러니까 톱처럼 쓸 수 있는 손목시계의 태엽이나 지하통로 도면 같은 아주 유용한 물건들을 그 작은 상자 안에 최대한 압축해 넣었다.

1944년, 어떤 의사가 한 죄수의 항문에서 그 초소형 사물함을 찾아냈다. 그 안에는 드라이버 하나, 줄톱 2개, 주사기 하나, 서류 한 장, 금 몇 조각, 실, 그리고 화약이 들어 있었다. '채취하다'라는 뜻의 프랑스어 동사 carotter가 '속이다'라는 은유적 의미로도 사용되는 것은 바로 이 때문이다. 이 멋진 묘책 덕분에 면회객이 죄수에게 몰래 마약을 전달할 수도 있다. 이 경우, '소지품'으로 이용되는 것은 작은 병이나 원통형 상자 또는 콘돔이다.

항문 수색을 통해 의사들이 찾아낸 물건 가운데 가장 으스스한 물건은 바로…… 절단된 사람 손이었다. 그 손이 어떻게 그 안에 들어갈 수 있었는지에 대해서는 여러분의 추측에 맡긴다. 어쨌든 손이 거기서 나왔다는 건 분명한 사실이다.

7장

구멍 안에 든 무궁무진한 상상들

"그 군주가 다시 나타났을 때,
나약한 인간인 그는 상징이라는
무거운 방패 너머에서
모호한 의미를 짊어지고 있었고,
모든 밤의 거주자들이 그러하듯 꿈의
거주자들은 위험했다."

장 주네, 『장미의 기적』

알레고리, 표지, 우화, 금기의 토템 들이
불러일으키는 환상과 은밀하게 소곤거리는 전설을 찾아서
우리의 주제를 좀더 심화해나가보자.
항문은 그런 것들로 가득차 있다!
인간은 "싫어!"라고 말할 줄 알게 되는 순간부터,
그 도가니 안에서 정련된 상징을 가만가만 속삭인다.
입에 담을 수 없는 수치의 집합소인 항문은 부패하지 않는 파수꾼이며
진실을 말하지 못하는 벙어리다.

×

천상의 숨결

성부聖父의 도덕법칙에 복종하던 어린 시절, 어떤 장난꾸러기는 교회 뒤편에 있는 돌에 궁둥이에 갖다 댄 입을 즐겨 조각하곤 했다. 13세기에 건축된 성당에 새겨진 부조에 감탄하다가 문득 그 외설스럽고 그로테스크한 조각들 중 하나를 우연히 맞닥뜨렸을 때, 현대의 관람객은 먼저 자기 눈을 의심한다. 이게 정말로 방귀를 뀌는 똥구멍일까? 교회에다? 장난이 심한데! 그 까마득한 옛날에도 세련된 작품이 만들어지긴 했을 것이다. 하지만 아무리 그래도 예배 장소 정면에 벌어진 항문이라니, 이럴 수가! 정말 대담무쌍하다.

많은 교회들이 입체감이 뚜렷한 그 방종한 작품의 흔적을 여전히 간직하고 있는데, 그냥 지나칠 수 있는 수준이 아니다. 스위스 프리부르에 소재한 고딕 건축물인 뮌스터대성당의 탑 중 하나에는 나체 인물상이 거리 위로 궁둥이를 내밀고 있다. 이무깃돌 가운데 하나인 그것은 구경꾼들에게는 눈요기가 되어주는 한편, 항문을 통해 빗물이 도랑으로 흘러내려가게 함으로써 8세기 후반에 세워진 그 기념비적인 건축물의 정면이 빗물에 손상되지 않도록 보호한다. 더 점잖은 예배당이라고 해서 그보다 조심스러워 보이지는 않는다. 프랑스 샤랑트 지방의 생미셸성당에는 몸을 숙인 인물상이 있는데, 다리를 활짝 벌리고 있어서 발기한 음경이 다 보인다.

그런데 그 성상 조각가는 왜 애써 불경스러운 모습을 정교하게 조각한 것일까? 동료들끼리 귓속말을 주고받는 것처럼, 성당 건축물에 의례적으로 새겨넣는 넝쿨 부조 제작에 대한 대가를 받지 못해서 그런 식으로 앙갚음한 것일까? 흥미로운 장난이긴 하지만, 그것만으로는 이 외설스러운 부조를 제작한 의도가 온전히 설명되기 어렵다. 그 까닭은 영원히 알 수 없게 되었다. 뒤이어 지나치게 내숭을 떠는 시대가 수백 년 동안 이어지면서 심하게 민망한 포즈를 취한 이 인물상들은 시야에서 사라졌다. 심지어 중세 연구가들조차 그에 대해 전혀 아는 바가 없다. 아니 더 정확히 말해, 그들은 저마다 각자가 생각하는 가설을 내놓고 있다.

어떤 이들은 로마네스크양식의 교회가 세워진 시대, 그러니까 완전히 이교도적이면서도 방탕했던 그 시대에는 당시 사람들의 장난기 넘치는 정신에 세속적인 것과 종교적인 것이 뒤엉켜 있었다고 생각한다. 이 교양 없는 사람들에게 훌륭한 예의범절과 새로운 신이 흡족해할 만한 교양을 주입시키는 것이 절박했다는 것이다. 일요일에 그 성상들 아래에서 새겨들은 사제의 말에 따라, 이 문맹자들은 주일을 제외한 나머지 날들 동안 악의 표현물들을 내내 경계했다. 육욕의 죄(신에게서 멀어지는)와 반인륜적인 행위(곧바로 지옥으로 뛰어드는)들을 말이다. 이 외설적인 장면들에는 저마다 그에 대한 징벌도 함께 묘사되어 있는데 이는 명백히 교육적인 목적이었다. 그에 따른 처벌 없이 표현된 장면들의 경우 그 목적은 보다 모호하다. 어떤 전문가들은 그 장면들이 고대의 다산숭배의 흔적이라고 해석한다. 또다른 전문가들은 이를 일종의 부적과 같은 것이라고 생각한다. 다시 말해, 항문을 내보임으로써 악마를 물리칠 수 있다는 것이다.

어쨌든 당나귀나 개의 엉덩이에 생명력을 불어넣고 있는 수많은 작품에서 볼 수 있는 것은 바로 그 조각상들의 항문이다. 풀무처럼 주름진 이 항문들은 악마를 쫓아내는 역할을 한다. 그리스 로마시대 이래로, 아니 어쩌면 그 이전부터도 우리가 알고 있는 세상 곳곳에서 그리스인, 로마인, 히브리인, 그뒤로는 기독교인 들에게 인간의 몸을 통해 순환하는 숨은 영적인 성격을 가진다. 신의 말씀은 입으로 나온다. 악마의 말은 당연히 항문으로 나온다.

해부학적으로 논란의 여지가 있는, '활기를 불어넣는 천상의 숨결'은 인류의 상상계에 꾸준히 자리해왔다. 그래서 그 유명한 총배설강 가설이라는 원시적인 견해로부터 몇몇 동물들이 망자의 영혼을 인도한다는 이야기가 탄생했다. 이를테면 당나귀나 돼지 같은 동물은 그 구멍 안으로 숨을 불어넣을 때마다 한 영혼씩 나오는 다산의 배를 상징한다.

성당 외벽에 조각된, 동물의 엉덩이에 숨을 불어넣는 장면들은 사육제의 전통에서 영감을 받은 것이다. 중세시대 사육제 기간에는 단지 굶주림에서 벗어나는 것을 넘어서 대향연의 장이 펼쳐져야 했다. 다시 말해 그 시기에는 배불리 음식을 먹어 항문으로 방귀가 붕붕 뿜어져나오게 해야 했다. 가스로 가득찬 위장의 압력을 낮추려면 항문을 열고 숨을 조절해야 했다. 여기에는 지휘자의 지휘에 따라 찬송가를 부르는 어린이 성가대처럼 숙련된 기술이 필요하다! 민속학자 클로드 개뉴베가 그에 관해 아주 잘 말해주고 있다. "웃음이나 침묵, 대향연, 방귀 또는 수플라퀼•은 인간이 (……) 자신의 숨과 세상의 입김의 압력 사이에서 균형을 잡으려 애쓰는 방식이다."[64]

일상적인 것, 유기적인 것의 영향을 받으며 세상의 타락에 노출된 교회의 세속적인 측면이 작용해 건물 정면에 외설스러운 장면들

• 프랑스의 민간전통으로, '엉덩이에 입김 불어넣기' 정도로 해석되는 사육제 축제다. 잠옷을 입고 하얀 면 보닛을 쓴 사람들이 낮 동안 악귀를 쫓아내려는 목적으로 이 행위를 하면서 마을을 행진한다.

64 클로드 개뉴베, 『사육제, 민중 신화에 관한 에세이Le Carnaval, essais de mythologie populaire』, Payot, 1974.

이 조각된 것이다. 그렇기에 수도원 경내를 지배하는 영원과 천상에 바쳐진 복음주의 같은 주제와는 달리, 인간의 창의성에 대한 지나친 검열 없이 그 장면들을 남겨둘 수 있었다. 그리하여 서로 등을 맞댄 신의 수치스러운 면과 성스러운 면은 인간사를 이루는 변증법의 분리할 수 없는 두 극처럼 보인다.

수치심 혹은 존경심

어원학적으로 따져보면, 프랑스어 'honteux(수치스러운)'는 'sacré(성스러운)' 못지않게 '존경심을 불러일으키는' 것을 의미하고, '제물로 바쳐진'이라는 표현만큼이나 '신성불가침한' 것을 의미한다……

인도유럽 지역의 최하층민들, 가장 비천한 일들을 맡아 하는 불가촉천민인 파리아•들 사이에서 전승되어온 이 외설, 배설물, 범죄 같은 주제들은 클로드 개뉴베의 대담집에서 볼 수 있듯 다음과 같은 의미를 띤다. "낮은 것은 높은 것만큼이나 신성하다. 물질과 정신을 대립시켜서는 안 된다. 그것은 우월한 것 대 열등한 것에 관한 사회적 또는 종교적 모델들의 제약으로부터 우리를 해방시켜준다. 가르강튀아와 성블라시오••가 말했듯, 영혼을 방귀처럼 생각해야

• 카스트제도에도 속하지 않는 최하위 계급. 이들은 사회악으로 취급받았다.

•• 4세기에 활동한 아르메니아 세바스테의 주교로, 14성인 가운데 한 사람. 그의 축일에는 인후를 축성하는 예절이 있는데, 목에 가시가 걸려 사경을 헤맨 소년을 기적적으로 치료한 일화에서 기인했다.

한다."

수호성인들

'엉덩이 뽀뽀'와 '얼굴에 방귀[●]'가 성블라시오의 가호 아래 행해진다는 사실을 언급하는 것은 유용할 수 있다. 성블라시오는 목구멍에 박힌 뭔가를 빼내는 데 전문가였다. 물론 출혈과 그 외 항문 질병에 대해서는 성피아커[●●]를 내세우는 것이 적절하겠지만. 7세기에 성피아커는 모Meaux에 은거했는데, 거기에는 그가 올라앉아 휴식을 취하던 바위가 있었다. 그 바위에 앉기만 하면 그의 작은 근심거리들은 훨훨 날아가버렸다고 한다.

음이 양을 입증하듯이, 신의 풀무(항문)를 묘사한 이미지들은 유대교 안식일의 의식들을 묘사한 이미지에서 전도되어 나타난다. 마녀들은 악마를 열렬히 숭배하기 위해 고양이나 숫염소의 항문에 입을 맞추는 일에 탐닉하는 듯하다. 그 이미지는 히브리 신비철학에서 유래한 게 분명하다. 신비철학에서는 우리의 척추 아래쪽에 영원히 썩지 않는 '루즈لوز('아몬드'라는 뜻의 아랍어)'라는 작은 뼈가 있다고 말한다. 우리의 몸이 먼지에서 왔다가 먼지로 돌아갈 때도, 절대로 부패하지 않는 이 작은 뼈는 일종의 정보 칩처럼 현생과

● 아이들이나 군인들이 운동장에서 하던 프랑스의 옛날 게임. 네 명이 함께하는 놀이로, 마지막 사람이 다른 한 사람을 거꾸로 들면 엉덩이가 그의 얼굴에 놓이게 된다.

●● 아일랜드의 성자로, 프랑스 중북부 산중에서 은둔생활을 했기 때문에 약초와 들풀에 대한 해박한 지식이 있어 많은 사람들의 병을 고쳤다.

전생의 기억들을 모두 보존한다. 영원한 삶 속에서 우리의 부활은 허리 아래쪽에 있는 이 아몬드에 의해 좌우된다. 그러므로 우리의 얼굴에 방귀를 뿜어대는 행위가 종교적 의미의 '엉덩이 키스'인 것이다.

고인에 대한 존경보다는 웃음을 불러일으키는 '덤불가시La Ronce' 라는 이 묘비명(17세기 초)도 같은 구멍에서 영감을 받았다.

> "뚱보 마르탱, 여기 잠들다. 하지만 썩 애석한 일도 아니다.
> 살아생전 그는 있는 듯 없는 듯한 존재였다.
> 살았을 때 그의 얼굴 생김새는 엉덩이와 흡사했다.
> 그래서인지 그가 죽자 흐리멍덩하고 석연치 않은 그의 영혼은
> 엉덩이 구멍을 입으로 착각하고 그리로 빠져나가 멀리 날아갔다."[65]

일본에서 숨의 상징은 강의 요괴인 갓파로 구현되었다. 갓파는 긴 다리에 긴 갈퀴발톱이 달린 거북이에 가까운데, 수북한 머리칼 한가운데 바가지를 뒤집어쓰거나 원형탈모증처럼 정수리 부분만 오목하게 파인 민머리다. 이 오목한 부분은 생존에 필요한 물을 담아두는 데 사용된다. 항문이 3개나 되는 이 더러운 짐승은 선천적으로 귀에 아주 거슬리는 소리를 내는 능력이 있다. 갓파는 인간의 영혼을 즐겨 먹는데, 무례한 사람들의 항문에서 직접 시리코다마

65 F. X. 테스튀의 『악의에 관한 책Bouquin des méchancetés』에서 인용된 묘비명, Robert Laffont, 2014, p.649.

(인간의 소화 경로 안 어딘가에 위치해 있다는 공 모양의 상상 속 장기. 영혼이 들어 있다고 한다……)를 빼내는 방식으로 먹는다고 한다. 그러므로 물가에서 치마를 걷어올리고 쭈그려앉는 행동은 하지 않는 게 좋다. 반대로, 갓파에게 예의바르게 인사하면서 그를 속일 수도 있다. 예의범절을 대단히 중시하는 갓파는 인사를 맞받아 몸을 숙이다가 정수리의 귀중한 물을 흘리고, 그만 죽음에 이른다. 항문에서 시리코다마를 빨아먹는 이 괴물은 시리코다마와 유사한 오이를 아주 좋아한다.

구멍을 위한 노래

동화 속에 나오는 어떤 등장인물들은, 항문성애에 푹 빠져 있는 어린아이들에게 두려움과 짜릿한 쾌감이 뒤섞인 미묘한 감정을 불러일으킨다. 털빛이 칙칙한 늑대, 무시무시한 늑대 소굴, 늑대의 나지막한 으르렁거림과 입을 쩍 벌린 얼굴은 다른 어떤 동물에게서도 느낄 수 없는 치명적인 위험에 매혹적인 전율을 느끼게 한다.

'잡아먹히기'라는 주제를 다룬 중세 프랑스의 한 전래민요는, 항문이 물어뜯기는 것에 대한 바르주• 꼬마들의 두려움을 표현하고 있다.

• 프랑스 남동부에 위치한 프로방스알프코트다쥐르 지방의 주.

"시고 어멈은 겁나지 않았다. 시고가 늑대에게 잡아먹히지 않도록 항문을 마늘로 문질러두었으니까!"

(프랑스 남부의 이에르, 1880)[66]

전래민요에는 항문에 관한 다소 노골적인 암시가 넘칠 만큼 풍부하다. 똥에 관한 민요나 외설적인 민요들은 대부분 거북살스러운 웃음을 불러일으킨다. 거리에 떠도는 노랫말들은 아래쪽에 위치한 항문을 다루면서도 상징의 화살을 위쪽에 위치한 고귀한 심장 쪽으로 향하게 함으로써 통상적인 악의를 긴장감 없이 느긋하게 퍼뜨리는 매개 역할을 한다. 대중적인 익살은 무의식적으로 항문을 비루하고 천박한 것, 비열한 것과 동일시한다. 멍청이, 겁쟁이, 난쟁이라고 공개적으로 조롱하고 싶은 사람의 인격을 항문에 그대로 대입한다. 다리가 얼마나 길든 상관없이 항문의 자리는 두 엉덩이 사이라는 것을 아주 잘 알고 있음에도, 사람들은 이웃사람을 놀려대고 싶을 때 그 긴밀한 연결고리가 아니라 겉모습의 결점에 주목한다. 이탈리아의 포크 싱어송라이터 파브리지오 데 안드레의 노래 〈주디체라는 사내Un Giudice〉가 바로 이런 유의 조롱을 환기한다.

"해가 가고 달이 흘러가네, 1분 2분 손꼽아 기다려도, 키가 자라지 않은 채 어른이 되는 건 슬픈 일이지.

66 클로드 개뉴베, 『외설적인 민간전래동요Le Folklore obscène des enfants』, G-P Maisonneuve et Larose, 1974.

험담을 끈질기게 물고늘어지며 혀로 북을 치고 앉았네,
난쟁이의 심장은 똥구멍과 너무너무 가까이 있으니
그놈은 확실히 잡놈이야, 라고 욕까지 퍼붓네."

반대로, 『라베댄의 우화』에 실린 〈왕이 된 똥꼬〉라는 작품은 이 낙오한 기관을 필수불가결한 기관으로 만들어주는 장점들을 노래한다.

"그런데 그때 그 시절, 우연이었건 신의 장난이었건 간에,
인간의 몸이 생겨났다네.
모든 신체기관들 중에 어떤 게 대장으로 가장 적합할지 결정해야 했다네.
그래서 뇌가 말했다네. 난 신경들을 관장해,
그러니 결정권이 있는 대장은 바로 나야.
그러자 눈이 말했다네. 중요한 정보를 알려주는 건 우리야,
우리가 대장이 되어야 해, 우리가 없으면 아무것도 볼 수 없으니까.
그러자 입이 말했다네. 영양분은 모두 나를 통해 공급돼,
그러니 내가 지휘권을 가지는 게 당연해.
어! 이봐! 손이 제지하며 나섰다네. 대장이 되려면 내세울 만한 위신이 있어야 하지 않겠니?
그러니 음식을 먹이는 우리가 지휘 통솔을 해야지.
그러자 발이 말했다네. 그건 그래, 하지만 너희는 누구 덕분에 서 있

을 수 있지?

우리가 없으면 너희는 물렁한 덩어리에 지나지 않을걸?

우리가 대장이 되어야 해, 우리 생각은 그래,

우리가 움직여 나아가는 건 순전히 발걸음 덕분이니까.

마지막으로 똥꼬가 똥 싸는 소리를 내면서

자기도 왕이 될 권한이 있다고 주장했다네.

그러자 모두가 대놓고 조롱하고, 비웃고, 깔깔댔다네.

엉덩이가 지휘한다고? 우리 중에 가장 별 볼 일 없는 주제에?

화가 난 똥꼬는 오므라들면서 구멍을 막아버렸다네.

그러자 얼마 안 가 온몸이 혼수상태에 빠져들었다네.

뇌는 열이 났고,

눈은 흐릿했고,

손은 힘없이 덜렁거렸고,

발은 비비 뒤틀렸고,

폐와 심장은 살맛을 잃어갔고,

인간의 몸은 고통을 겪으며 살아남기 위해 싸웠다네.

그러자 모두가 뇌에게 양보하라고 말하면서

똥꼬에게 대장 자리를 넘겨주었다네.

똥꼬가 열리자, 몸은 다시 제대로 작동하기 시작했고,

그렇게 똥구멍은 대장이 되었네, 왕이 되었네.

몸은 멈추지 않고 제대로 잘 돌아갔다네. 간단히 말해서

똥구멍이 성가신 일들을 전부 잘 처리해주는 덕분에.

이 이야기의 교훈:
똥구멍의 지휘를 받아도
불만을 품지 말아야 할지어다!"

민간에 내려오는 이 우화는 여러 가지 버전이 있는데, 이것은 빅토르 아욜리가 멋진 운문으로 만든 판본이다.

항문 얘기를 하면서 방귀 얘기를 빼놓을 수 없듯이, "항문 얘기를 하지 않고 방귀 얘기를 하는 것은 캄피돌리오 언덕 얘기를 빼놓고 로마를 묘사하는 것이나 마찬가지다. 그러므로 나는 아주 간단히라도 항문 예찬을 할 필요가 있다. 신체기관 중에서 제일 먼저 잠을 자는 영예를 차지하는 만큼 항문은 분명히 몸에서 가장 고귀한 부분이다. 바로 이 항문이 신체의 모든 문제들을 바로잡아준다. 모든 화와 독소를 정화시켜 다시 살아가게 한다. 항문은 인간의 몸에서 가장 중요한 부분이다. 한쪽 눈을 잃거나 두 눈 모두를 잃는다 해도 여전히 살아갈 수 있다. 팔과 다리가 잘린다 해도, 아벨라르• 를 수도사의 길로 들어서게 만든 그 수술을 받는다 해도, 귀가 막혀버렸다 해도, 여전히 살아갈 수는 있다. 하지만 만약 항문이 막힌다면, 장담컨대 나흘 이상 살지 못할 것이다. 아시아의 한 폭군이 고안한 가장 잔인한 형벌은, 노예의 항문을 막아버린 채 변기통 위

• 프랑스의 철학자이자 신학자. 사랑하는 연인의 숙부에게 거세를 당했다.

에 앉혀 결박해놓고, 강제로 음식을 계속 먹여서 변비 때문에 서서히 질식해 죽게 만드는 것이었다."[67]

항문이 눈과 숨의 상징처럼 하나의 소명을 부여받았다는 주제는 아메리칸인디언의 전설에서도 찾아볼 수 있다. 항문에 대한 우화와 상반되는 교훈을 담은 이 전설은 오히려 자신의 항문을 믿어서는 안 된다는 것을 암시한다. 이 전설은 평소에는 아주 멍청하지만 사냥할 때만큼은 누구보다 영리한 노인 트릭스터에 관한 이야기다. 트릭스터의 사냥 기술은 아주 독창적이었다. 그는 자신의 배가 불룩한 것은 노래로 가득찼기 때문이라고 말하면서 오리들로 하여금 그 노래들에 맞춰 춤을 추게 했다. 또 이 노래들은 영험한 주술 치료를 받는 것처럼 눈을 감은 채로 들어야 한다고, 안 그러면 눈이 빨개질 거라고 덧붙여 말했다. 남의 말을 쉽게 믿는 오리들은 눈을 감은 채로 춤을 추기 시작했다. 그러자 오리들이 하나둘 목이 비틀려 죽어나갔고, 결국에는 꼬챙이에 꿰여 불에 구워졌다. 의심이 많아 눈을 뜨고 있던 오리들만이 가까스로 살육을 모면했다. 그때 살아남은 오리들의 눈 주위에는 붉은 테가 둘러졌다.

어느 날, 트릭스터는 오리들을 대량으로 잡는 데 성공했다. 하지만 다 먹어치우기도 전에 졸음이 쏟아졌다. 그래서 그는 자신의 항문에게 이렇게 말했다. "트릭스터의 항문아, 망을 보거라. 그리고 누가 다가오면 쫓아내라!" 그는 불가에 누워 눈을 감았고, 그동안 그

67 메르시에 드 콩피에뉴, 『방귀 예찬Éloge du pet』, An VII de la liberté, 2000.

의 똥구멍은 눈을 뜨고 있었다.

얼마 지나지 않아, 맛있는 오리구이 냄새에 이끌려 여우 몇 마리가 다가왔다. 트릭스터의 항문은 여우들을 쫓으려고 가스를 내뿜었다. 하지만 여우들은 별로 겁먹지 않았고, 구운 고기를 뜯어먹기 시작했다. 그러자 트릭스터의 항문은 공기를 한껏 빨아들였다가 그 도둑들의 주둥이에 대고 고약한 냄새가 나는 가스구름을 내뿜었다. 그랬더니 여우들이 줄행랑을 쳤다. 남아 있던 오리고기를 입안 가득 물고서.

잠에서 깨어난 트릭스터는 항문이 자기 말을 듣지 않은 탓에 사냥한 고기가 몽땅 사라졌다고 생각했다. 그는 화가 머리끝까지 치밀어 항문을 벌하기 위해 불속에서 시뻘건 숯덩이를 꺼내들어 엉덩이를 말 그대로 구워버렸다.

이 전설의 다양한 버전이 여러 인디언 종족들 사이에 떠돌았다. 그중 하나에서 트릭스터는 바람에게 자신의 엉덩이 사이로 바람을 불어넣어 화상을 진정시켜달라고 부탁한다. 그렇지만 어느 버전이든 결말은 똑같다. 트릭스터가 벌건 숯덩어리 사이에서 노릇노릇한 고깃조각들을 주워들고 희열에 찬 채 탐욕스럽게 뜯어먹으면서, '자가 식인'이라는 최고조의 피날레로 이야기는 끝난다. 그렇게 맛있게 먹고 있는 그 고깃조각들이 바로 자신의 내장이라는 사실을 깨닫지 못하고……

일본 전설에는 항문과 관련있는 다양한 피조물들이 이리저리 돌아다닌다. 우리는 이미 항문으로 영혼을 빼 먹는 갓파를 만났다. 이제 또다른 익살스러운 요괴 '시리메'를 만나볼 차례다. 시리메의 외양은 인간과 거의 비슷하지만 얼굴이 없다. 이 요괴는 밤중에 우연히 만나는 사람들을 공포에 떨게 만드는 걸 아주 좋아한다. 입고 있던 기모노를 들어올려 그들에게…… 자신의 눈을 보여주는 것이다! 엉덩이 한가운데 항문 대신 박혀 있는 동그랗고 툭 튀어나온 외눈이 재수없게 그와 맞닥뜨린 사람들을 수수께끼 같은 표정으로 노려본다. 하지만 시리메는 별다른 이유가 없다면 심술을 부리지 않는 요괴로, 이러한 행동도 그저 장난일 뿐이다.

항문에 관한 상징이 풍부한 일본 창조 신화 중에는 일본에 밤과 낮이 교대로 나타나게 된 이유에 관한 신화가 있다. 칠흑 같은 요미(죽은 자들의 왕국)에서 돌아와 세상을 창조한 신 이자나기는 신도神道의 제신들 가운데 세 명의 주요 신을 낳았다. 그 가운데 태양의 여신 아마테라스는 이자나기의 왼눈에서 태어났고, 달의 신 쓰쿠요미는 오른눈에서 태어났다. 그리고 폭풍우의 신 스사노오는 이자나기의 코에서 나왔다. 어느 날 쓰쿠요미가 풍요의 여신 집에서 저녁 식사를 하다가, 그 여신이 자신의 콧물과 항문 분비물로 만든 요리를 내놓은 걸 알고 구역질이 나 화를 이기지 못하고 그녀를 죽여버렸다. 그 일로 누이인 태양의 여신은 다시는 그를 보고 싶어하지 않았기 때문에 오누이는 하늘에서 번갈아 나타나게 되었다고 한다.

불가사의한 직장의 세계

연금술사와 신비주의자의 연금술 어휘사전에는 직장과 관련된 속어와 유사한 표현들이 나타난다. 비의적인 고행의 첫 단계는 '배출시키는 길'이라 불린다. 속세의 삶에 대한 초연함을 기르는 수련은 우선 자기 밖으로 찌꺼기들을 내보내는 것이다. 연금술에서도 확실한 방법에 대해 말하면서 비슷한 지점을 설파한다. 제대로 불순물들을 밖으로 내보내고 영적 인식의 높은 단계에 오른다. 불순물을 밖으로 내보내 물질이 작용하게 하기 위해서, 마술사는 불순물이 나갈 통로를 선택한다. 그는 마치 연인처럼 축축한 경로와 건조한 경로, 아니면 더 은밀한 짧은 경로 중에서 선택할 수 있다.

항문에 관한 상징체계는 언제나 두 우주의 중심에, 좌우 대립 구조를 이루는 습곡에 항문을 위치시킨다. 이 상징체계는 사육제의 양가적인 정신을 요동치게 해, 모든 것이 다 허용되는 기간 동안 기존의 일상적 가치들을 뒤집어엎는다.

몹시 수치스러운 것, 양면성을 지니고 이분화된 것은 연금술적 변환, 게임의 치환, 성의 도치•, 사육제의 변장, 사물의 어두운 이면…… 같은 반전이 일어나는 항문을 가리킨다.

회전하는 데 따라서 때로는 이롭고 때로는 해로운 그 눈(항문)은 조르주 바타유가 말하는 두 얼굴을 가진 태양이다. 싹 난 감자, 부

• 유전적인 성性이 반대의 성으로 전환하는 것. 주로 19세기 후반과 20세기 초 성에 관해 연구하던 학자들이 동성애를 지칭하기 위해 사용한 용어.

패되어 끈적거리는 것, 우리의 머릿속을 끈질기게 맴도는 죽음과 삶의 알레고리인 '태양의 항문The solar anus'은 마치 일종의 일식처럼 감정에 영향을 미치면서 우리를 매혹하고 두려움을 불러일으킨다.

바타유는 그의 논문에서 이렇게 역설한다. "수학적인 명료함과 영적인 고양"의 보편적인 상징인 이 플라톤적 태양의 관념을 변화시키기 위해서는 태양을 집요하게 노려보는 것만으로 충분하다. 왜냐하면 "태양을 똑바로 쳐다보고 있으면 태양은 더이상 빛 속에서 드러나는 생산물이 아니라 작열하는 아크등에서 뿜어져나오는 공포스러운 폐기물이자 타고 남은 재일 뿐이기 때문이다. 실제로 똑바로 노려본 태양은 머릿속으로 하는 상상의 사정이나 입에 문 거품, 간질병의 발작 같은 것이다. 우리가 쳐다볼 수 없는 태양이 완벽하게 아름다운 것과 마찬가지로, 우리가 쳐다보는 태양은 끔찍하게 추한 것으로 생각될 수 있다."[68]

어느 쪽으로 접근하든 간에, 항문은 언제나 서로 분리할 수 없는 2개의 상반된 면을 상징한다. 성욕을 자극하는 한편 경멸의 대상이기도 한 그것은 성적으로 끌리기 때문에 경멸스럽고, 경멸스럽기 때문에 성적으로 끌린다.

보편적 변증 논리를 가진 항문의 상징계는 다양한 양면으로 회절된다.

68 조르주 바타유, 「썩은 태양Soleil pourri」, 『Documents』, 1930.

양과 음
삶과 죽음
물질과 정신
어둠과 빛
남성과 여성
열림과 닫힘
안과 밖
능동적인 것과 수동적인 것
미와 추
제정신이 아닌 것과 제정신인 것
주인과 노예……

검은색과 흰색, 딱딱한 것과 물렁한 것, 여성적인 것과 남성적인 것 등등, 이러한 양면은 단면에 미묘한 차이를 부여하면서 다채롭게 번쩍거리며 끊임없이 서로 결합하고 또 결합하면서 인간 정신의 무한한 복잡함을 나타낸다.

창조 신화와 항문

브라질의 싱구강에서부터 중앙아메리카까지, 아마존에서 베네수엘라까지, 그리고 폴리네시아군도 전체에 다음과 같은 신화가 널리 퍼져 있다. 땅속에 기형적인 존재들이 목숨을 부지하며 살아가고 있는데, 이들은 신이 인간을 창조할 때 제일 처음 만들었다가 실패한 존재들이다. 이 괴물들은 이스터섬의 땅 밑에서 어떤 원시적인 신의 정액으로부터 생겨났거나 하와이섬의 붉은 점토로 빚어졌기에 영혼의 숨결을 받지 못했다. 그 불완전성 때문에 물질 상태로 남은 것이다. 남아메리카의 유파족 신화에 등장하는 피핀투처럼 시간이 촉박해 대충대충 만든 괴물들은 소화관이 없어서 오로지 연기만 먹고산다.

오스트랄 제도에서 최초의 인간은 항문이 둘이고 등이 서로 달라붙은 샴쌍둥이가 분리되면서 생겨났다고 전해진다. 어느 날 샴쌍둥이 중 한쪽이 타로감자를 먹은 뒤 배설을 하려고 자기 몫의 몸을 땅 쪽으로 끌고 가자 나머지 반쪽이 떨어져나가 하늘로 올라갔다고 한다.

범속한 물질과 고양된 정신의 변증법은 중국 신화에서 비휴貔貅 전설을 통해 전해진다. 용왕의 아홉번째 아들인 비휴는 날개 달린 사자다. 어느 날 그는 감히 천상의 법을 어겼다. 옥황상제는 이 모욕에 대한 대가를 치르게 하기 위해 그가 금은보화 외에는 아무것도 먹지 못하게 만들었을 뿐만 아니라, 몸에서 항문도 아예 없애버렸다…… 영원히 처량한 보물상자 신세를 면할 수 없게 된 불쌍한 비휴는 그렇게 중국인들의 가정에 행운과 부를 가져다주는 상징적인 동물로 자리잡았다.

신체기관을 통한 영양분의 신진대사, 위장의 연동과 소화는 상징적인 의미에서 임신과 흡사하다. 모든 창조 신화는 배 속에서 생명이 싹을 틔우고 자라는 대지, 어머니이자 양육자인 대지와 인간을 연관시키면서 인간의 기원을 묘사한다.

그후로 인간은 문화를 창조했다. 부를 축적하여 배 속에 보존하겠다는 엄청난 계획을 품고, 땅을 일구기 시작했다. 그로부터 역사가 시작되고, 지배와 착취, 이윤과 전쟁…… 같은 것들이 등장했다.

유일하게 전도된 근원인 항문은 이의를 제기하고 항의한다. 이 작고 교활한 항문은 도망친다. 어떤 상황에서든지 항문은 구속에서 빠져나오고, 전쟁에서 달아나고, 세상을 조롱하며 제멋대로 움직인다. 그러다 지긋지긋해지면, 또 그저 달아난다.

배설물이 나오는 것을 참을 수 없고, 금을 쌓아둘 수도 없는 항문은 논리적으로 생각해볼 때 당연히 증여나 낭비의 개념과 연결된다. 항문은 야만적이고 관대하고 방탕하며 방랑하는 기관이자, 자유와 무상의 기관이다. 돈을 벌어들이는 일에는 전혀 관심이 없고, 심지어 잃어버린 낙원을 되찾는 일에도 관심이 없다. 하지만 반대로 이 행운의 불사조는 손실이나 낭비를 보물로 만들 수 있다.

병원균으로 가득찬 이야기들이 입에서 입으로 전해지던 시대에, 똥 대신 돈을 펑펑 누는 당나귀는 '횡재'라는 개념을 아주 잘 표현해주었다. 느닷없는 횡재는 우연히 또는 기분에 따라 주어지기도 하고, 잃기도 하고, 발견되기도 한다. 봉급도 유산도 아닌 횡재는 가난한 사람, 무식한 사람, 게으름뱅이, 도둑 들에게 안겨주는 뜻밖의 기쁨이다. 재능이나 공적으로 얻어지는 것이 아니며 타고나는 것도 아니다.

당나귀의 전략

금똥을 누는 당나귀가 『당나귀 가죽 공주』에 등장한 것은 유감스러운 미스캐스팅이다. 샤를 페로의 이 동화에 이어 디즈니 영화에서도 당나귀에게 전혀 어울리지 않는 역할을 맡겼다. 세습재산, 법적으로 획득한 양도할 수 없는 유산, 축재의 원형 같은 역할 말이다. 이는 자유롭게 구전되어온, '당나귀가 실어온 횡재'라는 주제와 완전히 모순된다.

콜럼버스 이전 시대에, 항문의 밝은 측면은 아즈텍의 성적 쾌락과 자유연애의 여신 틀라솔테오틀•로 구현되었다. 이 여신은 인간에게 해로운 뱀신 케찰코아틀을 항문으로 쉴새없이 빨아들인다. 그래서 인간들은 그녀에게 오줌 세례를 공물로 바치고 그녀의 발밑에 자신의 배설물을 갖다놓으면서 숭배한다.

그러거나 말거나, 항문은 유쾌한 것이다. 항문의 상상계는 온 사방으로 모험을 펼친다.

• '배설물을 먹는 자'라는 뜻.

프랑스의 항문

세계 도처의 집단적 상상계를 살펴보면, 아주 깊숙한 오지 쪽을 정확히 가리키는 항문을 곳곳에서 찾아볼 수 있다.• 프랑스 북부의 트리푸이레주아Trifouilly-les-Oies, 프랑스 남부의 퀴주Cuges, 페타우슈노크Pétaouchnok, 페르페트레잘루에트Perpette-les-Alouettes, 생프로퐁 데 크뢰Saint-Profond-des-Creux 또는 퀘벡의 생클랭클랭데뫼뫼Saint-Clinclin-des-Meumeux…… 도처에 타타우인Tataouine(튀니지의 진짜 타타우인은 제외하고), 팜플륀느데리에르라륀느Pampelune-derrière-la-lune…… 하나하나 다 열거할 수 없을 정도로 많다!

2016년 프랑스에서 몽퀴크 사이클 대회를 조직할 때, (선수들의 사이클 행렬이 지나가지 않는데도 개들이 짖어대는) 누가 뭐래도 프랑스의 항문이라 할 수 있는 열두 지역을 차례로 지나갈 수 있는 방법을 찾아냈다. 대회에 참가한 아마추어 사이클 선수들은 르피옹도르, 아뉘스, 쉬에르오부아, 생트비에르주, 탕뒤, 푸알, 뷜보즈, 샤트, 글랑다주, 라 크로트, 되베르주, 사이를 경유해(이상하게도 에퀴스는 경유하지 않고) 몽퀴크에 집결해야 했다(장딴지의 힘으로).

개인적으로 나는 독일의 작센안할트 쪽이 세상의 항문이라 생각

• 이후 열거된 지명은 모두 볼기 사이에 깊숙이 숨어 있는 항문처럼 오지에 숨어 있다고 여겨지는 상상의 장소들이다.

하지만, 그건 오로지 나만의 관점이다. 프랑스의 항문에 관해 말하자면, 파리의 노트르담광장 바닥에…… 방위표시도로 그려져 있는 도로원표는 어떻게 생각해야 할까?!

결장 속에서의 명상

네덜란드의 디자이너 욥 판 리스하우트는 벨기에의 들판 한가운데에 사람이 들어갈 수 있는 거대한 결장을 설치해두었다. 그의 작품 『카스아뉘스CasAnus』가 바로 그것이다. 이 특별한 작품이자 숙소는 접이문으로 여행자를 맞이하는데, 여행자는 그 안에 머물며 명상을 할 수 있다(판 리스하우트 아틀리에, 2007).

엉덩이를 대고 앉는다. 자신에게 정신을 집중한다. 눈에 보이지 않는 무의식적이고 잠재된 이면이 떠오를 수 있도록 겉으로 드러난 자신의 모습과 의식을 조용히 잠재운다. 본능이 내장 깊숙한 곳에서 억압들, 자신을 속박하는 금기들을 몰아내도록 내버려둔다. 자기 자신으로 살아가지 못하게 하고 슬프고 우울하게 만드는 것들과 통과해나가기 어려운 모든 지저분한 것들 그리고 죄책감에서 벗어나 자유로워진다. 자리에서 일어나 몸에게 "좋아, 알겠어, 너는 더이상 치질로 고생하지 않아도 돼"라고 말한다. 나는 내 몸이 청결하게 느껴진다. 다른 사람들이 단언한, 나와는 관계없는 도덕원칙 때문에 죄의식을 느낄 필요가 없다. 나는 더이상 악으로부터 나를 보호할 필요가 없다. 나는 더이상 등뒤에서 악마의 공격을 받는 것을 두려워하지 않는다. 항문성교에 대한 나의 욕망은 양면적이다. 나는 그 사실을 받아들인다. 그리고 이제부터 그 주제에 대해 다뤄볼 것이다.

궁둥이로 보는 점괘

엉덩이 사이의 골로 미래를 읽는 능력이 모두에게 주어진 것은 아니다. 미국의 영화배우 실베스터 스탤론의 어머니 재클린이 그 재능을 타고난 유일한 사람인 듯하다. 그런데 그 선택받은 여자가 주장하는 바로는, 럼폴로지rumpologie(엉덩이 사이의 골 모양으로 성격을 분석하거나 미래를 점치는 점술)는 고대 그리스시대에 시작되어, 인도에서 바빌론까지 널리 퍼져나갔다고 한다.

그러므로 당신의 구멍에서부터 엉덩이 사이의 골까지 그어진 선에 당신의 미래가 새겨져 있다는 사실을 명심하기 바란다. 재클린 여사가 어떤 사람을 아주 철저하게 살펴보면 그의 눈앞에 그 사람에 관한 모든 것이 생생하게 펼쳐진다고 한다. 하지만 미래를 점칠 수 있는 건 항문만이 아니다. 엉덩이 골의 살집과 형태도 당신의 미래에 관해 많은 것을 알려준다. 물론 당신의 한성깔 하는 성격에 관해 여실히 말해줄, 당신만의 세세한 특징들과 의미심장한 결점들(털, 뾰루지, 몽고반점, 그 외의 점)에 대해서는 말할 것도 없다. 만약 점괘를 받고 싶다면, 궁둥이 사진을 찍어 스탤론 부인에게 보내라. 그렇다, 그는 세상에서 독보적인 존재다. 엉덩이 사진을 받고 당신에게 고마워할 유일한 존재이니까.

끝을 알 수 없는 구멍 안에서 찾아낸, 놀랍도록 다양하고 무궁무진한 물건들 4

피해자들의 말을 액면 그대로 믿는다면, 프랑스에서는 1초마다 1개씩 괴상야릇한 물건이 무고한 항문을 슬그머니 비집고 들어간다. 뭔가에 열중하고 있던 피해자의 엉덩이 밑에 하필 어떤 물건이 놓여 있었고, 운 나쁘게도 피해자가 미끄러지며 그 위에 털썩 주저앉는 바람에 예기치 않게 그 물건이 항문 안으로 쑥 들어가게 된 것이다. 이는 어떤 물건이라도 그 안에 집어넣을 수 있는 가공할 만한 전략이다. 항문에 넣는 물건들에 대한 상상력에는 직장이 허용하는 한 한계가 없다.

- 분무기(뚜껑이 달린 채로 또는 뚜껑 없이)
- 백열전구(막힌 변기를 뚫을 때 쓰는 갈고리로 빼낸 전구와 빗자루 손잡이로 빼낸 또다른 전구들)
- 북채
- 야구공, 당구공, 골프공, 탁구공, 테니스공……(사실 볼링공을 제외한, 온갖 공들)
- 물을 채운 풍선

- 젖병
- 빌보케[●]
- 재봉틀용 실패
- 플라스틱 상자, 금속 상자……
- 쉐이빙폼
- 양초
- 페탕크용 쇠공
- 맥주병, 콜라병, 샴페인병…… 입구는 좁고 몸통은 불룩한 각종 병들.
- 라이터
- 플라스틱 전나무 가지
- 머리빗
- 피복을 입힌 전선
- 주머니칼(접힌 채로)
- 탄약통
- 모래를 가득 채운 자전거 타이어 튜브(그 독창성에 경의를 표함)
- 구둣주걱
- 어린아이의 구두
- 스패너
- 종
- 진주 목걸이
- 스크류식 뚜껑들
- 연필
- 칫솔 케이스, 담배 케이스……

● 한쪽 끝에 공받이가 있고 끈에 공이 매달린 프랑스 전통 장난감.

- 버즈 라이트이어 인형(영화 '토이스토리' 시리즈의 주인공)
- 약병
- 샴푸병, 바디클렌저병……
- 자갈
- 플라스틱 물잔, 도자기 물잔……
- 지우개
- 작동중인 전자 장난감
- 돌돌 만 신문
- 손전등
- 수세미
- 안경
- 조이스틱
- 우산대
- 진공청소기 부품
- 27센티미터짜리 의자다리
- 코털 제거기
- 다리미 손잡이
- 19센티미터짜리 모종삽 손잡이
- 샤워꼭지
- 여자 인형
- 플라스틱 병정
- 세면대 배수관
- 만년필
- 찻잔
- 휴대폰(아마도 진동모드인)

- 스크루드라이버
- 폭죽
- 크림 튜브, 치약 튜브……
- 물 호스
- 꽃병
- 음료수 잔

하나가 아니라 여러 물건을 줄줄이 삽입한 경우도 있었다.

- 병 2개와 돌 1개
- 젤병과 금속 공(40세 남자의 직장에서 겸자를 이용해 추출한 것)
- 9센티미터x30센티미터 크기의 나무막대와 직경 6센티미터의 고무공 3개(49세 남성을 마취시킨 뒤 공기를 주입해 항문경로를 최대치로 팽창시킨 후 빼낸 것)

2004년 불가리아 남성의 결장에서 끄집어낸 2.5킬로그램짜리 금속 막대기와 캘리포니아에서 67세 남성의 결장에서 꺼낸 막대기(이 막대기들은 같은 것이었을까?)는 특기할 만하다.

8장
예술의 최고급 재료, 항문

"영화는 인공항문이다."

루이 스퀴트네르, 『나의 기록들』

자연 곳곳에서 항문을 우연히 만날 수 있다면,
문명사회에서도 모든 영역에 퍼져 있는 항문을 어렵지 않게 발견할 수 있다.
외설적인 시, 익살스럽게 방귀를 뀌어대는 무대예술•,
항문을 통해 자극적인 창의성을 표현하기 위해
우리는 수단과 방법을 가리지 않는다.
예술계에 확실히 자리매김하기 위해 사람들을 흥겹게 하거나
유쾌한 웃음을 함께 나누거나 동시대인들의 생각을 확장시키려 할 때,
항문은 항상 거쳐갈 수밖에 없는 주제다.
자신의 권총을 꺼내들지 말지는
저마다의 기질과 비평정신과 감수성에 따라 결정해야 한다.

• 20세기 프랑스에서 방귀 공연예술가로 널리 알려진 조제프 퓌졸은 무대 위에서 방귀를 마음대로 조절해가며 온갖 음악을 연주해 큰 인기를 누렸다.

세속적인 구멍의 동산

중세부터 르네상스시대까지 교회는 재능 있는 화가, 조각가, 건축가 들을 징발해 교회의 영광을 칭송하게 했다. 그러므로 붓이나 조각칼로 표현된 결과물들은 예술가의 창작력이 제대로 발휘된 것이 아니었다. 종교예술은 주문을 받아 작업한 예술작품이었다. 세속의 권력가들은 나름대로 이름값을 하는 환쟁이들에게 자신을 불멸화하는 임무를 맡겼다. 신의 대변인들은 최고의 천재 예술가에게 성당 천장 꼭대기에다 신을 찬양하는 임무를 맡겼다. 그 시대에는 색조가 다양하지 않았기 때문에 성자를 부각하기 위해 악마와 대비시켰다. 앞서 성당 정면의 석조물을 살펴보았던 것처럼, 선과 악의 이원론은 입과 항문관이라는 상징을 통해 인간의 영혼이 신의 입김과 악마의 속삭임 사이에서 흔들리는 모습으로 표현되었다.

소도미●를 찬양하는 『영혼의 자리, 소도미 찬가Le Siège de l'âme, éloge de la sodomie』(클로드 기용의 박학다식한 개론서로, 항문성교에 관한 더 많은 유익한 정보를 원한다면 이 책을 읽어보길 추천한다)에 실린 한 주석은 미켈란젤로가 시스티나성당의 천장에 그린 〈최후의 심판〉에 관해 다음과 같은 해괴한 이야기를 들려준다.

"이 화가는 아마도 잠들어 있거나 죽은 듯 누워 있는 사탄을 그려놓았다. 악마의 왼쪽 주먹은 한 남자의 항문 속에 손목까지 깊숙이 박혀 있다. 남자는 악마의 손아귀에서 벗어나려 한다. (……) 그의 오른손은 사탄의 팔 쪽으로 뻗어 있다. 소도미는 그런 식으로 주먹의 항문 삽입, 즉 미완성 상태의 피스팅fist-fucking●●을 통해 분명하게 상징화되어 있다. 남성 동성애자는 자신의 엉덩이에 달라붙어 있는 사탄의 몸뚱이를 끌고 다니면서 자기가 지은 죄에 대한 벌을 받는 것이다."

16세기 페르시아의 우주생성론인 〈12성좌의 인간〉은 이 세계를 태양을 무한히 삼키고 내뱉는 하나의 거대한 소화기관으로 묘사한다. 생애주기와 우주와의 합일이라는 이 주제는 1494년부터 시작해 1505년에 완성된 프레스코화 〈세속적인 쾌락의 동산Le Jardin

● 성기와 성기의 결합이 아닌 항문성교나 구강성교, 수간獸姦 등 소위 부자연스럽다고 일컬어지는 성행위의 형태를 통칭한다.

●● 항문 또는 질에 팔을 밀어넣는 성행위.

des délices〉에도 자유롭게 펼쳐져 있다. 르네상스시대의 플랑드르 화가 제롬 보슈의 이 작품은 야외에서 벌어지는 소란스러운 난교 파티 장면을 보여준다. 짐승과 사람이 서로 뒤얽혀 있고, 새들(새의 모습을 한 악마)은 항문을 드러낸 인간들을 집어삼키고 있다. 새에게 잡아먹히는 인간의 항문에서는 새로운 새들이 마치 똥처럼 줄지어 나온다. 배설물로 전락한 그들이 떨어지는 곳은 온갖 오물이 쌓이는 구덩이 안이다. 이 작품을 잘 관찰해보면 태어나고, 집어삼키고, 배설하고, 뚫고 들어가고, 낳고, 매장되고, 되살아나는 것을 영원히 반복하는 이 생애주기가 항상 하나의 구멍 속에서 일어난다는 사실을 알 수 있다. 이 원리는 곳곳에서 끊임없이 반복된다. 크게 벌어진 구멍에 빠진 온갖 종류의 피조물들이 서로 용해되어 남자와 여자, 어른과 아이, 가난한 자와 힘 있는 자, 동물과 식물, 눈구멍과 똥구멍의 구분이 사라지며 뒤섞여버리는 미분화 상태에 이른다. 마치 사육제에서 모든 것을 공개적으로 조롱하고 기존 질서를 모욕하면서 가면과 분장으로 자신의 모습을 마음대로 뒤바꾸는 것처럼 말이다.

항문을 위한 축제

중세에서 이제 막 벗어난 청춘기의 장난꾸러기 항문이 다시 태어난다! 항문은 활력이 넘치며, 진수성찬을 한껏 즐기고, 우레와 같은 소리를 내며 환희의 춤을 추는 행렬에 흠뻑 빠져든다.

팡타그뤼엘의 아버지인 거인 가르강튀아의 어마어마한 인생. 그 옛날, 연금술사 알코프리바• 씨가 만들어낸 정수精髓. 1534년에 출간된, '팡타그뤼엘리즘'•• 으로 가득찬 이 책은 오늘날 프랑수아 라블레의 『가르강튀아』로 더 잘 알려져 있다. 기지와 혈기와 영감으로 가득찬 이 소설에서, 라블레는 자신의 위대한 교육원칙인 '하고 싶은 대로 하라'에 따라 인생을 자유롭게 즐기는 인물을 묘사한다. 이 책의 4장에서 원전에서 발췌한 대목을 함께 살펴보았는데, 이제 이 단락 전체를 음미해보기로 하자. 그랑구지에는 어떻게 밑을 닦는 기발한 방법들에서 가르강튀아의 놀라운 지성을 알아보았는가.

가르강튀아가 다섯 살이 다 되어갈 무렵, 카나리아 군대를 격퇴하고 돌아온 그랑구지에는 아들 가르강튀아를 보러 갔다. 자신에게 그런 아들이 있다는 데 대해 아버지로서 큰 기쁨에 사로잡힌 그는 아들에게 입을 맞추고 꽉 끌어안으며 온갖 사소하고 실없는 질문들을 퍼부었다.

그러고는 아들과 시녀들과 함께 거나하게 취할 때까지 퍼마시면서 아이를 청결하고 단정하게 돌보았는지 유독 궁금해하며 물었다.

그러자 가르강튀아는 자기는 아주 깨끗하게 몸 관리를 하기 때문에 온 나라 안에 자기보다 더 깨끗한 사내아이는 없다고 대답했다.

• 프랑수아 라블레는 『가르강튀아』를 처음 발표할 때 '알코프리바 나지에'라는 가명을 사용했다.

•• 평화로이 즐겁고 건강하게 언제나 좋은 음식을 먹으며 사는 것을 지향하는 쾌락주의.

— 몸 관리를 어떻게 하느냐? 그랑구지에가 물었다.

— 아주 오랫동안 세심하게 실험한 끝에, 아직까지 본 적이 없는 가장 고상하고 귀족적이고 탁월하고 효과적인 엉덩이 닦는 법을 발견했어요. 가르강튀아가 대답했다.

— 그게 무엇이냐? 그랑구지에가 물었다.

— 지금 당장 말씀해드릴게요. 가르강튀아가 말했다.

한번은, 어떤 아가씨의 벨벳 목도리로 밑을 닦았는데 정말 끝내줬어요. 비단처럼 보드라워서 항문에 닿는 느낌이 아주 좋았거든요. 또 한번은 그 아가씨의 두건으로 닦아봤는데, 결과는 똑같았답니다. 또 한번은 목수건으로 닦았고요.

다른 한번은 진홍빛 새틴으로 만든 귀덮개로 닦았는데, 거기에 지랄같이 많이 붙어 있는 작은 진주와 금으로 만든 장식 때문에 살갗이 홀라당 벗겨져버렸어요. 성앙투안의 불길이 그것을 만든 보석 세공인의 똥구멍과 또 그것을 쓰고 다닌 아가씨의 똥구멍을 모두 불태워버리기를! 스위스 근위병의 모자처럼 깃털 꽂힌 시종의 헝겊 모자로 밑을 닦자, 그 고통은 사라졌지요. 그후 덤불숲 뒤에서 똥을 싸다가 3월에 태어난 고양이를 발견하고 그 녀석으로 밑을 닦았는데, 녀석의 발톱이 제 밑을 마구 할퀴어 큰 상처를 냈답니다.

그다음날 향기나는 어머니의 장갑으로 밑을 닦았더니 상처가 아물었어요. 그뒤로 샐비어, 회향풀, 딜, 꽃박하, 장미, 호박잎, 양배추, 근대, 포도나무 이파리, 접시꽃, 버배스컴(이걸로 밑을 닦으면 엉덩이가 새빨갛게 물들어요!), 상추, 시금치 잎(이것들은 하나같이 쓸모없었어요!),

산쪽풀, 여뀌, 쐐기풀, 컴프리로 밑을 닦았는데, 그러느라 저는 롬바르디아 사람처럼 피똥을 쌌고, 제 바지 앞섶으로 밑을 닦고 나서야 겨우 나았어요.

그러고는 양탄자, 모포, 커튼, 방석, 카펫, 초록색 도박판, 행주, 머리쓰개, 손수건, 실내복으로 뒤를 닦았지요. 이것들은 모두 옴에 걸린 사람이 누군가가 긁어줄 때 느끼는 쾌감보다 더 큰 쾌감을 느끼게 해주었어요.

— 그랬군, 그런데 그중에서 어떤 밑씻개가 제일 좋더냐? 그랑구지에가 말했다.

— 이제 다 끝나가요, 곧 결론을 말씀드릴게요. 가르강튀아가 말했다. 저는 건초, 짚, 대마, 털 뭉치, 양털, 종이로 뒤를 닦았지요. 하지만 더러운 엉덩이를 종이로 닦는 자는 언제나 불알에 유혹을 남기게 될지니. (……) 그후에, 저는 머리쓰개, 베개, 실내화, 전대, 바구니(얼마나 기분 나쁜 밑씻개던지!), 그리고 모자로도 닦아봤답니다. 가르강튀아가 말을 이었다.

모자 중에는 털이 짧은 펠트 모자, 털모자, 벨벳 모자, 호박단 모자, 새틴 모자가 있었지요. 그중에 으뜸은 바로 털모자랍니다, 엉덩이에 묻은 것을 아주 깔끔하게 닦아낼 수 있거든요.

그뒤로 저는 암탉, 수탉, 병아리, 송아지 가죽, 토끼, 비둘기, 가마우지, 변호사의 가방, 수도사의 두건, 철갑 투구, 미끼새로도 밑을 닦아봤지요.

하지만 결론적으로 말씀드리자면, 솜털이 보송보송한 새끼 거위만큼 훌륭한 밑씻개는 없습니다. 그 녀석의 대가리를 다리 사이에 끼운 채 붙들고 있기만 하면 되니까요.
명예를 걸고 드리는 말씀이니 제 말을 믿으세요. 솜털의 부드러움도 그렇지만 거위의 적당한 체온으로도 엉덩이 구멍에 놀라운 쾌감을 느낄 수 있는데다, 그 쾌감은 직장과 다른 내장으로 전해져서 심장과 뇌가 있는 곳까지 다다르거든요.
노파들의 말만 듣고, 천국에 사는 영웅이나 반인반수들이 수선화, 신들의 음식과 술에서 천상의 행복을 맛본다고 생각하지 마세요. 제 생각에 천상의 행복은 거위로 밑을 닦는 데 있습니다.

항문 찬가

자고로 자유에 대한 갈증 외에는 어떤 한계도 없는 시인들은 때때로 항문의 영광을 기리는 찬가를 쓰는 데 즐거움을 느꼈다.

고대 로마의 풍자시인 마르티알리스는 '에피그램'이라는 엄청난 분량의 신랄한 경구시를 써냈다. 태어나서 죽을 때까지(대략 40년~104년 전후), 이 라틴 시인은 온갖 주제를 종횡무진하며 1500편이 넘는 시를 썼다. 그중에는 당연히 항문에 관한 시도 있었다.

"그대가 가슴과 다리와 팔의 털을 뽑으면서
페니스 주위의 털만 짧게 깎아 남겨놓은 이유는,

분명하다, 바로 그대의 정부 때문이지, 라비에누스여.
그런데 라비에누스여, 그대가 엉덩이 구멍의 털을 뽑는 것은 누굴 위한 것이냐."
"너의 시동은 음경이 아프지만, 나에볼루스여, 그대는 항문이 아프구나.
나는 신이 아니지만 모든 걸 훤히 알지."

1872년에 랭보와 폴 베를렌이 쓴—젊은 시절의 작품들에서 그 자신을 화장실의 아다마스토르•, 낮은 곳의 제우스라고 묘사하고 있듯이—불의나 망각을 바로잡는 유명한 시 「항문 소네트sonnet du trou du cul」는 알베르 메라가 1869년에 발표한 시집 『우상L'Idole』에 치기어린 경의를 표하며 시인이 빼먹었던 이 부위를 보충해 신체부위의 목록을 완성하고 있다.

보라색 패랭이꽃처럼 어둡고 주름진 것,
그것이 숨을 내쉰다, 뽀얀 볼기짝에서부터
접힌 골 안으로 부드럽게 흐르는
여전히 축축한 사랑의 거품 사이에 겸허하게 웅크린 채로.

눈에서 흐른 젖 같은 심줄들은

• 그리스 신화에 나오는 거인. 신들을 향해 산을 내던지며 공격하다가 신들이 내던진 산에 깔려 죽었다.

그들을 떼미는 잔인한 바람 속에 울었다,
작게 엉긴 붉은 이회암덩어리들을 지나
둔덕이 그들을 부르는 곳으로 가서 길을 잃었으니.

나의 꿈은 그 빨판과 자주 만났고
물질적 교미에 시샘하는 나의 영혼은,
그것을 야수의 눈물받이와 흐느낌의 둥지로 만들었다.

그것은 황홀한 올리브 열매, 감미로운 피리,
그것은 천상의 설탕과자가 내려오는 관,
축축함으로 가득한, 여성적인 가나안!

미국 시인 앨런 긴즈버그는 1956년 발표한 시 「울부짖음Howl」에 대한 주석에서 '세상은 거룩하다! 영혼은 거룩하다! 살도 거룩하다! 코도 거룩하다! 혀와 성기와 손과 항문도 거룩하다!'라고 부르짖었다. 그로부터 30년 후, 그는 자신의 항문에 관해 이런 찬가를 쓴다.

괄약근

나의 늙은 항문이 잘 버텨줬으면 좋겠다
60년을 버텨왔지만 아직도 쓸 만한 편이다

볼리비아에서 치열수술을 받고도
알티플라노병원에서 살아남았다
—약간의 피, 용종 없음, 그리고 때때로 남근, 콜라병, 양초, 홍당무,
바나나 그리고 손가락들을
선뜻 받아들이는—열성적이고 활동적인 작은 치핵
지금은 에이즈 때문에 겁을 먹었지만, 그럼에도 여전히
열렬히 봉사할 준비가 되어 있다—
오물들이 나가고, 오르가슴의 친구가 콘돔과 함께 들어온다—
쫀득쫀득한 근육을 여전히 간직한 채로,
환희를 맛보기 위해 대담하게 활짝 벌어진 채로
그러나 앞으로 20년 뒤에는, 누가 알까?
늙은이들은 온 전신이 다 아프다—
목, 전립선, 위, 관절들—
이 늙은 구멍이 끝까지
긴장을 풀고, 젊음을 유지하길 바라자.

불온한 충동

17세기 내내 반종교개혁에 의해 억압당한 수많은 자유로운 정신들이 화형에 처해졌다. 동성애 혐의로 공식 기소된 남성 작가 테오필 드 비오, 자크 쇼송, 클로드 르 프티는 자신들이 그보다 교회 권력

과 군주 권력을 비판한 것 때문에 공격받고 있다는 사실을 분명하게 알고 있었다.

그들은 더이상 잃을 것이 아무것도 없었기 때문에, 완곡어법을 쓰거나 에둘러 말하지도 않고 마지막까지 신랄한 기지를 글로 표현했다. 클로드 르 프티의 『뮤즈들의 매음굴Le Bordel des Muses』에 실린 이 소네트도 그 가운데 하나다. 이 시로 말미암아 그는 결국 그레브 광장에서 화형당하는 대가를 치렀다.

프리아포스•와 바쿠스의 추종자들,
야경대의 원기 왕성한 장교들,
마르지 않는 불알들의 존경할 만한 색골들,
처녀를 범하는 데 선수인 작자들, 오쟁이 지는 데는 둘째가라면 서러울 대가들.

그리고 그대들, 매춘부들, 무적의 엉덩이들,
그대들은 우리의 페니스로 침대 기둥을 만든다,
방탕하게 살아가는 부인들, 즐거운 석루조들,
그대들, 비겁한 갈보놈들과 자크 쇼송을 흉내내는 자들.

모두들 이 음탕한 뮤즈들의 매음굴로 오시라

• 그리스 신화에 등장하는 풍요와 생산력의 신.

사티로스의 담화에서 즐거움을 느끼는 정신은
분명히, 그 화음을 들으며 사정을 하리라.

이 책은 불길을 두려워하지 않고 꽃을 피우리라,
우리는 육체의 쾌락을 위해 차디찬 장소도 참고 견디니,
영혼의 쾌락을 위해서라면 훌륭히 견디리라.

이 절망적인 색골에 관한 유명한 시집 『매음굴Bordel』에는 「음부는 싫고 엉덩이가 좋아Contre le con et pour le cul」라는 소네트가 수록되어 있었지만, 안타깝게도 시인의 처형 이후 분실되어 영영 볼 수 없게 되었다.

이 불온한 시인들은 무엇보다 가장 비천하고 저속한 것들을 좋아한다고 공공연하게 말한다. 그들의 극단적인 표현은 그 시대의 성행위보다는 불온한 충동에 관해 더 잘 말해준다. 관습을 전복하고, 권위를 뒤집어엎고, 전제정치를 뒤에서 조롱하고, 종교의 원칙들에 성수채를 흔들어대는 등, 비난받아 마땅한 충동은 바로 그런 것들이다. 권위가 그들을 화형에 처한 것은 실수가 아니었다……

계몽주의시대의 리베르탱•들은 간접적인 방식으로 혁명 정신을 불러일으키겠다는 매우 분명한 의도를 가지고 그뒤를 이었다. 귀족 처녀의 교육에 완성도를 기하려는 목적으로 사드 후작의 『밀실에서나 하는 철학』••은 순결과 정숙함을 강요하는 도덕을 확실하게

걷어올리고 엉덩이를 힘껏 움켜쥐었다. 이 소설에는 귀족들이 그들의 특권인 양 아무런 제재도 받지 않고 가장 약한 자들을 마음대로 강간하는 장면이 난무하는데, 이는 당시 하층민들에 대한 용납할 수 없는 권력의 지배를 규탄하는 의도였다. 사드가 순결성을 빼앗고 싶었던 것은 숫처녀들의 음부보다는 사회 전체의 항문이었다.

"사실 저는 여자들에게 경의를 표하는 의미에서, 여자의 몸에서 자연이 정해준 제단만을 탐합니다"라고 고백하는 기사 미르벨에게, 남색가 돌망세(벨벳 늑대가면을 쓴 그가 사드 후작이라는 사실을 짐작할 수 있다)는 이런 흥미로운 대답을 한다.

"그것참! 하지만 자연이 가리키는 건 바로 엉덩이일세! 친애하는 기사여, 자연의 법칙을 자세히 들여다보면 우리가 경의를 표해야 할 제단은 뒤쪽 구멍뿐이라네. 다른 구멍도 허용하긴 하지만, 바로 그곳이라고 정해둔 것일세. 아! 제기랄, 뒤로 하는 것이 자연의 의도가 아니라면 어찌 그렇게 정확하게 남자들의 성기에 딱 맞춰서 그 구멍을 뚫어놓을 수 있겠는가? 그 구멍은 성기처럼 둥글지 않던가? 아무리 상식과 담쌓고 사는 사람이라 해도 타원형 모양의 다른 구멍은 둥근 성기를 위해 만들어진 게 아니라는 것 정도는 충분히 예상할 수 있어! 그 기형적인 생김새를 보면 자연의 의도는 명

● 종교와 사제들의 권위와 신앙에 회의적이었던 16세기 말에서 17세기 프랑스의 자유사상가들을 이르는 말.

●● 음탕한 생탕주 부인과 호색한 돌망세, 그리고 젊은 기사 미르벨이 순진무구한 귀족 처녀 외제니에게 섹스의 모든 기법과 철학을 가르치는 대화체 소설.

백하지. 그러니까 그 생김새를 보면 자연은 그 부위를 과하게 사용하지 말라는 게 분명해. 그쪽으로 하는 건 자연이 우리에게 관용을 베풀어 가능한 생식행위일 뿐이니까.[69]

이것이 바로 그 철학자가 공화주의자가 되고 싶다면 더 분발해야 한다고 프랑스 사람들을 설득하기 위해 규방 안에서 토론을 시작하는 방식이다. 그러고 나서 그는 '용기를 내!'라고 선동하기 위해 덤프트럭 몇 대 분량의 파렴치한 언행들을 거침없이 행한다!

어두운 시기

프랑스대혁명이 일어나고 백 년이 지난 뒤, 자연주의 작가들은 타락한 시궁창을 아주 좋아한다는 비난을 받았다. 〈레트리유L'Étrille〉지에 실린 알프레드 르 프티의 한 풍자화는 에밀 졸라를 '프랑스 국기 위에다 똥을 누는' 돼지로 표현하고 있다.[70] 그리고 카미유 르모니에• 역시 천박한 주제(매춘, 음주벽, 부자연스러운 변태성욕)에만 매달린다고 비난을 받았다.

"어느 날 밤 그는 꿈을 꾸었다. 그 꿈속에서 그는 밭이 되었고 질투에

• 19세기 말 벨기에의 자연주의 소설가이자 미술 평론가.

69 사드 후작, 『밀실에서나 하는 철학』, 1795.

70 〈L'Étrille〉 n°1, 1898년 2월 6일자.

사로잡힌 주인이 그의 창자에서 마지막 피를 뽑았다. 경이로운 노력 끝에 양배추, 홍당무, 무, 감자 들이 그의 몸에서 나왔다. 하지만 그게 다가 아니었다. 주인은 폭군 같은 의지로 그에게 쉼없이 뭔가를 낳을 것을 강요했다. 그리하여 마침내 내장이 쏟아져나왔고, 박해자는 그것들을 집어삼켰다. 죽음의 고통을 겪으며, 그는 임종의 순간이 왔음을 느꼈다. 자신의 흔적들 속에서, 내장들에서 빠져나오기 위해, 그는 불현듯 잠에서 깨어났다."

카미유 르모니에, 『엠니아Emnia』

이 작가들은 대중의 '영혼을 고양'시키고자 하지 않았기 때문에 '도덕적인 작품'을 쓰지 않았다. 19세기 말 부르주아 낙관주의는 귀족적인 것, 고상한 예술, 외관을 멋있게 장식한 벨 아르bel art(아름다운 예술)를 잃은 것을 아쉬워했다. 동시에 현실을 노골적으로 드러내는 것을 공격하고 이의를 제기했다. 작가들이 까발리는 현실에서 진보의 이상은 타락에 빠져들고, 위생의 이상은 건강하지 못한 부패에 빠져들며, 질서의 이상은 범죄에 대한 혐오로 무너지고 있었다. 진보가 걷잡을 수 없이 이루어지면서 세상을 혼돈에 빠뜨렸다.

퇴폐적인 춤

세월이 흐른 뒤 돌이켜보면, 왕위계승전쟁의 시초부터 2차세계대전의 종식까지, 르네상스 이후로 서양을 지배해온 예술표현양식의 구조가 매우 빠르게 무너져내렸다는 것을 알 수 있다. 사회적으로나 심리적으로나 불안정하게 요동치는 시대는 정치, 과학, 철학, 종교적 양상에 인간을 끌어들인다. 인류의 생명력의 징후인 예술도 당연히 예외일 수 없다.

19세기에 지배적이었던 사실주의로부터, 예술은 부조리나 허무만큼이나 절대絶對를 떠올릴 수 있는 추상을 향해 조금씩 나아간다. 미술사가 장 폴 쿠팔은 이 시기를 '아누스 문디Anus Mundi'라는 용어로 지칭한다.[71] 이 시기의 작품들에서 신경증의 미묘한 향기가 풍겨나오며 항문에 관한 죄의식을 드러낸다. 예술에서 항문성애는 연금술, 악마(상징주의자), 예술 고유의 타락(낭만주의 작가), 비참함이 들끓어대는 시궁창(사실주의자), 요강 안에 싸놓은 똥(현대예술가)과 같은 모습들을 통해 표현된다.

데카당(퇴폐파 예술가)들이 춤을 추기 시작한다!

'그래, 건장한 남자가 가냘픈 소녀에게 끌리는 것과 마찬가지로, 이 여자 곡예사는 기질적으로 나처럼 허약하고 구부정하고 기력 없는 인간을 분명 좋아할 거야'라고 데제생트는 생각했다. 자신을 들여다보고 마음속으로 그런 비교를 하고 있자니, 자신이 여성화되고 있다는 느낌이 들기 시작했다. 그는 빈혈기 있는 소녀가 자신을 으스러지도록 안

71 장 폴 쿠팔, 『아누스 문디 시대의 예술과 문학의 현대성Les modernités artistiques et littéraires à l'ère de l'Anus Mundi』.

아줄 수 있는 힘이 장사인 무지막지한 남자를 열망하듯, 정말로 이 여자를 소유하고 싶다는 생각이 들었다.

미스 우라니아와 그는 성을 거래했고 그는 흥분했다. 그는 '우린 서로에게 운명지어진 거야'라고 확신했다. 그때까지 혐오해왔던 난폭한 완력에 대한 갑작스러운 찬미는 마침내 타락의 구렁텅이에 대한 터무니없는 매혹, 기둥서방의 볼품없는 애정에 비싼 대가를 지불하며 만족하는 저급한 매춘의 매력과 한데 뒤섞였다.

조리스 카를 위스망스, 『거꾸로À rebours』

항문 히스테리

그래, 신학 따위가 대수인가! 오늘날은 목적론의 시대, 다가오는 종말을 묘사하는 시대다. 학파들의 싸움은 끝났다! 이제는 아카데미즘의 외피에서 벗어나, 그 누구도 하느님이나 영주의 초상화를 그리려 하지 않는다. 작품들이 주문 생산되던 시대는 끝났다! 규칙을 벗어던지는 것에 열중하게 된 예술가는 신성모독과 과도한 외설에 흠뻑 취한다. 그럼에도 불구하고 여전히 당대의 권력에 종속되어 있다. 신을 모욕한다 하더라도, 은밀하게 숨어서일 뿐이다.

『성의 전설La Légende des sexes』은 서문에서부터 그 의도를 밝힌다. "항문 괄약근의 수축력을 최초로 사용한 것은 우리들일까?" 빅토르 위고의 『세기의 전설La Légende des siècles』을 조롱하는 듯한 반향이 울려퍼지는 에드몽 아로쿠르의 이 히스테릭한 명상시집은 1883년 『허리 아래의 서사시Épopée du bas-ventre』로 은밀하게 발표되었다. 「부끄러운 소네트Sonnet honteux」도 거기에 실린 시다.

신의 깊숙한 항문이 무無 위로 열리고,
검은 어둠이, 천사의 가호 아래 펼쳐진다.
그의 영광을 노래하는 천국 가까이에 앉은
신은 그 거대한 배에서 나온 배설물로 인간을 만든다.
희망으로 가득찬 우리는 벌어진 괄약근을 향해
빛과 진흙으로 빚은 원초적인 사발을 굴린다,
그러자 그 이해하기 어려운 혼합물을 반죽하는 것에 싫증이 난,
생각에 잠긴 조물주는 투덜거리면서 우리를 밀어낸다.

그로부터 60년 뒤, 『아이Le Petit』라는 제목의 짧은 에세이집 63부가 역시 은밀한 루트를 통해 배포된다. '루이 트랑트'라는 필명으로 선과 악에 대해 캐묻고, 신에게서 벗어나고자 '신'이라는 단어를 대문자로 써 특별히 환기시키는 이 작가는 바로 조르주 바타유다. 여기에 몇몇 대목을 소개한다.

—인간의 한 부분을 몰아내고, 삶에서 그 부분을 박탈하며, 병든 무지로 모든 이들에게 자신의 한 부분을 추방할 것을 강요한다…… 수치심에 사로잡혀 자기가 갖고 있는 두려움을 부인하고, 한 인간이

마음속에 품고 있는 것을 감추는 장소인 꿈속, 허구에 지나지 않는 꿈속에 어리석게 빠져든다……

어느 날 나는 나체의 소녀를 품에 안고 그녀의 엉덩이 골을 어루만졌다. 나는 그녀에게 나지막하게 '아이'에 대해 이야기했다. 그녀는 내 말을 이해했다. 나는 사창가에서 때때로 그게 그렇게 불린다는 걸 모르고 있었다.

—그 남자는 비난받아 마땅한 악에 갈증을 느끼지만, 그것에 자신의 영혼을 바칠 용기가 없어서(아니면 바칠 수 없어서) 신경증, 웃음 등과 같은 우회로를 택한다.

—한편으로는, 완전히 불가능하다는 인식이 인간들을 연결시킨다. 소녀와 소년은 입에 담기 어려운 발견물 안에서(배설물 사이에서) 서로 뒤섞인다. 인류는 그 죄의 기억 속에서 어우러지고, 신은 유죄선고를 받은 자, 죽음을 선고받은 존재를 재판에 회부한다.

—나는 편견 없이 불가능한 것에 뛰어든다. 타자들, 그들에게 내밀하게 결합되어 빠져든 채, 배를 드러내놓고 글을 쓰면서. 개인적인 삶이 없는, 흰자위를 까뒤집은 채 몸을 뒤트는 소녀처럼.

20세기에 들어설 무렵 낭만주의가 서서히 저물면서 이제 그 누구도 자신의 영혼의 불멸성에 대해 고뇌하지 않았고, 오히려 현세에서 겪는 고통에 관심을 가졌다. 예술가는 지상으로 내려와 신의 일이 아니라 자신의 일에 신경쓰기 시작했다. 자신의 작고 좁은 세계를 작품의 주제로 삼던 문학 엘리트는 이제 이야기를 지어내야 했다. 밑바닥의 진창에서 지고의 경지를 향해 올라가기 위해서는 재능이 필요했고, 지치지 않아야 했다. 아우구스타 페르 앙구스타 Augusta per angusta![72]

그는 쉬르지 부인에게 나를 가리키며 말했다. 이 무례한 젊은이가, 저에게 생퇴베르트 부인 집에 갈 거냐고 묻는군요, 이런 종류의 생리적 욕구는 숨겨야 하는 건데 배려심이라곤 눈곱만큼도 없이 말이에요. 그러니까 제 생각에 방금 막 이 젊은이가 저에게 설사가 난 건지를 물은 것 같은데, 상상이 되십니까. 어쨌든 볼일을 보기 위해서라면 저는, 제 기억이 정확하다면 제가 사교계에 드나들기 시작했을 때 벌써 백 살을 맞아 파티를 연 사람의 집보다는 좀더 편안한 장소로 갈 겁니다. 다시 말해 그 집에는 가지 않을 거라는 얘기죠. 그렇지만 그분보다 더 흥미로운 얘기를 들려줄 분이 누가 있겠습니까? 제

72 '영광에 이르는 좁은 길'을 의미하는 라틴어.

1제정과 왕정복고시대를 모두 보고 겪었으니 수많은 역사적 회고담을 알고 있을 뿐만 아니라, 나이를 먹어도 깡충거리며 돌아다니는 가벼운 엉덩이로 보아 '성스러운' 구석이라고는 없는 '외설적'이고 내밀한 얘기들도 엄청나게 많이 알고 있겠지요. 하지만 제 예민한 후각 덕분에 저는 그처럼 흥미진진한 시절들에 관해 그분에게 묻지 않게 됩니다. 그분 가까이에 있는 것만으로도 충분하니까요. 그 후작부인이 가까이 다가오면 저는 문득 이런 생각을 합니다, '아, 이런! 누가 요강을 깨뜨렸나.' 실은 후작부인이 누군가를 초대하려고 이제 막 입을 열었을 뿐인데 말입니다. 그러니 제가 만일 운 나쁘게도 그분 집에 가게 된다면, 그 요강이 끝없이 커져서 거대한 분뇨통으로 변할 거라는 걸 이해하시겠지요. 하지만 그분은 신비로운 이름을 갖고 있어서, 그분을 생각할 때면 저는 언제나 큰 기쁨에 사로잡히죠. 그분이 이미 오래전에 금혼식을 치렀고 소위 '쇠락'이라 불리는 터무니없는 시를 떠올리게 한다 해도 말입니다. '아! 푸르른, 그날 내 영혼은 얼마나 푸르렀던가!' 제게는 보다 깨끗한 푸르름이 필요합니다. 지칠 줄 모르고 쏘다니는 그 부인이 '가든파티'를 연다고 하는데, 저라면 '시궁창 산책으로의 초대'라고 부르겠습니다.

마르셀 프루스트, 『잃어버린 시간을 찾아서4: 소돔과 고모라』

풍자와 고발

전쟁터와 시체더미의 시궁창에서 싹튼 부패가 서서히 진행되면서 어느새 대량소비와 쓰레기 문화가 번성하기에 이르렀다. 주위에는 언제나 소비를 부추기는 것들이 있지만 우리는 꿋꿋하게 버텨낸다. 떨이 대처분!

작품을 통해 사회를 꾸준히 강도 높게 비판한 벨기에 화가 제임스 앙소르는 정곡을 찌르는 유머로 유명하다. 풍자만화풍으로 다채롭게 채색된, 대단히 조화로운 그의 에칭 작품 〈교리파의 영양공급Doctrinal nourishment〉은 나란히 뒤돌아앉아 알 까듯 똥을 누는 왕과 로마 교황을 보여준다. 그들은 뒤돌아앉아 깐 궁둥이를 내보이며 아래쪽의 민중들을 향해 똥을 누고 있다. 항문 묘사를 통해 경멸의 알레고리로 사용된 건 바로 배변 행위다. 하지만 우리는 바보가 아니다. 이 무례한 듯한 판화는 손가락으로 달을 가리키면서 그 이면에 가려진 진정한 파렴치함을 간파하게 한다. 즉, 발가벗은 엉덩이가 아니라 허공에 벌린 입을.

신즉물주의 진영의 독일 포스트표현주의 운동을 이끈 화가 오토 딕스는 예술을 통해 나치즘을 고발했다. 나치들은 그의 작품을 '퇴폐적'이라고 규탄하면서 불태워 없애버려야 할 목록에 포함시켰다. 그의 작품에 나타난 우의적인 인물들 가운데, 〈일곱 가지 큰 죄악The seven deadly sins〉에서 항문처럼 쪼글쪼글하게 오므린 입과 엄청나게 큰 머리통을 뒤로 젖힌 인물은 오만을 상징한다.

소화불량

서양 문화가 절대적인 공포로까지 퇴행한 세계를 반영하며 예술적 표현은 서서히 낮은 곳을 향해 나아간다. 항문은 여전히 그 입가에 침을 흘리고 있지만, 이미 피로 더럽혀졌다. 기쁨은 희망과 함께 그를 떠났다. 육체는 더이상 슬프지도 않다.• 육체는 차갑다.

> 그녀는 당나귀보다 더 크게 소리를 내질렀어!…… 그가 넣으려 할 때마다 옆으로 비껴났지…… 그는 더이상 어떻게 해볼 수가 없었어…… 그래서 침대에서 펄쩍 뛰어내려, 곧장 부엌으로 달려갔어…… (…) 그는 찬장을 뒤지기 시작했어, 완전히 알몸에 실내화만 신은 채로…… 버터병을 찾고 있었지…… 그의 자지가 여기저기 부딪쳤어.
>
> "아! 야야! 오오! 아야! 아야!……" 그는 날카로운 비명을 끝없이 내질렀어…… (…) "버터! 제기랄! 버터!……"
>
> 드디어 그는 버터병을 찾았어…… 그는 대충 병 안에 손가락을 집어넣고 버터를 듬뿍 떴어…… 그러고는 그걸 들고 다시 침대로 재빨리 달려갔지…… 그녀는 아직도 흥분이 가라앉지 않은 상태더군…… 여전히 몸을 비비꼬고 있었지…… 그는 그녀의 보물에다 버터를 발랐어, 가장자리와 그 나머지 부분에도, 아주 천천히, 정성을 다해, 깊

• 말라르메의 시 「바다의 미풍Brise marine」의 첫 행 "육체는 슬프다"를 비튼 표현.

숙한 곳까지, 마치 능수능란한 전문가처럼…… 그녀의, 그 아주머니의 문이 마침내 흠뻑 젖어들었더군!…… 이젠 거칠 게 없었지…… 그는 그녀를 기쁘게 해줬어, 오로지 그거 하나로…… 모든 게 아주 순조로웠어…… 그들은 엄청난 흥분을 느꼈어…… 두 사람은 작게 날카로운 비명을 질러댔어. 그러고는 그대로 나가떨어졌지. 그도 그녀도 다시 쪼그라들었어…… 그리고 코를 골기 시작했지……

이건 더 흥미롭지……

루이페르디낭 셀린, 『저당잡힌 죽음Mort à crédit』

위 단락은 검열된 판본에서 발췌했다. 그전 판본에는 '구멍'과 '엉덩이' 같은 단어가 눈에 띄었다. "그는 그녀의 엉덩이와 구멍, 그 가장자리에 버터를 잔뜩 발랐다, 아주 천천히, 정성을 다해, 마치 능수능란한 전문가처럼……" 이 재능 있는 작가는 검열을 피해가려 하지 않았다. 그는 "예, 알겠습니다"라고 말하고는 자기 생각을 계속 밀고 나갔다!

저주 혹은 격찬

예술적 주제는 항문과 함께 사라졌다. 예술은 그 형식 자체가 항문과 유사한 까닭에 더이상 윤곽이 필요하지 않았다. 예술가는 자신의 배꼽만 한가운데 덩그러니 남겨둔 채 작품이 사라질 때까지 자신의 작품에 대해 이야기했다. 이제 대중의 열렬한 사랑을 받게 된 저주받은 시인 혹은 격찬받는 우상은 바로, 항문이었다. 이곳에 집중하라!

예술세계는 입에 담기 힘들 만큼 천박한 것으로 점차 축소되고, '나'에 관한 것으로 더욱 좁혀진다. 나의 체내 침출액, 내부에서 발산되는 구린내, 병적으로 말을 자제하지 못하는 다변증, 미사여구를 찾아 헤매며 회전하는 뇌, 나의 고독한 시구詩句, 거짓된 회의주의…… 자기성찰은 탈장으로까지 표출된다.

"항문이 막힘없이 순조로운 날엔 거울에 비친 자기 모습이 제우스로 보인다. 이것이 바로 현대의 위대한 기적이다. 일종의 원대하고 우주적인 자만." 셀린은 『내 탓이오Mea culpa』에서 이렇게 개탄한다. 구소련을 방문하고 돌아와 토해낸 이 소책자에서 그는 역설한다. "위대한 기독교 종파들이 실상 탁월한 것은 사람들을 감언이설로 꾀지 않았다는 점이다. 사람들을 취하게 만들려 하지 않았고, 표심을 구걸하지도 않았으며, 환심을 살 필요성을 느끼지 않았고, 탐색전을 벌이지 않았다. 그 종파들은 요람 속의 인간을 붙잡고 독단적으로 권력의 속성을 알려줬다. 단도직입적으로 인간에게 은밀히 이런 정보를 주었다: 너, 미완성의 작은 덩어리여, 너는 한낱 오물일 따름이니…… 태어나면서부터 너는 똥에 지나지 않을지니…… 알아듣겠는가?…… 이는 명백한 사실이요, 모든 것의 원칙이다! 그런데 어쩌면…… 어쩌면…… 아주 가까이 들여다보면…… 너에게도 아직 약간의 가능성이 있을지 모른다. 네가 그렇게도 추하고, 똥 같고, 믿을 수 없는 존재인 것을 용서받을 기회가 있을지도…… 그 기회는 온갖 고통과 시련, 불행, 너의 짧거나 긴 인생의 가혹한 형벌 들을 좋은 낯빛으로 대하는 데서 온다. 헤어나올 수 없는 굴욕 속에서…… 인생, 고약한 인생은 그저 가혹한 시련일 뿐이니! 숨을 헐떡이지 마라! 쓸데없이 일을 복잡하게 만들지 마라! 너의 영혼을 구하라, 그건 이미 훌륭하니!"

신이 죽은 뒤부터는 사실 누구나 창조자가 될 수 있다. 지금까지 발언권을 가지지 못했던 이들에게는 오히려 좋은 기회다. "헛된 혐오! 민중이여, 너희의 쇠사슬을 끊어라! 다시 일어나라, 이 멍청이들아!…… 그건 영원히 지속될 수 없다! 사람들이 마침내 너를 보기를! 너의 좋은 낯빛을! 그들이 너를 찬미하기를! 너를 시험하기를! 밑바닥에서 꼭대기까지!…… 그들이 너의 시를 발견하기를, 그리고 마침내 너라는 존재를 그 자체로서 한껏 사랑하게 되기를!" 그러나 사회주의적인 이상이 시작되는 지독한 비참 속에서, 개인주의가 재빨리 권리를 되찾고, 부당함이 다시 자리를 잡는다…… 곳곳에서, 스스로를 과장하며 결코 자기 잘못을 인정하지 않는 '나 자신'의 승리다. "나는 존재한다! 너는 존재한다! 우리는 약탈자, 위선자, 비열한 잡놈 들이다! 사람들은 결코 이런 말을 하지 않을 것이다. 절대! 절대로! 그렇지만 진정한 혁명은 고백의 혁명, 위대한 정화의식이리라!"

질서, 지배, 권력, 그리고 진보의 문명은 "게으름뱅이, 더러운 사람, 마약쟁이, 알코올중독자, 호모, 여자, 기생충, 젊은이, 늙은이, 예술가, 죄수, 매춘부, 견습공, 흑인, 부랑자, 아랍인, 프랑스인, 머리를 길게 기른 남자, 미치광이, 여장 성도착자, 옛 공산주의자, 확고한 기권자……"[73] 들을 바깥으로 몰아내면서 설사를 시작한다.

캐나다 웨스턴대학교 프랑스문학과 교수인 앤서니 퍼디는 미셸 투르니에의 『메테오르Les Météores』에 관한 한 논문에서 분뇨학에 대해 다음과 같이 분석한다(『메테오르』의 알렉상드르는 『마왕Le Roi des aulnes』의 아벨 티포주처럼 항문형 인물이 아니기 때문에, 『메테오르』가 『마왕』보다는 배설물을 덜 다룬다는 점을 명확하게 밝힌 다음에).

"이성애 사회의 발명물인 소각장이 동성애자를 감금하며 시작되었던 나치의 대대적인 동질화 프로젝트를 알렉상드르에게 떠올리게 한다면, 진창은 반대로 '동성애자들'(알렉상드르, 파비엔, 외스타슈, 다니엘)이 특히 좋아할 만한 매력을 지니고 있다. '한 사회는 그 사회가 거부하는 것—특히 동성애자와 가정의 쓰레기—으로 정의되며, 곧 절대적인 것이 된다.' 알렉상드르와 토마 쿠섹은 동성애자들이 '진창 속의 댄디'로 규정되는 것은 성적인 주종 관계에 비추어

73 프랑스 희극인 콜뤼슈가 1981년 대통령 선거에 출마하겠다며 내세운 슬로건에 포함된 내용.

볼 때 그들이 이성애자들과 다르다는 점 때문이라고 말한다."[74]

항문의 기적

장 주네는 동성애자들의 이질성을 공유할 뿐 아니라 그들을 몹시 사랑하기 때문에, 남자들 중에서도 가장 비천한 남자에게서 강렬하고 감각적인 시적 감동을 길어올려 반짝거리는 면모를 우리에게 보여준다.

"메트레 감화원. 나는 악에 관해 별로 아는 게 없다. 하지만 우리 자신의 죄 위에 균형을 잡고 버티려면 천사가 되어야 했다. 거친 깡패들 사이에서 가장 심한 모욕—그것은 흔히 죽음이라는 대가를 치르기도 했다—은 '갈보 새끼'라는 욕이었다. 그런데 빌캉은 스스로 이 수치스러운 말이 의미하는 존재가 되기를 원했다. 게다가 자기 삶에서 가장 특별하고 소중한 것은 바로 그것이라고 생각했다. 왜냐하면 중앙 형무소에서 그는 강도, 도둑, '반듯한 죄수'이기 전에—물론 그 모든 것이었지만—무엇보다도 먼저 '엉덩이를 대주는 녀석'이었기 때문이다. 그가 역겹다는 듯 입술을 삐죽거리며 어떤 부랑배 녀석에게 "더러운 갈보 새끼"라고 내뱉는 것을 보았을 때, 그 자신이 독수리•일 거

74 앤서니 퍼디, 「미셸 투르니에의 『메테오르』, 이성애적 논리의 한 관점Les Météores de Michel Tournier, une perspective hétérologique」, 『Littérature』, Larousse, 1980.

라고는 누구도 생각하지 못했다. 그러니까 자신의 의지와 선택에 의해, 적에게 수치심을 줄 때 사용하는 가장 심한 모욕에 해당하는 존재가 되어버린 사내들이 있다. 빌캉은 자신의 비속함 위에 아주 우아하게 균형을 잡고 버틸 수 있는 천사였다."

장 주네, 『장미의 기적』

자신의 깊숙한 곳에 목숨을 바칠 수도 있을 약점을 간직한 그는 가장 거친 자들을 매료한다.

기상천외한 초대

"들어오시오, 들어와요, 신사 숙녀 항문 여러분, 당신들의 작은 구멍을 모두 데리고 와요!" 미국 작가 윌리엄 버로스는 초대한다. 그의 작품 『네이키드 런치』는 끊임없이 얽히고설키며 갈등이 일어나는, 환각에 사로잡힌 도시들을 통과하는 지옥의 지하조직망을 지그재그로 따라간다. 그는 이 작품에서 유령의 지하철을 타고 피할 수 없는 종착점을 향해 무절제하게 달리는 여정을 그려내어 붕괴된 미래의 신화를 보여준다.

● 동성 간 짝짓기가 활발한 것으로 알려져 있다.

셰이퍼: 인간의 신체는 부끄러울 만큼 비효율적이에요. 입과 항문으로 균형을 잡으려 하지 말고, 먹는 기능과 싸는 기능을 모두 담당하는 구멍 하나만 있으면 되지 않을까요? 입과 코를 막고, 위장을 메워 버리고, 무엇보다도 꼭 구멍이 있어야 할 폐와 직접 통하는 구멍 하나만 뚫어놓으면 될 텐데…… 처음부터 그렇게 만들어졌어야 했는데……

벤웨이: 다목적용 물구멍 하나는 어때? …… 자기 항문에게 말하는 법을 가르친 사람 얘기를 내가 해줬던가? 그는 복부를 위아래로 분주하게 움직였지, 단어들을 방귀처럼 붕붕 뀌어대면서 말이야, 상상이 가나? 난 그렇게 이상한 소린 한 번도 들어본 적이 없어…… 그의 항문은 일종의 내장 저주파를 갖고 있었어. 단번에 알아차릴 수 있었지, 뭐랄까, 마치 어떤 욕구처럼…… 그러니까 마치 굵직한 결장이 옆구리를 쿡쿡 결리게 하면 속이 아주 차가워져서 샴페인 마개를 딸 수밖에 없는 경우처럼 말이야. 음, 그 항문의 허튼소리가 한곳을 계속 툭툭 쳤지—기름지고 끈적거리는 물이 빠지는 소리 같은 게 났는데, 그 소리에서는 냄새도 났어……

장터 축제 때문에 그 친구를 불렀는데, 처음엔 무슨 요상한 복화술 같은 걸 하더군. 뭐, 새롭긴 했지만 특별하다고 할 순 없었지, 무슨 말인지 알겠나? 하기야, 약간 웃기긴 했어. 창고에 처박혀 뒹굴고 있던 중세 의상을 입고 공연을 했다네. 공연 제목이 '녹색 구멍'이었어. 더 기억나는 건 별로 없네만, 주로 변소에 관한 개그였지. 이를테면 이런 식의 얘기들. "이봐, 거기 아래! 아직도 거기 있어? 내가 소식이 와서 자네가 필요해." 그러자 그의 엉덩이가 이렇게 대답했어. "날 똥 싸게 하지 마, 여기서 똥을 싸면 난 감옥행이라고."

하지만 얼마 후 항문이 자기 주인에 대해 말하기 시작했지. 그에게 곤경에서 벗어날 기회를 주기보다는 생리적 욕구가 더 급한 주인에 대해서 말이지. 그 친구는 아무런 준비도 없이 무대에 등장해 시시껄렁한 농담을 던졌어. 그러자 그의 항문이 대뜸 그 농담을 낚아채 그의 얼굴에 정면으로 되던졌지. 느닷없이 남의 잘못을 꾸짖는, 믿을 수 없을 정도로 신랄한 말들을 말이야. 그 모든 건 즉흥적이었어.

그러고 나서 항문이 조금씩 변했지. 마치 줄질이 안 된 낚싯바늘이나 작은 이빨처럼 생긴 것들이 항문에서 솟아났어. 항문이 그걸로 음식을 찍어 먹으라고 말하더군. 그게 좀 우스꽝스럽다고 생각한 그 친구는 처음 며칠은 맛있게 먹는 척 연극을 했지…… 하지만 항문은 진지하게 받아들였어. 항문은 거리에서 연설을 하기 위해 그 친구의 팬티 안에서 움찔움찔 벌어졌어. 항문은 군중에게 연설하면서 목청을 돋우어 권리의 평등을 주장했어…… 곧 그는 술을 마시기 시작했고, 아무도 자기를 사랑하지 않는다며 오열했어. 그는 다른 입들처럼 자기도 키스를 받고 싶다면서 흐느껴 울었지.

마침내 항문은 밤낮 가리지 않고 거세게 욕을 퍼부어댔고, 도시의 저쪽 끝에서도 사람들은 항문이 크게 외치는 말을 들을 수 있었지. 결국 그 친구는 항문의 입을 다물게 하기 위해 주먹으로 때리고 양초를 박아넣기도 했어…… 하지만 아무 소용이 없었지. 어느 날 항문이 이렇게 말했어. "입을 다물어야 하는 건 내가 아니고 바로 당신이야. 당신은 이제 필요 없으니까. 우리 둘 중에서 말하고, 먹고, 쌀 수 있는 건 나밖에 없어!"

윌리엄 버로스, 『네이키드 런치』

누보로망

형식과 개연성을 포기하고 항문성애에 사로잡힌 음울한 생각들과 내면의 불안에 틀어박히는 경향은 누보로망에서 절정을 이룬다. 누보로망의 세계는 신경증을 과시하면서 더욱더 내면을 파고들어 간다.

미셸 뷔토르의 소설 『변경』에 등장하는 인물 역시 기차를 타고 이동중이다. 이 기차는 소화 과정의 은유로, 기차가 달리는 동안 인물의 내면에서 일어나는 변화를 독자도 함께 겪게 된다.

사뮈엘 베케트의 배설물에 관한 강박관념, 나탈리 사로트의 무의식중에 떠오르는 유기적인 기억들, 클로드 시몽의 흐릿한 반추와 함께, 우리는 항문성애에 대한 정신분석적인 문학을 경험한다. 소설 속에서 구체적으로 전개되는 사건들은 중요하지 않다. 등장인물이 기차 안에 자리잡고 있건, 화장실에 있건, 아니면 심리분석가의 환자용 침상에 누워 있건, 그런 건 중요하지 않다. 꿈은 무의식에 접근하는 왕도라고 프로이트가 정의했던 것처럼, 독자는 겉보기에는 연관성도 없고 부조리해 보이며 의미도 없어 보이는 사건의 연속을 따라가야 한다. 이 소설들에서는 그 어떤 이야기도, 그 어떤 사유나 고찰도, 소설 구상을 창작으로 볼 수 있을 만한 결론이나 구체적인 결과를 향해 나아가지 않는다. 그저 인간의 일이란 모두 다 덧없고 무의미하며 하찮다는 것을 말하기 위해 연이어 펼쳐지는 뒷얘기, 잡다한 사실들, 아무 의미도 없는 말들의 나열에 지나지 않는다.

"아, 소설의 도가니 속에 던져진 존재론이 부분적으로 분뇨담으로 변하는 것처럼 보이는 것은 사실이다." 미셸 투르니에는 『성령의 바람Le Vent paraclet』에 그렇게 썼다. 오로지 자신의 내면에만 초점을 맞추는 이기적인 작가들과는 정반대인 투르니에조차 소설을 쓰며 그 자신의 조각이 어쩔 수 없이 들어가게 된다는 사실 때문에 고심한다. 비판적인 자서전 형식의 이 에세이에서 투르니에는 외재화, 즉 자아의 내적 측면을 밖으로 표현하고 싶은 욕망에 대한 견해를 펼친다. 그에 따르면, 작가의 내면성이 외부의 영향력에 녹아듦으로써 작품을 탄생시키는 심도 깊은 물질대사에 기여할 수는 있지만, 내면성이 작품의 유일한 수단이 되어서는 안 되며, 작품의 주제가 되어서는 더더욱 안 된다. 투르니에에게 작가란 상호텍스트성의 부대적인 존재에 불과하며, 이 상호텍스트 체계는 작가 자신을 훌쩍 뛰어넘는다.

두 세기를 거치며 문학은 극단에서 극단으로 치닫는다. 19세기에는 구체적인 현실을 살아가는 인물들을 객관적으로 묘사했다면, 21세기에는 모든 결정론과는 무관하게 인물의 내적 자아를 무절제하게 노출하는 오토픽션•이 있다. 과거에는 소설 속 중심인물이 모든 것을 책임졌지만, 오늘날 작가는 중심인물 뒤에 숨어 자신의 내면을 드러내면서도 아무것도 책임지지 않는다.

양파는 힘이다!

어떤 예술운동이론도 생의 의미를 말하지 못한다는 무능함을 실감하며 등장한 다다Dada는 의미의 부조리함을 선언한다. 인간이 만들어놓은 기존의 모든 가치와 전통을 부정하려는 태도에서 나온 산물은 모두 다다다. 포기하는 것, 뭔가를 의미해야 한다는 의무에서 해방되는 것, 특히 상식으로부터 해방되는 것이 다다다! 하고 싶은 대로 하고 더 요구하지 않는다. 우리는 항문들일 뿐이며, 모두가 이 사실을 알기를 원한다!

떠들썩한 분쟁을 일으키는 말썽꾸러기 집단이 이제 막 하선해서 물의를 일으킨다. 〈카코딜산염 눈Œil cacodylate〉을 제작한 화가 프랑시스 피카비아도 그중 하나였다. 카코딜산염cacodylate은 그리스어 'kakos(나쁜)'과 'odmé(냄새)'에서 온 말이다…… 피카비아는 갈색 바탕에 악취를 풍기는 그 눈을 붙여넣은 다음, 쉰여섯 명의 친구들에게 아무렇게나 서명이나 낙서를 하게 했다. 이 작품은 당시 '공중화장실 벽'이라는 야유를 받았고, 앙데팡당••에서도 거부당했다. 살

• 작가 자신의 삶과 경험을 소설 안에 녹여 넣은 작품.

롱 도톤에서 열린 미술전에서 다다의 기치는 '양파는 힘이다!'•••였다. 자아를 주창하던 다다는 그 놀이에 응수했다. 1924년에, 그들과 궤를 같이하는 초현실주의자들이 태세를 갖추고 '위대한 놀이!'를 제안했다!••••

세속적인 배설(merdre)과 종교적인 배설(foutredieu)•••••을 대립시키는 조르주 바타유의 견해에 따르면 놀이는 상실, 축제, 희생, 아무런 대가도 바라지 않는 모든 무의미한 행위들, 그리고 포틀래치 같은 탕진과 낭비의 실행과 결부된다.[75] 프랑스의 초현실주의 시인이자 극작가인 앙토냉 아르토가 『파리 귀환 일기Cahiers du retour à Paris』에서 썼듯이, 그 구멍은 "시공간적으로 제한된 형식을 벗어던지고 대신 한없는 자유 속에서 편견 없이 창작한다". 생산적인 활동, 즉 노동에서 소비는 이윤과 균형을 이룬다. 하지만 놀이에서는 그렇지 않다! 이윤 추구는 놀이의 관심사가 전혀 아니며, 놀이는 실리보다는 즐거움을 선호한다고 말해도 무방하다.

•• 파리의 반反아카데미즘 화가들이 조직한 미술전.

••• 프랑스 초현실주의와 다다이즘 화가 피카비아가 1921년 살롱 도톤에 전시한 작품 〈뜨거운 눈〉에 써넣은 글귀. 호메로스의 명언이자 1차 세계대전 당시 프랑스인들의 범민족적인 연대의 기치였던 '단결은 힘이다'를 패러디한 이 글귀는 단결union과 양파oignon의 발음이 서로 비슷한 것을 이용한 말장난이다. 양파는 항문을 뜻하는 은어이기도 하다.

•••• 1924년에 앙드레 브르통이 『초현실주의 선언』을 발표했고, 다다는 초현실주의와 연관되어 발전해나갔다. '위대한 놀이'는 당시 초현실주의 문예잡지의 이름이자 1927년~1932년까지 잡지에 참여했던 집단의 이름이기도 하다.

••••• merde는 '똥'을 뜻하나 '제기랄' 같은 욕설로 사용되고, foutredieu는 '성교하다'라는 뜻의 foutre와 '신'을 뜻하는 dieu를 결합시킨 신성모독적인 욕설이다.

75 조르주 바타유, 『저주의 몫La Part maudite』, Minuit, 1967.

그리스의 영화감독이자 작가인 아도니스 키루는 “놀이가 인간 활동의 중요한 기능으로 다시 자리매김하게 된 것은 모두 다다이즘과 초현실주의 덕분이다”라고 말했다. 놀이의 그 지독한 매력은 프랑수아 비용, 라블레, 세르반테스를 보면 느껴진다! 놀이의 재발견과 함께, 엘리트주의 예술은 변실금과 ‘극심한 변비증’을 조절해야 한다는 경직된 사고와 타협하는 대신 그것의 유연성과 기능적 자율성을 되찾을 기회를 찾아냈다.

놀이를 통해 다다와 초현실주의는 자기 초월을 발견했다. 그러나 이 놀이가 모든 사람에게 농담처럼 가볍게 받아들여지지는 않았다. 놀이가 웃음을 터뜨리는 장난으로 끝나지 않고 머릿속에 남아 당신을 괴롭힐 때, 그것은 건강하고 영양가 있게 소화되지 못할 가능성이 크다…… 한창 소화작용이 일어나는 와중에 그것이 걸림돌이 된다. 자신의 작품보다 더 큰 소리로 방귀를 뀌는 데 익숙한 사람들은 자신이 한낱 똥구멍 같은 존재로 간주되는 것을 용납하지 못한다. 많은 초현실주의자들은 자신이 현실에 순응하고 있다고 생각하면서 주장을 펼친다. 예를 들어, 그들은 초현실주의의 실현을 주장한다! 초현실주의를 현실로 만들어야 한다는 것이다! 최고의 사기꾼들은 전문적인 초현실주의자가 됨으로써 놀이를 배신한다. 그들은 자신을 대단하게 여기면서 잘난 척한다.

제도화된 초현실주의는 절망적이다. 그것은 동시대 예술로, 순응적인 반순응주의로 분해되고 만다. 그럼에도 불구하고 초현실주의자들이 이 세상에 기여한 것이 있다. 바로, 그들의 독창적인 발상인

'놀이' 개념이다.

얼마나 눠드릴까요?

그것은 거슬리고 역겹다. 다급하다! 인간은 밑으로 배설한다. 그는 자신의 내부 감각 위에 웅크린 채 속을 비워낸다. 그의 생산물이 차례차례 밖으로 나오며 이 행위는 항문예술이 된다. 종이가 킬로미터 단위로 풀린다. 사람들은 박자에 맞추어 점점 더 연속적으로 그 행위를 자극한다. 얼마나 눠드릴까요? 마르셀 뒤샹의 소변기 작품 이후로, 모두가 갑작스러운 욕구처럼 배설을 떠올린다. 모두가 기성품 똥을 눈다. 어쨌든, 이제 사람들은 문화생활을 하면서도 구멍만 보면 그것을 떠올린다. 왜 그런 걸까?

소변기 안에 놓인 배설물의 수수께끼[76]처럼, 그것은 음모다! 다큐멘터리 〈CIA와 문화적 냉전〉에서 그 톱니바퀴들을 폭로한 영국 저널리스트 플로렌스 선더스의 관점으로 보면, 서양의 엘리트 지식인이 공산주의의 유혹에 빠지지 않게끔 하려고 CIA가 대대적으로 조직한 음모일 것이다. 어쨌든 지역의 소규모 아틀리에들에는 대출이 끊긴 반면에, 그 액수가 철저하게 비밀인 풍부한 문화 지원금들이 시 행정구역이나 미술관의 매입을 통해 물의를 일으키지 않는

76 미국 애니메이션 텔레비전 시리즈 〈사우스 파크〉의 에피소드 중 '소변기 듀스의 신비'에서는 누가 소변기에 배변을 했는지 알아내기로 한 소년들이 9.11을 둘러싼 음모 이론을 파헤친다.

작품을 생산하는 동시대 예술가들에게 뿌려진 것은 사실이다. 문명화된 시대에는 더이상 파괴적인 시인들을 불태우지 않는다. 대신, 그들의 수도를 끊는다.

그 결과는 바로 우리 눈앞에 있다. 연이어 대량 생산되는 상업적 생산물이라는 자본주의의 이상을 아주 빠르게 전파하는 문화 관련 당국의 목소리만 울려퍼진다.

영혼이 깃든 작업은 더이상 없고, 즉흥적이고 반사적인 것만 있을 뿐이다! 초월하려는 추구는 더이상 없고, 퇴행만 있을 뿐이다! 정신적 풍요로움은 더이상 없고, 이윤 추구를 목적으로 형성된 가격이 있을 뿐이다! 〈샘Fontaine〉•은 이 작은 놀이를 완벽하게 규탄했다. 그러나 그다음 사람들은 그 부스러기를 주워먹는 것에 만족한다.

레디메이드 예술품은 예술가의 참모습을 반사한다. 무의식적인 창작, 날것 그대로의 사실주의, 직접적인 경험! 거기서 유일하게 종종 이탈하는 것은 진정성과 진실에 대한 강박관념에 사로잡힌 실증주의의 이상이다. 요거트를 팔기 위한 완전무결한 개념, 진정성, 경유로 인한 변환. 구리를 금으로 탈바꿈시키는 연금술! 피에로 만초니가 밀봉된 통조림 안에 '예술가의 똥'을 넣어 팔 때, 사람들이 사는 것은 그의 이름이다. 가치가 있는 것은 바로 그이며, 예술시장이 공론 끝에 값을 매기게 되는 것은 작품이 아니라 예술가의 명성이다. 그런 식으로 평가를 끌어내고, 작품을 제작한다. 구매자들에

• 뒤샹이 1917년 남성용 소변기를 작품으로 내놓으며 붙인 제목.

게 한 작품의 가치는 그 작품이 가져다줄 세금 감면 혜택으로 매겨진다. 대개 현대예술의 슈퍼스타들이 작품을 비싸게 팔수록 부자들은 세금을 덜 내고, 지역의 문화시설들에 대한 후원금도 더 적게 낼 수 있다.

아름다움을 창조하는 건 더이상 중요하지 않다. 그건 알겠다. 하지만 '의미'는 이제 잊힌 걸까? 지칠 줄 모르고 반복되는, 부조리하고 조소적인 세계의 개념이 똥처럼 배설된다. 표현의 세계에서 사람들은 서명을 한 예술가의 개성을 구입한다. 그렇다면 작품은? 사람들은 주는 대로 받아먹는다. 맙소사! 항문용 섹스토이나 진배없지 않은가!

다다는 무無의 작가들이다. 아니면 다다는 모두 똥색의 작가들이었고, 그게 다다였다. 다다라는 명칭 아래 작가는 사라졌으니까. 다다들은 무에 서명하거나 똥색에 서명했다. 다다는 놀이를 했다! 다다는 작가를 지워버렸다. 순응주의는 다다를 회수하려 하면서 다다를 폐지했다. 모든 반순응주의가 그러하듯, 일단 회수되어버린 다다는 제스처를 멈추었고, 그 목적도 뒤바뀌어버렸다. 예술은 이제 서명 작업에 지나지 않는다. 예술가여, 큰돈을 만지고 싶다면 민첩한 손목, 잽싼 동작으로 자필서명을 연달아 휘갈기는 일에 뛰어들어라!

새로운 장르의 탄생

비 내리는 어느 날, 낡은 예술잡지에 무심코 낙서를 끼적이던 뒤샹은 우연히 레오나르도 다빈치의 대작 〈모나리자〉를 발견하고는 모나리자의 얼굴에 검정색 Bic 볼펜으로 한 번에 턱수염을 그려넣고, 다시 두 번의 터치로 콧수염까지 그려넣었다. 아마 그때도 그는 예술적 동반자이자 동성 연인이었던 피카비아와 함께였을 것이다. 어쨌든 두 사람 중 누구도 흥분에 들뜨지 않았다. 턱과 코에 수염이 난 모나리자들, 게다가 파이프까지 입에 문 모나리자들은 이미 수십 점이나 존재했으니까. 그들은 이걸로 앙드레 브르통을 비웃으려던 것은 아니었다. 어쨌든 뒤샹은 "L.H.O.O.Q."라는 글자를 적어넣었고, 프랑시스 피카비아는 그걸 보고 껄껄대며 웃었다. "아! 아! 엘 아 쇼 오 퀼! 정말 멋진데!"• 뒤샹은 그 일을 잊어버리고 지냈는데, 몇 달 뒤 피카비아가 뉴욕에서 창간한 전위잡지에 '뒤샹의 다다 그림'이라 써넣은 그 모나리자를 싣게 되었다. 두 공모자들 사이에 작품의 저작권에 대한 갈등은 조금도 없었다. 하지만 이윽고 뒤샹이 그 그림이 실린 페이지를 발견했을 때, 뭔가 다른 점이 있다는 걸 알아차렸다. "이런! Bic으로 그린 내 그림을 베끼긴 했지만 턱에 염소수염을 빼먹었군!" 그때, 뒤샹은 새로운 장르가 막 태어났다는 것을 알았다. 바로 '우상파괴적 다다이즘'!

진정한 사랑의 기관

시대가 바뀌어도 풍속은 그대로다. 자칭 천재인 화가 달리 역시 사

• 'L.H.O.O.Q.'를 프랑스어로 연음하여 발음하면 'Elle a chaud au cul(그녀의 엉덩이는 뜨겁다, 그녀는 엉덩이가 달아올랐다)'처럼 들린다.

드 후작처럼 진정한 사랑의 기관은 항문이라고 주장했다.[77] 그에 따르면 여성의 질은 양배추에 비유할 수 있으며, 단지 번식을 보장하기 위한 자연의 책략에 지나지 않는 부위다. 사실 사람들은 이유도 모르면서 그 안으로 파고들어가지만, 항문이 사랑을 위한 기관임에는 추호도 의심의 여지가 없다!

도를 넘어선 작업

여자의 구멍을 최상의 상태로 보이게 하기 위해, 달리는 여자를 엎드리게 한 뒤 그녀의 등에 기포수준기[•]를 올려놓는다. 기포가 정중앙에 위치할 때, 항문은 찬란하게 꽃핀다. 달리는 자신을 찾아온 여자를 서늘한 점토판 위에 앉힌 뒤 그녀의 아름다운 구멍 자국들을 찍고, 이어서 더 멋진 자국을 얻기 위해 구멍을 벌린 상태에서 주름들이 더 선명하게 보이도록 눌러 찍는다. 그다음 여자의 이름과 함께 액자에 끼워둔다. 수많은 여자들의 항문을 찍어본 달리는 항문 자국은 지문만큼이나 저마다 독특하다고 주장한다. 쌍둥이만 똑같은 항문을 가지고 있다. 그는 또한 모든 항문에는 항상 35개에서 37개의 주름이 나타난다고 주장하지만, 주름 수가 다른 이유는 모른다. 그렇지만 사회계층은 그와 아무런 상관이 없다고 단언한다.

77 여기에 소개된 말들은 사실 프랑스 텔레비전 방송 녹화 자리에서 나온 말들이지만 결국 방영되지 못했다.

• 수평선 또는 수평면을 측량할 때 사용하는 기구.

"회화는 사랑처럼 눈으로 들어와 붓을 통해 흘러나온다. 에로틱한 망상은 나의 동성애적 성향을 최고조로 끌어올린다. (……) 나는 항상 말한다. 가장 큰 불가사의들은 뒤쪽으로 꿰뚫릴 수 있다고. 심지어 포르트 리가트•로 찾아와 나와 시공간 연속체(4차원)를 위해 옷을 벗었던 여자들 중 한 명의 엉덩이 사이에서 깊은 상응을 발견하기도 했는데, 나는 그것을 네 엉덩이의 연속체라 이름 붙였다(게다가 그 연속체는 단지 한 원자의 표현일 뿐이다). 나는 절정에 달한 흥분을 유지하기 위해 가장 재미있고 가장 광기어린 자세들을 생각한다. 그리고 성공적인 항문성교 행위를 목격할 수 있다면 더할 나위 없이 행복할 것이다. 나에게 중요한 모든 것은 눈을 통해 일어난다."

그 화가는 영감을 자극하기 위해 약간 특별한 포즈 타임을 마련한다. 그는 커플 지원자들에게 자기 눈앞에서 실시간으로 열띤 항문 포즈 대결을 펼치게 한다. 달리는 이 포즈 타임 중에 "상상할 수 있는 기이한 아름다움의 표현 가운데 가장 놀라운 포즈"를 볼 수 있었다. "남자의 몸 위에 등을 돌린 상태로 삽입된 여자의 허리와 젖가슴을 남자가 두 손으로 단단히 잡아 받치고 있는 자세. 그 상태에서 여자가 고개를 돌렸고, 그러자 그녀의 입술이 자신에게 그 짜릿한 고통을 안겨주는 남자의 입술에 닿았다. 그것은 완벽한 동작이었고, 동물적인 커플을 넝쿨식물로 변모시키면서 완전무결한 광

• 스페인 카다케스 해변의 어촌 마을로, 달리의 생가와 미술관이 있다.

경을 선사했다. 이 이야기를 할 때마다 나는 완벽한 아름다움의 불가사의를 밝혀주던 그 장면에 경이감을 느끼지 않을 수 없었다." 라틴계 사람이라면 누구나 잘 알고 있는 얘기로, 여자에게서 가장 아름다운 부분은 목cou이고, 더 자세히 말하자면 목구멍trou dou cou이다.•

〈관능적인 변신들Les Métamorphoses érotiques〉이라는 작품에는 달리의 데생이 여럿 모여 있는데, 1940년부터 1968년 사이에 그린 데생들 가운데 두 점은 항문을 더 분명하게 나타내고 있다. 그중 제목이 없는 하나는 포르노 사이트에 '항문 난교'라는 제목으로 떠돌게 된다. 다른 하나의 제목은 '상처 입은 자존심의 상징'이다.

특별한 예술

2015년 브라질에서는 약간 특별한 공연이 물의를 빚었다. 무대 위에서 발가벗은 배우들이 앞 사람의 항문에 손가락을 집어넣은 채 줄지어 빙빙 돌아서가 아니라, 그 원숭이들을 연상하게 하는 공연이 정부의 지원금을 받았기 때문이다. 그 공연의 기획 의도는 뭐였을까? 대중이 새로운 개념들에 관심을 갖도록 만드는 것…… 달리 말

• 라틴계 사람들이 프랑스어를 할 때 u[y]를 ou[u]로 발음하는 것을 비꼬는 농담. '여자의 가장 아름다운 부분은 엉덩이cul이고, 더 자세히 말하자면 엉덩이 구멍trou du cul이다'라는 말이 발음 때문에 목구멍cou을 지시하는 문장처럼 들리는 것을 이용한 말장난이다.

하자면, 납세자에게 아주 깊숙이 그걸 밀어넣는 것. 창작자들의 설명에 따르면 그 공연은 대중에게 금기를 파괴하는 법을 가르쳐주기 위한 것이기도 했다. 그렇게 해서 이제 취향이 완전히 확립되고 작품을 감상할 준비가 된 대중은, 영감을 찾기 위해 여자의 항문에 코를 쑤셔박은 채 피아노를 연주하는 나토•의 퍼포먼스와 같은 행위예술을 감상할 줄 알게 되었다.

갑자기, 붉은 옷을 입은 여자의 엉덩이 안으로 들어간 페니스가 아주 크게 클로즈업된 이미지가 나의 정신을 압도한다. 그것은 제프 쿤스••가 찍은 사진—'빨간 엉덩이'라는 제목이 교묘하게 붙은—이다. 작가는 이 작품에 포르노그래피라 할 만한 것이 전혀 없고, "사람들에게 욕망을 실현할 수 있다는 것을 보여주려는" 의지를 표현했다고 설명한다. 사실 포르노는 사람들에게 완전히 다른 메시지를 전한다: 무엇보다 당신이 본 이미지를 집에서 재현할 필요는 없다. 그건 나쁜 짓이다. 그렇지만 엉덩이로 뭘 하는 것이 바람직한지 우리에게 보여주라는 의미에서 예술가들에게 예산이 할당된다는 것은 다행인 일이다!

카롤리네 슈라이버의 상상력에서 나온 익명의 항문들은 보다 정숙하다. 이 항문들은 침묵한다. 그녀가 표현한 항문들은 부드럽고 둥글게, 감동적인 주름들로 우리의 동공을 어루만진다. 초현실주의자들의 자동기술법에 영향을 받은 이 젊은 스위스 여성은 전시장

• 벨기에 태생으로 파리에서 활동하는 행위예술가.
•• 대중문화를 소재로 작품 활동을 하는 미국의 미술가.

바닥에 누워 빛을 발하는 중심 주위로 동심원을 그리는 원들과 복잡하게 얽히고설킨 선들을 목탄으로 그어 혼잡한 조직망을 만들어낸다. 근원들, 이 예술가의 신체 깊숙한 곳들에서부터 표현된 선이 항문을 그려낸다. 그녀가 바닥에 누운 채 자동기술적인 데생 퍼포먼스를 할 때, 창작하는 그녀를 보며 몸안에서 항문이 겪는 것들을 실시간으로 경험할 수 있다. 그러고 나서 몸체에 펜을 단 진공청소기가 주위를 돌며 불규칙적인 선을 그려 작품을 완성한다.

키스 보드위는 입과 발로 창작활동을 하는 사람들을 뛰어넘어 항문으로 그림을 그린다. 그는 손을 전혀 사용하지 않고 심지어 붓도 없이(!) 천진한 스타일의 그림들을 그린다. 고무관장총을 이용해 직장 내에 물감을 주입하고 나서, 똥 누는 사람의 엄숙한 포즈를 취한 다음, 그대로 캔버스 위에다 배설한다. 작품활동중인 그 화가를 찍은 사진도 많다. 그중에는, 항문에 성조기를 꽂고 누운 채 엉덩이와 두 다리를 허공에 들어올린 모습을 찍은 사진도 있다.

캘리포니아 미술학교의 교수이자 샌프란시스코 미술학회 회원인 키스 보드위는 형편없는 급여를 벌충하고자 그런 퍼포먼스를 하는 게 아니다. 예술에 대한 사랑으로 그런 작업을 한다. 1995년에 '보라색 물총Purple squirt'이라는 제목으로 최초로 대중에게 드러난 키스의 배설물 작품은 미술상이 그의 화법을 대대적으로 홍보하자고 설득한 이후로 큰 성공을 거둔다. 2016년에 열린 전시회 〈타탄무늬〉에서는 타탄무늬 컬렉션을 한데 모았는데, 그는 나체로 사다리 위로 기어올라가 항문에서 원색적인 선들이 흘러내리게 하면서 스코틀

랜드 타탄무늬를 만들어냈다. 이 작품들은 일종의 외침이다. 그 외침을 들은 사람들이 그에게 치마를 건네주기를 바라보자!

2014년 10월, 프랑스 현대미술 아트페어FIAC 주최측은 파리에서 가장 규모가 큰 이 현대미술 축제를 위해 미국작가 폴 매카시에게 작품을 의뢰했다. 그 결과 바람을 넣어 형태를 잡은 거대한 초록색 조형물이 파리 방돔광장에 설치되었지만 하루 만에 철거되고 말았다. 크리스마스트리를 연상케 한다는 이유로 '트리'라는 제목을 붙인 그의 작품은, 바람을 팽팽하게 불어넣은 풍선 재질과 형태가 나무라기보다는 항문 자위기구에 가까워 보인다는 시민들의 거센 반발에 부딪쳐 그 무고한 제목에도 불구하고 그해 가을을 넘기지 못했다.

'크리스마스'라는 주제에 푹 빠진 매카시는 그전에도 높이 6미터의 산타클로스를 네덜란드의 로테르담시에 팔았는데, 2006년 이후로는 엔드라흐츠플레인역에서 감상할 수 있다. 왼손에는 종을, 오른손에는 3단으로 쌓아올린 아이스크림처럼 불룩하고 커다란 자위기구를 들고 있는 이 독특한 산타클로스 입상은 원래 디자인보다 훨씬 큰 대형 모델로, 이 동상이 세워진 곳은 단번에 관광명소가 되었다. 기회가 된다면 이 작품을 직접 관람해보기를 권한다. 이 입상은 금방이라도 폭발할 것같이 흥분된 전립선을 보여주면서도, 그와 동시에 부드러운 항문 점막을 존중할 줄 안다. 어쨌든, 폴 매카시가 병리학에 편집증적으로 사로잡혀 자기 항문에 바비 인형들을 쑤셔넣고 케첩에 몸을 굴렸던 시기에 비하면 훨씬 더 항문을 존중했다.

벨기에의 신개념 미술을 대표하는 예술가 빔 델부아예는 항문성애에 관한 작업을 아주 많이 했는데, 그의 설치미술 작품 〈클로아카Cloaca〉(똥 만드는 기계)가 대표적이다. 인간의 소화 과정을 재현한 이 기계는 살아 있는 존재가 어떤 것인지 이해하게 해준다. 빔 델부아예는 배설물에 관한 측면을 넘어서 인간의 본질 자체가 하나의 예술작품이며 항문은 인간의 공통분모임을 보여주고자 한다. 그는 〈항문 키스〉 연작을 완성하기 위해 자기가 묵는 호텔의 메모지에다 립스틱으로 항문 자국을 찍는다. 그는 〈방위표시도〉에도 그 상징을 불어넣는다. 하늘을 향하는 네 천사들의 앙상블, 입과 항문 사이에 박힌 망원경은 '세계와 우리의 물리적 관계의 방향을 결정하는 동시에 그 관계를 지배하는 네 방위'를 나타낸다.

1999년, 미국의 행위예술가 론 애데이는 조르주 바타유의 『태양의 항문』을 읽고 나서, 한 가지 아이디어를 떠올린다. 그 책에서 끌어낸 '지적이고 익살스러운' 퍼포먼스는, 그의 항문 주위에 새겨진 문신을 촬영해 인트로의 배경으로 삼는다. 항문에서 빛을 발하는 검은 태양은 스타빌로•제품으로 그린 것이 아니다. 그 떠들썩한 기쁨의 축제는 검은 태양에서 진주 목걸이가 한 알 한 알 천천히 빠져나오는 장면으로 시작한다. 그러고 나서 그는 왕관을 쓰고 발기한 성기가 달린 하이힐••을 신은 마를레네 디트리히로 변장한다(하지만 목걸이는 착용하지 않았다). 그는 웃는 얼굴을 만들기 위해 양쪽

• 세계적인 필기구 브랜드.

•• 구두코 끝에 남성 성기가 달린 섹스토이.

빰에 코바늘을, 엉덩이에는 페니스 형태의 자위기구를 밀어넣는다. 그런 뒤 예술가는 흥분을 가라앉히고 바닥에 배를 깔고 납작 엎드린다. 그러면 다시 오므려진 엉덩이에 부족 문양이 나타나는데, 타투이스트의 뛰어난 솜씨가 돋보인다. 론 애데이가 '태양의 항문'이라는 제목을 붙인 이 주목할 만한 창작물은 그렇게 완성된다.

현대의 항문 행위 예술

중세의 그 원색적인 것과는 아주 먼, 현대적이라고 일컬어지는 행위 예술은 몸을 더럽히고 몸짓과 말을 많이 한다. 행위를 통해 표현되는 아름다움에 취한 행위 예술가는 관객이 어떻게 받아들이느냐는 별로 중요하게 생각하지 않는다. 그는 자기 몸 위에 그림을 그려 몸통의 지방을 심실들과 내장으로 분류하면서 모든 것을 뒤죽박죽으로 만들고자 한다. 그에 비하면 토착 예술은 장식적인 편인데, 사지골격보다 항문을 많이 다루며 훨씬 더 파괴적이다.

동굴 벽에 그려진 낙서들, 살아 있는 음유시인의 장터 공연, 야밤의 랩 음악…… 평범한 사람들은 노동을 할 때면 늘 리듬을 붙여가며 노래를 불렀고, 끊임없이 이야기를 꾸며냈으며, 원기를 회복해주는 방귀를 붕붕거리면서 사회적 결속을 유지해왔다.

항문을 묘사하는 행위는 방귀 춤, 우스꽝스러운 이야기, 노래와 함께 아주 어린 시절부터 시작된다.

그건 자바,
고양이 똥구멍,
아빠 자지,
젤로의 불알이야, 오!
이리 와, 나의 계집,
네 엉덩이를 빌려줘,
요요 놀이를 하게, 오!

아니, 넌 이젠 못 볼 거야,
내 엉덩이 털을,
그걸로 1킬로그램에 백 푼짜리 솔을 만들었거든,
애들을 키우려면 일을 해야 하니까.

항문 예술은 연회가 끝날 무렵 소러시아의 옛 이야기로서 대담하게 등장하기도 한다.

어느 날 그…… 거시기와 밑구멍이 다투면서 악마도 고개를 절레절레 흔들 정도로 소란을 피운다! 그…… 거시기가 밑구멍에게 말한다. "이봐! 이 우스꽝스러운 녀석아, 잠자코 있는 게 신상에 좋을 거다! 매일 밤 나한테 매력적인 손님이 찾아온다는 거, 알지? 그때마다 넌 꿀꿀대는 소리를 내는데, 이제부턴 뒷구석에 처박혀 조용히 입다물고 있으란 말야."

그러자 밑구멍이 이렇게 대답한다.

"추잡한 그…… 뭐시기가 너를 저시기할 때, 그 물이 내 입으로 흘러 들어온단 말이야. 그래서 어차피 난 입을 꽉 다물고 있다고."

"그건 오래전 일이야. 뭐시기를 어떻게 쓰는 줄 몰라서 엄한 데다 멋모르고 찔러대던 시절 얘기지……"

(『크립타디아Kryptadia』에 실린 소러시아 카자크 전래민담, 1883.)

항문에 대한 노래는 라디오에서도 들리고, 조르주 브라상이 〈후장을 대줄게〉를 노래할 때처럼 모닥불 주위에서도 불린다. 노래는 이렇게 끝난다.

숙녀 여러분, 여러분 중 누구도
내가 선입견을 갖고 있다고, 내가 여성혐오자라고 생각하지 않도록,
후장을 대주러 가기 전에
만천하에 고백하건대, 여러분이나 우리나 다 똑같은 사람이라오,
이건 법으로 인정해줘야 해,
나는 남색가지만 법을 어긴 적은 없다오.

어떤 권력의 이름으로,
남자들에게 인정되는 권리가 당신들에게는 거부된다는 게,
정말 불공평해,
엉덩이 대주는 권리가 인정되지 않는 것과 마찬가지로.

프랑스 남부의 님처럼 비밀스러운 지역에서는 사람들이 모여 항문 예술을 음미한다. 님에서는 '물Moule'이라는 이름의 괴짜가 자신이 만든 기구를 가지고 '신체 아래 부위의 복권을 위해 투쟁'한다.

"퓌퓌." 그는 그렇게 말하면서 깜짝 놀란 사람들의 눈앞에 양쪽 끝이 뚫린 기다란 대롱을 보여준다. "이게 뭔지 여러분에게 설명문을 읽어드리는 게 제일 간단하겠군요." 성녀 니투슈는 말했다. "퓌퓌는 입이 아니라 항문에 넣는 용도로 만들어진 것입니다."

내숭이라고는 전혀 없는 이 인용문대로, 우리는 상대방의 엉덩이 안으로 곧장 들어간다. 흥분한 구멍 안에 퓌퓌를 들여보내면 내장 안에 가득차 있던 가스가 아주 조심스럽게 새어나온다. 하지만 이 이야기의 시적인 측면으로 되돌아가보자.

이러쿵저러쿵
입에서 입으로 전해진 소문

성녀 니투슈는 사람들 앞에서
방귀 한 번 뀐 적 없는 정숙한 여자라는
소문이 자자했지.

그녀가 숨겨놓고 사용하던 물건이
성유물함 안에서 발견되었지,
그러자 이단자 무리가 그녀를 비난했네,
그녀가 사람들을 속였다고.

적대적인 무리와
냉소적인 비평가들에게서 그 물건을 구해내기 위해,
나는 그 물건을 다시 만들어,
퀴퀴라 이름 붙였네.

그리고 내가 선전하는 이 범상치 않은 기구를
새, 인간, 포유류에 맞게 새롭게 선보였지.

가스 차는 나팔들이여, 안녕.
우레 같은 소리를 내는 상자들과 바람들이여, 안녕!
만일 당신이 지구를 달굴 만큼 흥분한다 해도,
이제 거기선 아무 소리도 나지 않는다네.

인간뿐만 아니라 햄스터부터 코끼리까지 모든 동물을 위해 물이 자신의 손으로 직접 제작한 이 금박을 입힌 나무 기구들은 님에 소재한 그의 작은 개인박물관에 전시되어 있다.

토착 예술은 도시 전설로 훼손된 외곽지대에서 살아남는다. 그것은 재활용쓰레기로 새로운 물건을 만들어내기 위해 쓰레깃더미를 마구 뒤적인다.

그것은 눈앞에서 시리즈로 생산되는 문화상품들을 경멸하면서 마이크에 대고 분노의 고함을 내지른다. 정확하진 않지만 수십 개의 그룹이 〈개자식Asshole〉이라는 곡을 노래했다(그들의 할머니 대에서부터 이미 그런 곡들이 있었다!). 하지만 1977년 이후로는 버트홀 서퍼스[78]라는 텍사스 출신의 마약중독자 그룹이 유일하다.

나는 마더 퍼킹 애스홀 비치, 나는 똥, 나는 그저 건방진 축축한 똥구멍, 소스를 치지 않은 깜둥이
나는 뒤로만 빠구리를 하지, 나야말로 진정한 개

마이크 셤, 〈Asshole〉

넥타이를 네 엉덩이에 쑤셔넣어, 마음에 안 드는 거세한 갈보놈아!

리틀 빅, 〈Fucking Asshole〉

그리고 미국 갱스터 래퍼 '테크나인Tech N9ne'은 매력적인 목소리로 이런 후렴을 부르며 노래를 끝맺는다.

나에게 개자식이라는 딱지를 붙여도 좋아

78 1976년에 결성되어 지금까지 활동하는 미국의 하드코어 펑크록 그룹.

난 삽시간에 네 엉덩이를 까발릴 수 있어, 난 타고났으니까.
날 괄약근이라 불러, 이 기분 나쁜 새끼야
이 공연장에서 날 자극하지 마
나에게 개자식이라는 딱지를 붙여도 좋아
난 삽시간에 네 엉덩이를 까발릴 수 있어, 난 타고났으니까
이 똥싸개 같은 놈아, 날 으스대게 하지 마
이 똥구멍 같은 자식아, 여기서 내가 똥을 싸길 바라는 건 아닐 테지?

테크나인, 〈Asshole〉

프랑스에서는 진즉에 그런 노랫말이 있었다. 헤비메탈 그룹 아누스 문디의 〈성녀 베스Saint Vesse〉의 가사를 보면 알 수 있다. 아누스 문디의 보컬 베스탈은 말했다. "'아누스 문디', 이 말을 맨 처음 본 것은 도서관에서였는데, 내가 헤비메탈을 발견한 것과 같은 시기였다. 세계의 항문, 우주의 도관, 세계의 모든 피고름 들이 서로 만나 영원히 짝짓기 하는 곳. 조물주의 비전, '세계-기계'의 리토르넬로•, 희화적인 똑같은 제스처들을 지칠 줄 모르고 반복하는 엔트로피 고리 같은 20세기의 발명품."

그녀가 자신의 더러운 물로 내 음경을 적셔주길
리듬에 맞춰 그녀는 줄줄 흘리네,

• 합주와 독주가 되풀이되는 악곡 형식.

가짜 언덕과,
림프액 주스를 흘려보내는
소스 산으로부터
곤봉, 항문 주름, 헤카테•!
오늘은 너의 날, 그렇게 정결한 척 빼지 마……
나의 점액, 나의 요관, 봐!
난 너의 결장을 소변기로 쓰지……
번쩍거리는 밤에, 창백한 시간의 웅덩이 속에서,
너의 거친 숨결이 잦아들 때
현관문 두드리는 소리가 들려,
너의 상징이 북쪽의 격정으로 장식되고,
자, 봐, 나는 날아가, 누이를 애도하며
새어나오는 오줌, 드러난 림프,
그리고 그 시커먼 소금물에 저당잡힌
아이가 틀어박힌 너의 불룩한 배

아누스 문디, 〈성녀 베스〉

포크 뮤지션 스테프 헤이렌의 〈검은 고양이의 항문에 키스하라〉 처럼, 그것은 7장에서 언급된 중세의 마녀 의식에서 영감을 받는다.

항문에 관한 노래들은 유튜브에서 공유된다. 익살스러운 젊은

• 달, 대지, 지하의 여신.

퀘벡인 다비드 메쇼의 노래도 그중 하나다. 그는 직접 기타 반주를 한 즉흥곡에 〈아누스〉라고 간단히 제목을 붙여, 항문에 바쳤다.

이는 2010년 아누스의 원형 광장을 빙 둘러 자리잡은 빈민굴의 소우주를 표현한 질 바르비에•의 〈똥구멍 세계〉처럼 프랑스 남부 도시 세트의 작은 미술관에 전시된다.

예술은 자유로울 때, 그러니까 할일이 없어 심심할 때, 하고 싶은 대로 마음껏 할 수 있을 때 생생하게 살아난다. 강요하지 않고 보고 듣는 데 전념하며 사실상 단 하나의 목적, 즉 쾌락과 생각의 공유만을 추구하는 예술은 지겨운 모습을 보여주는 것에는 별 관심이 없다. 대중적인 공연예술은 좌대 위에 올라앉아 있지는 않아서, 각자 말할 거리가 있으면 말하도록 장려하고 신피질을 자극하는 방식으로 표현하게끔 돕는다.

꼭 수익성을 추구하는 것도 아니고, 검열이나 요구사항도 없는 이 환희의 시는 힘을 아끼지 않고 주제에 몰입한다. 지칠 줄 모르고 계속 이어지면서 라블레의 『제3의 서書』의 시대처럼 게걸스럽게 항문을 묘사한다. 이 예술은 타협을 받아들이지 않고 고발한다. 생계때문이라는 핑계조차 대지 않는 이상, 그 무엇도 용인하지 않을 것이다…… 또한 방탕을 부추기고 대놓고 문제적인 것들을 추구한다. 그 점에서는 진정한 예술이라 할 수 있다. 파괴적이지 않다면,

• 바누아투 태생으로 프랑스에서 활동하는 현대미술가.

그저 장식 예술이거나, 혹은 아무것도 아닐 테니까.

익살스러운 방귀 예술

옛날부터 세계 곳곳의 어떤 문명에서든 방귀는 가장 확실하게 흥행을 보장하는 공연 요소였다. 방귀를 뀌는 인물은 아이에게나 어른에게나 항상 인기가 많다. 역사를 살펴보면, 방귀를 뿡뿡 뀌어대는 전문적인 방귀 공연예술가에 대한 최초의 언급은 5세기로 거슬러 올라간다. 아우구스티누스는 『신국론』에서 "어떤 이들은 항문으로 마치 노래를 부르듯 자유자재로 연주를 할 수 있다(게다가 악취도 전혀 풍기지 않고)"라고 언급했다.

군주들의 기분 전환을 위한 자리에 방귀꾼들이 궁중곡예사 사이에 끼어 공연하는 관례가 있었다는 사실이 많은 문헌에서 드러난다. 방귀꾼은 그 공연예술단에 속해 보수를 받았다. 8세기 아일랜드 문헌들에는 사냥한 동물의 어깨 지방살을 방귀공연가에게 공연료로 지급했다는 사실이 언급되어 있다. 12세기 영국 왕 헨리 2세는 방귀꾼 롤런드의 공연을 아주 좋아했다. 곡예무용이 끝난 뒤, 이 예술가는 엄청나게 즐거워하는 왕 앞에서 펄쩍펄쩍 뛰어다니며 픽픽거리는 방귀와 엄청난 소리를 내는 방귀를 뀌어댔다. 사람들이 원하는 대로 척척 방귀를 뀌어대는 그의 묘기는 당시에 아주 높이 평가받았다. 롤런드는 공연에 대한 특별수당으로 40헥타르의 영지가 딸린 작은 성을 왕으로부터 하사받았다.

에도시대에 도쿄에서는, 거리의 장터에서 열리는 대규모 흥행물인 '미세모노見世物'가 큰 인기를 끌었다. 거기서 한 방귀꾼이 활약했는데, 키리푸리 하나사키 오토코라는 그의 이름은 '이슬이 내려앉는 꽃 인간'이라는 뜻이다. 그는 1774년 엄청난 양의 공기를 삼키는 능력으로 유명해졌다. 미국의 교수 앤드루 마커스에 따르면, 그는 공기를 한껏 들이마신 다음 "복부에 찬 가스를 조절해 노래를 연주하면서" 몸 밖으로 내보냈다고 한다.

방귀로 연주하는 〈월광〉

'방귀꾼pétomane'이라는 말은 19세기 말 '미친 방귀꾼'으로 알려진 조제프 퓌졸 때문에 생겨났다. 그의 재능은 헤엄을 치다가 우연히 드러났다. 헤엄을 치던 중 엉덩이 사이로 올라오는 이상야릇한 한기를 느낀 퓌졸은 자신이 항문을 통해 직장 안으로 물을 빨아들이고 있다는 사실을 깨달았다! 이내 그는 그 능력으로 사람들을 깜짝 놀라게 했고, 훈련을 거듭해 나중에는 5미터가 넘는 긴 물줄기도 뿜어냈다. 돈벌이를 찾아 돌아다니던 어느 날, 그는 물 없이도 재능을 발휘할 수 있다는 사실을 알아차렸다. 그는 재주 많은 괄약근을 이용해 자유자재로 공기를 빨아들였다가 내뿜는 묘기로 군대에서 큰 인기를 얻었다. 그는 뮤직홀에 나가 〈월광〉과 〈마르세예즈〉를 방귀로 연주하다가 1892년 마침내 물랑루즈에서 한 시간 반짜리 공연도 하게 되었다.

레 뉠•의 미주미주•• 이후로는, 방귀꾼들의 익살스러운 풍자예술을 보기 힘들어졌다. 화폭 위에서 엉덩이로 플루트를 연주하는 젊은 여자가 하나 있긴 하지만.

기술적인 시도

석기, 사진, 영화, 비디오…… 새로운 기술이 발명될 때마다 인간은 새로운 시도를 하고 싶은 욕구를 강렬하게 느낀다. 전위적인 벨기에인 마티외 동크와 그자비에 세롱은 체내 검진이라는 기술을 영화와 접목시켜 우리를 실험 대상의 내부 깊숙이 들어가게 했다. 단편영화 〈관Les Tubes〉은 무시무시한 결장 내시경 검사의 시련을 겪어야 하는 한 남자의 고통과 불안을 보여준다.

전제군주이자 문인이며 복고풍 그래픽아티스트인 오토 각하Son Excellence Otto●●●는 잡지 『내 친구 항문』에 실을 아르 데코풍의 가짜 광고물이나 '신나게 일하며 느끼는 해방감(노바 소도미아 혁신Une innovation Nova Sodomia)' '프롱스 만세Vive la Fronce!'라고 쓰인 스탈린풍 프로파간다 포스터들을 흑백으로 찍어냈다. 이 포스터들은 실패작 전

● 20세기 말 프랑스의 코미디 프로그램에 출연한 코미디언 그룹.
●● 당시 큰 인기를 누렸던 방귀꾼.
●●● 출생지도 출생년도도 정확히 알 수 없는 신비로운 인물로, 19세기 말에 태어나 아직도 파리에 생존해 있는 것으로 알려져 있다. 2000년 5월에 세계 최초 가상의 전제정부 Nova Sodomia(novasodomia.com)를 다스리기 시작했다. 사이트에서 그의 문학작품과 그래픽 작업을 만나볼 수 있다.

시회에 부조리를 찬양하는 다른 터무니없는 작품들과 함께 전시되었고, 아트지로 제작한 작품집 『프랑스적인 외설』에도 모두 실렸다.

공공장소의 그래피티

2017년 이래로, 만화가들의 도시 브뤼셀은 말끔하던 거대한 벽들에 하룻밤 사이에 깜짝 놀랄 만큼 큰 그림이 느닷없이 그려져 있곤 하는 것으로도 유명하다. 그 벽화들이 도시에 사는 모든 사람의 취향에 맞지는 않겠지만 벽화는 이제 브뤼셀을 상징하는 배경이 되었다. 질 삽입 후 발기가 가라앉아 축 늘어진 남자의 성기가 그려진 다음날에는 어김없이 항문이 등장한다. 한때 자누시• 광고가 마치 선동하듯 이 퍼포먼스에 참여하면서 사람들이 외면하기도 더욱 어려워졌다. 이제 그 광고 그림 바로 아래 교활한 여자처럼 생긴 항문이 입을 딱 벌리고 있다. 그 항문의 주인공은 바로 브뤼셀의 문화와 위생을 책임지는 시의원이다(진짜다!). 그는 이 그림이 지워야 할 정도로 흉하지는 않다고 결론을 내렸다. 또다른 밤에, 파리 페니슈 부두의 건물 벽에 나타난 그림 역시 의심의 여지없는 항문이었다. 그 항문은 어디를 향하고 있는 걸까? 들어가는 중일까, 나오는 중일까? 위대한 작품이란 대중이 자신의 취향에 따라 다양하게 해석할

• 1916년에 설립한 이탈리아의 가전제품 회사.

수 있어야 하지 않을까? 판단은 작품을 보는 이의 몫이다. 오랜 세월 무명이었다가 유명해진 그 벽화의 작가는 자기 작품에 대해 아무 말도 하지 않을 것이다.

이 일상의 예술가들은 재능보다는 자신의 이름을 알리고 싶은 욕망 덕분에 대중의 인기를 얻는다. 항문에 관한 걸작들은 영원히 몇몇 마니아들에게만 호평을 받을 뿐인 반면, 보잘것없는 퍼포먼스가 수천 개의 '좋아요'로 순풍을 몰고와 영예의 월계관을 쓰기도 한다. 일정 지역에 한정된 그러한 영예는 다듬어지지 않은 원석을 반짝이게 하고, 거의 무명에 가까운 사람을 엄청난 유명인으로 만들어준다. 그것이 좋든 나쁘든 간에, 진가를 알아보기 위해서는 취향에 신중할 필요가 있다. 함부로 덤비다가 큰코다치는 수가 있다.

9장
다양한 맛과 다채로운 색깔

×

"너에게선 생선 비린내가 난다,
음경과 엉덩이 냄새, 시큼한 똥구멍 냄새."

기욤 아폴리네르

식사를 위한 완벽한 농담,
방귀 냄새에 관한 아주 우스꽝스러운 농담의 소재로
양파는 언제 어디서나 먹힌다.
그 비결은 바로, 양파가 함유한 유황 성분이다.
살짝 적실 겸 가볍게 한 모금?[79]

79 스위스에서 '살짝 적시다mouiller les bords'는 포도주를 마실 때 첫잔으로 혀의 미뢰를 촉촉하게 적셔 미각을 깨워서, 그다음 잔을 제대로 맛볼 준비를 한다는 뜻으로 쓰이는 표현이다.

먹는 즐거움

초콜릿처럼 완벽하게 맛있고 저항할 수 없이 매력적인 음식이라면 똥과 유사한 모양이어도 괜찮다. 초콜릿이라면 똥이라 불려도 여전히 먹고 싶은 욕망을 불러일으킬 수 있다. 항문을 본따 만들었대도 아주아주 맛있게 먹을 수 있을 것이다. 왜 안 되겠는가! 하지만 누구의 항문을 본뜰까?

물론 당신의 항문이다! 아니면 당신이 날것 그대로 맛있게 먹고 싶은 사람의 항문이거나. 영국의 예술가 매그너스 어빈과 네덜란드의 사업가 마이클 리체마 덕분에 2006년 이후로 이 일이 가능해졌다. 두 사람은 대담하게도 이 외설적인 초콜릿을 만들 생각을 했다. 항문 모양의 초콜릿(물론 벨기에산)을. 당신의 항문을 주형으로 떠서 찍어낸 작은 초콜릿들이 담긴 우아한 상자를 받으려면, 그들의 작업장으로 가서 본을 뜨기만 하면 된다. 별로 오래 걸리지도 않는다.

처음에 자신의 항문을 본뜨려다가 실패한 매그너스는 버스 정류장에서 운좋게 만난 한 여성 지원자 덕분에 항문 모형을 본뜰 수 있었다(영국인들은 정말 우리의 상상력을 초월한다). 그렇게 해서 얼마 지나지 않아 다크 초콜릿, 화이트 초콜릿, 밀크 초콜릿, 이렇게 세 가지 맛의 '식용 항문Edible Anus'이 탄생했다. "우리는 여러 색상과 종류의 항문들이 인종, 성별, 사회계층, 성적 지향과 관련된 문화적 경계를 허물 수 있다고 생각합니다." 이 초콜릿의 형태와 입체감은 혀끝에 짜릿한 인간공학적인 관능을 자극한다. 이 초콜릿을 실제로 맛본 사람들은 맛이 나쁘지 않다고 평했다. 하지만 만일 당신이 초콜릿을 좋아하지 않는다면, 유리 항문이나 영원불변한 청동반지를 만들 수도 있다.

유럽인이라면 로제트rosette를 맛있게 먹어본 기억이 한 번쯤은 다 있을 것이다. AOC• 승인을 받은 이 잘 말린 소시지를 얇게 썰어 먹으면 맛이 일품이다. 명성이 자자한 이 리옹 특산물의 이름은 내용물을 감싸고 있는 창자에서 유래했다는 사실을 잊지 말자. 로제트는 돼지 창자의 끝부분으로, 분홍빛을 띠고 있어 붙여진 이름이다. 리옹 지방에는 돼지의 직장에 1등급 돼지고기를 불룩하게 채워넣는 전통이 있다. 창자가 아니라 식용 비닐 안에 고기를 채워넣는

• Appellation D'origine Contrôlée. 원산지 통제 명칭. 프랑스 식품의 원산지와 품질을 증명한다.

다면, 로제트가 아니라 평범한 소시지일 뿐이다.

항문 형태 그대로

나미비아 사람들은 아프리카 멧돼지의 항문이 사람의 혀유두를 깨우기에 가장 좋은 부위라고 생각한다. 그래서 나미비아에서 널리 사랑받는 아프리카 멧돼지의 항문 요리는 형태 그대로 장작불에 구워져 식탁에 올라온다.

노르망디의 구멍• 한잔이면 그만이지!

"자신의 항문을 과신하는 자가 겁없이 야자열매를 삼킨다"라는 코트디부아르 속담이 있다. 이 속담은 이런 문제를 고민하게 만든다. 배변 욕구나 불쾌감을 일으키지 않고 항문성교를 즐기려면 어떤 음식을 먹는 게 가장 좋을까?

다음의 음식들을 접시에 골고루 덜어먹는 것이 좋겠다.

— 섬유소뿐만 아니라 단백질도 제공하는 깍지콩류(렌틸콩과 말린 완두콩).

— 섬유소뿐만 아니라 흡수 속도가 느린 당 형태로 에너지를 주는 통곡물(특히 쌀).

• Un trou normand. 식욕증진 또는 소화 촉진을 위해 작은 잔으로 마시는 칼바도스나 소르베를 뜻하는 말.

— 장을 자극하여 설사를 유발할 수 있는 생채소(소화에 나쁜 것들)는 삼가고 다양한 과일(특히 구아바)과 채소(섬유소와 비타민을 함유한 것들).

— 견과류나 식물성 기름과 같은 약간의 지방질. 변을 끈적거리게 만드는 동물성 지방은 피한다.

그리고 맹물이나 차를 충분히 섭취하는 것은 필수다.

우리의 몸이 건강한 상태를 유지하면서, 너무 단단하지도 너무 무르지도 않은, 부드러우면서도 밀도가 높아 직장과 항문을 항상 깨끗하게 유지해주는 양질의 똥을 만들어내는 데에는 이 정도의 음식이면 충분하다.

만일 음식물의 섬유소를 충분히 소화해내지 못할 경우, 질경이속 열매 연질캡슐이나 아마씨 또는 치아씨•를 먹으면 도움이 된다.

더 강력한 효과를 보려면, 매혹적으로 반짝이는 황금빛 똥을 만들어주는 연질캡슐 보조제들[80]을 인터넷에서 찾아볼 수도 있다. 그걸 복용하고 나서 남기게 되는 유일한 흔적은 바로 신비로운 한 줄기 자취다……

하지만 직장에 남아 있는 찌꺼기들까지 세척하고 싶다면, 앞서 언급한 서양배 모양의 관장기로 손상을 입기보다는 가볍게 커피관장을 하는 게 어떨까?

• chia(치아)라는 명칭은 프랑스어 chier(똥 누다)에서 파생되었다.

80 판매자는 사람이 복용하기에 부적절한 캡슐이라는 사실을 명시해놓았다.

받는 기쁨

어떤 이들은 엉덩이 골의 그늘 속에서 수수께끼 같은 눈짓을 보내는, 갈색을 띠고 술 장식이 달린 자연 그대로의 항문을 사랑한다. 하지만 요리를 위해 손질한 생닭처럼 쫙 벌어진 엉덩이 사이에 털 한 올 없이 희고 뽀얀 살을 선호하는 이들도 있다. 경우에 따라서는 흔적을 맹목적으로 추종하여 문신을 새겨넣거나 고리를 끼워넣는 등, 항문도 신체의 다른 부위들과 마찬가지로 유행이나 트렌드를 따르기도 한다. 이들은 양파를 다듬기 전에 그것부터 먼저 다듬는다. 구멍이 훤히 보이도록 털을 정리하고 알록달록한 색으로 칠한다. 기둥과 고환까지 바짝 들어올려 반짝이는 보석이 눈에 확 들어오게 한다. 먼저 왁스를 바른 뒤 바늘, 레이저 순으로 작업이 진행되는데, 참을 수 없는 고통을 견뎌내고 나면 어여쁜 구멍이 완성된다.

피부가 하얀 경우 항문 부위는 색소침착으로 색이 좀더 짙어 보인다. 이는 지극히 정상이다. 대부분의 사람들은 그 사실을 그러려니 하고 받아들인다. 하지만 민감한 사람들은 자신의 성적 매력을 한껏 발산하기 위해 그 부위뿐만 아니라 구멍 가장자리까지도 엉덩이 피부만큼 밝고 깨끗하게 만들려고 한다! 사람들이 생각하는 아름다움의 기준이 침대에 나뒹구는 포르노 영화에 영향을 받아서다. 실제로 그곳이 영화에서 더 '청결'해 보이도록 포르노 배우들은 자카르무늬처럼 쪼글거리는 항문 주름을 반들반들하게 펴고 싶은 유혹을 느끼기도 한다. 어떤 이들은 반들거리는 새하얀 양파가 훨씬 더 맵고 짜릿하다고 생각해 그것만 찾는다. 보통 사람들은 그건 취향 문제라고 말할 것이다. 하지만 과연 항문을 하얗게 만든다고 맛도 달라질까? 그저 색깔 차이일 뿐인데……

사람들은 영화에 등장하는 배우를 곁눈질하고, 필연적으로 타인과 자신을 비교하고, 입꼬리가 양쪽으로 올라가는 콜게이트* 미소를 짓고 싶어한다. 항문 표백은 평범한 사람이 둥글게 올라붙은 애플 힙을 만드는 것보다 훨씬 더 쉽지만 결코 만만하지는 않다. 조사된 바에 따르면, 감염 위험을 막기 위해 위생에 세심하게 신경쓴 상태에서 부분마취를 하고 10회에서 15회 정도 레이저 시술을 받아야 하고, 시술 후 열흘쯤 아물기를 기다려야 한다. 또다른 방법인 미백크림은 레이저 시술에 비해 훨씬 더 간편하고 비용도 저렴하지만, 유럽에서 금지된 독성물질인 하이드로퀴논을 함유해야만 효과가 있다.

그러므로 얼룩이 전혀 남지 않은 새하얀 똥구멍을 원하는 이들은 여전히 피부과 의사가 하는 레이저 시술을 추천받는다.

다소 민망한 자세

털이 연인의 혀에서 발견되거나 연인의 이 사이에 끼는 사태를 막기 위해, 최소한의 제모가 필요하다. 어떤 이들은 수영복 라인을 따라 완전

* 미국의 구강 관리 용품 브랜드.

히 제모한 뒤에(즉, 수영복이 가려주는 부위만 빼고 나머지 부분을 완전히 제모한 다음) 양파를 다듬는다. 그러고 나면 밑쪽을 마저 끝내기 위해 미용사가 그들에게 개구리 자세를 취하게 한다. 불알과 샅굴 부위까지 끝내면 고통스러울 일은 더이상 없고, 거의 끝이 보인다. 주걱칼질 두 번이면 작업은 끝난다. 그러나 작업을 용이하게 하기 위해 두 손으로 양 무릎을 감싸고 엉덩이 사이를 벌리는 민망한 자세를 취하려면 털을 뽑는 사람과 뽑히는 사람 사이에 절대적인 신뢰 관계가 사전에 마련되어야 한다.

항문에 새기는 이름

그렇다, 항문 주위의 피부에도 문신을 할 수 있다. 심지어 다른 어느 부위보다 고통스러움에도 불구하고 정말로 새긴 사람들도 있다. 그런데 사람들은 거기에 어떤 문신을 하고 싶어할까? 땅굴 속에 처박혀 있는 토끼? 자신의 구멍 속에 들어가 있는 미키마우스? 매혹적인 환영의 엘프어 메시지?
2012년, 스물 두 살의 마리아 루이즈 델 로자리오가 그곳에 문신 시술을 받는 전 과정을 〈뉴 타임스 브로워드 팜 비치〉라는 방송을 통해 공개했다. 그녀는 이미 열아홉 살에 그곳에 '666'이라는 숫자를 새겨넣었는데, 그 주위에 문신할 자리가 조금 남아 있어서 그곳에다 2개의 이름을 더했다. 거기다 영원히 새겨넣기에 결격사유가 없는 사람들의 이름이었을까?

"피카소가 만년에 발표한 관능적인 조각작품들은 항문, 특히 매우 아름다운 형태의 엉덩이 한가운데에 별처럼 새겨진 여자의 항문이 얼마나 아름다울 수 있는지 알려준다. 그 보석은 하나의 입맞춤이다." 화가이자 조각가이며 프랑스의 성인용품 브랜드인 로즈버드의 창립자 줄리앙 스넬링의 말이다.

플러그를 장식한 크리스털의 광채는 마치 단단하게 죈 물림쇠에 공모의 눈길을 던지듯 항문에 음란한 매력을 부여한다. 괄약근에 의해 조여져 더이상 안으로 들어가지도 쉽게 빠지지도 않으면서 모습을 드러내는 그것은 반들반들 윤이 나는 금속과 크리스털로 제작된 항문 장신구로, '로즈버드'라는 아름다운 이름을 가졌다. 장식적인 바깥 부분은 축받이 역할을 하면서 보석이 안쪽 깊숙한 곳으로 빨려들어가지 못하게 막아준다. 이 섹스토이에 관심이 있다면 청동 사자 머리가 각인되어 있거나, 보석이 끼워졌거나, 근사한 동물 꼬리가 뻗어 있는 것을 선택하기를 권한다. 이 내밀한 보석의 가장 우선적인 기능은 항문을 예쁘게 장식하는 것이 아니라 항문을 돋보이게 하는 것이다. 그 빛깔로 항문이 삽입을 원하며 그 기대감에 부풀어 있는 성감대임을 알리는 것이다. 게다가 달걀처럼 생긴 로즈버드의 안쪽 부분은 여자의 경우 항문 부위를, 남자의 경우 전립선을 자극함으로써 쾌감을 불러일으킨다. 질 삽입시 둘 중 한 사람 또는 둘 모두의 항문에 로즈버드가 삽입되어 있으면 두 사람이 느끼는 쾌감이 더욱더 증가하고, 거부감 없는 작은 사이즈의 로즈버드를 사용하면 경험 없는 소심한 단춧구멍들도 그동안 전혀 느껴보지 못한 놀라운 쾌감을 경험할 수 있을 것이다!

로즈버드를 계속 끼우고 있어도 전혀 문제될 게 없다. 오히려 빈번하고 격렬한 팽창과 이완으로 피부조직의 탄력성을 회복하고 강화하는 효과가 있다. 수줍은 초보자를 위한 몇십 그램짜리부터, 노련한 애호가를 위한 892그램짜리 특대형까지, 로즈버드사의 제품들은 사이즈와 무게별로 아주 다양하기 때문에 개개인의 항문성교 경험과 구멍 크기에 맞춰 선택할 수 있다. 로즈버드가 끼워져 있으면 신체—그리고 함께하는 파트너의 소뇌에까지!—에 섬세하고 미묘한 자극이 전달된다. 이 묵직하고 달콤한 비밀을 실은 항문은 육체적 쾌락의 무게중심이 된다.

이 몸안의 보석은 결혼반지나 가문반지 또는 롤렉스보다 훨씬 더 사람의 태도를 크게 바꿔놓는다.

금지된 향기

'귀 뒤쪽에 항문 꽃 몇 방울만 뿌리면, 외출 준비는 끝이다!' 다들 장난삼아 그런 농담을 할 때, 일본의 조향사 타마토이즈는 실제로 대담하게도 그곳 냄새를 이용한 향수를 만들었다. 그는 '여자아이의 겨드랑이'라는 향수를 출시한 이후 자신의 '금지된 향기' 시리즈에 '소년의 항문'을 선보였다. 그런데 웃기려는 게 아니라 이 향수는 제조공정에 따라 심혈을 기울여 만든, 진짜로 '연인을 붙잡는 올가미'다. 이 관능적인 엑기스의 광고는 "당신이 자꾸만 맡고 싶어질 향기"라고 장담한다.

끝을 알 수 없는 구멍 안에서 찾아낸, 놀랍도록 다양하고 무궁무진한 물건들 5

아무거나 마구 먹어서는 안 된다고? 그렇지 않다! 그것은 앙트레부터 시작해서 디저트로 나오는 단것들까지 다 먹어치운다. 메인 요리를 만난다면야 이야기가 달라지지만. 그러니 그냥 그들이 살아가게 놔두자! 채식주의자도 다른 이들과 다를 바 없는 돼지들이라고 당신은 반박할 것이다. 채식주의자는 채소만 먹긴 해도 게걸스럽게 먹어댄다. 직장 안의 주키니호박 때문에 병원에 실려 오는 사람들은 오히려 “하루에 다섯 가지 채소를 내가 어디로 넣는지 알지?”라고 말하는 유의 식도락가들일 것이다. 게다가 대부분의 신선한 채소와 과일은 입이 아니라 밑으로도 먹을 수 있을 법한 모양이라는 사실을 인정하지 않을 수 없다……

가지
아보카도
병에 든 작은 오이

홍당무
레몬
오이
주키니호박
옥수수
다듬은 생강
밀감
달걀
빵
서양배
사과
감자
겨자병
요거트병
순무
얼음 한 봉지
살라미
소시지
마지막으로 아주 굵은 시가까지!

소화하기가 아주 어려워 보이는 것들로는 부엌칼, 나무숟가락을 이용해 삽입한 절연장갑이 있다. 이것을 맛본 사람들은 다음과 같은 것도 맛보았다. 복막 외 직장 천공.

10장
순수한 즐거움

“만일 숙녀가 앉기를 거절한다면,
서투른 사람들에게 항문 삽입을 당할
위험에 관해 충고하지 마시오.”

피에르 루이, 『소녀들을 위한 기숙학교용 예절 지침서』

점점 더 흔해지고 있긴 하지만,
그럼에도 불구하고 항문성교에는 아직도 이단의 흔적들이 남아 있다.
어쩌면 다행스러운 일이다!
이 금지된 취향은 우리를 매혹하면서 금기를 깨뜨리도록 부추긴다.
금지 명령은 우리를 경직시키는 동시에 우리를 열에 들뜨게 한다.
자신의 항문과 파트너의 항문은
언제나 두려움도 제약도 없이 즐겁게 발견되어야 하리라.
두려움은 초심자에게 기분좋은 쾌락을 펼쳐 보여주면서
가벼운 떨림 아래 부끄러움을 걷어내며 서서히 사라진다.
아마 토템을 바꾸기만 해도 금기가 완화되리라……

프랑스 사람들의 근황

최근에 실시된 커플들에 대한 연구 조사에 따르면, 응답자의 51퍼센트가 이미 항문성교를 경험했고, 5퍼센트는 "자주", 18퍼센트는 "가끔", 28퍼센트는 "아주 드물게" 실행한다고 응답했다.[81] 프랑스 여성만을 대상으로 조사한 결과에 따르면 53퍼센트가 적어도 한 번 정도는 항문성교를 시도했는데, 이는 1970년에 비해 네 배나 증가한 수치다. 그리고 61퍼센트는 항문성교를 통해 오르가슴을 경험한 것으로 조사되었다.[82] 시도 동기는 사람마다 다양하다. 어떤 이

81 18세에서 69세까지의 프랑스인들 가운데 7403명을 대상으로 하여 2017년 4월 7일부터 9월 7일까지 주간지 『마리안느』의 온라인 설문을 통해 실시된 Ifop(프랑스 여론연구소)의 여론 조사.

들에게 항문성교는 사랑하는 사람에게 완전히 헌신하기 위한 행위이고, 또 어떤 이들에게는 감정 없이 오로지 섹스만을 나누는 파트너를 위한 성행위에 불과하다.

모든 프랑스 커플은 항문성교에 대해 알고 있다. 그것은 도처에서 행해지며, 프랑스에서 가장 외지고 보수적인 지역들에서도 찾아볼 수 있다. 하지만 대다수의 사람들에게는 여전히 환상에 머물러 있는데 특히 남성들의 환상에 머물러 있다. 환상의 규모는 성별에 따라 차이가 있다. 남자들은 아주 이성적인 시나리오들을 실현하고 싶어하는 반면, 여자들은 현실에서는 절대로 겪고 싶어하지 않을 극단적인 환상들을 남몰래 쌓아올린다. 성에 관한 상상의 세계는 여전히 항문의 왕국이다.

항문에 관한 환상은 복종/지배 게임과 긴밀하게 연관되어 있다. 항문에 삽입당하기를 꿈꾸는 사람은 상대방의 의지에 복종한다고 느끼는 것에서 오는 쾌락을 즐긴다. 상대방의 항문에 삽입하기를 꿈꾸는 사람은 상대방을 지배하는 것에서 정신적인 쾌락을 향유한다. 전자는 보다 여성적이고, 후자는 보다 남성적이다. 그런데 이 역할은 고정되어 있지 않으며 역할이 전도될 때 모두에게 매우 자극적인 효과를 낳는 것으로 나타났다. 많은 이성애자 남자들은 성전환자에 대한 환상과, 또다른 남자 한 명을 포함한 3인 혼음에 대한 환상을 품고 있다. 그럼에도 그들은 수동적인 역할과 동성애에 참

82 프랑스 대도시에 거주하는 18세 이상의 여성 가운데 1007명을 대상으로 2019년 1월 28부터 29일까지 『엘르』의 온라인 설문을 통해 실시된 프랑스 여론연구소의 조사.

여한다는 것과 동성애가 그들에게 불러일으키는 공포심 때문에 여자에게 지배당하는 피학적인 욕망에 사로잡힌다.

특히 동성애를 거부하는 여자들은 항문성교를 상스럽다고 생각하거나 그 성행위에 따르는 고통을 두려워했다. 하지만 그에 대한 환상을 키우거나 심지어 수년 동안 품고 있을 수도 있다. 여자들의 경우 항문성교를 실제로 경험하고 싶다는 욕망은 나이에 비례하여 커진다. 유튜브에서 람즈와 톰 다이오가 거리의 행인들을 대상으로 조사한 결과를 보면 이에 관한 교훈이 가득하다. 거리에서 '항문 섹스에 찬성하는가, 반대하는가?'라는 질문을 받은 젊은 여자들은 모두 '반대한다' 라고 대답했다. 그들은 모두 30세 미만이었다. 앞서 인용된 프랑스 여론연구소의 조사에 따르면, 30세 여자의 32~61퍼센트가 이미 항문성교를 경험했고 10~26퍼센트는 정기적으로 하고 있다. 항문성교는 처음부터 시도할 수 있는 성행위가 아니다. 환상적인 상상이 항문의 관능적인 실제 행위로 실현되기 위해서는 꽤 오랜 기간이 필요하고 전희와 같은 준비 작업도 상당히 많이 필요하다. 노하우를 갖고 있는 여러 명의 연인들과 다양한 경험을 쌓고 기량을 키우고 자유분방한 체험을 충분히 해본 사람만이 항문성교를 제대로 즐길 수 있다. 그리고 어떤 이들은 마침내 그것이 질 삽입보다 훨씬 더 충만하게 욕구를 만족시켜준다는 것을 발견한다.

항문에 손가락 넣기

고전적인 헤테로 성관계(엄마 안에 들어가는 아빠) 도중에 질이 갑자기 수축하는 바람에 그 안으로 들어간 페니스가 빠지지 않는 상황이 발생할 수 있다. 이 현상을 페니스 캡티부스penis captivus라 부른다. 응급실에 가기도 그렇고, 혹시라도 이웃에 알려지면 평생 놀림감으로 전락할 수도 있다. 그런데 그다지 유쾌하지 않은 상황이긴 해도 크게 걱정할 필요는 없다. 손이 닿는 범위 내에 해결책이 있기 때문에 아주 쉽게 해결할 수 있다…… 파트너의 항문에 손가락 하나만 집어넣으면 된다. 그러면 항문의 거근이 반사적으로 수축되면서 페니스를 조이고 있던 근육이 느슨하게 풀어진다. 이 근육들은 사실상 동시에 수축할 수 없는 두 구멍을 에워싸고 8자형 이중 올가미를 형성하고 있기 때문이다.

항문성교시 느끼는 쾌락은 성별에 따라서 매우 다양하고, 특히 개인의 '항문' 자질에 따라 더더욱 다양하게 나타난다. 하지만 무엇보다도 모든 것은 그 개인이 (얼마나 완강하게) 그것을 거부하느냐 아니면 그것에 호의적이냐에 달려 있다. 위생학적이거나 종교적 또는 사교상의 이유로(가령 동성애자로 소문나는 건 아닐까 하는 두려움 때문에) 그 생각을 물리치는 남자들과 여자들에게는 불쾌한 경험으로 여겨질 수 있을 것이다. 남들이 다 하는 걸 해보지 못하고 죽을까봐 시도는 하지만, 남자 또는 여자라는 사실에 스스로를 가두어 틀에 박힌 부부 체조를 선호하는 사람들에게는 단지 기분 전환용으로 생각될 것이다. 반면 자신의 성 정체성을 안정감 있게 받아들이고 스스로를 동성·양성·이성애자라고 생각하거나 성 정체성을 정하지 않는 것을 선호하는 사람들에게는 절정의 경험으로 여겨질 것이다.

금기를 깨뜨리다

피임이라는 개념이 생기기 전까지 섹스는 여자들에게 많은 걸 의미했다. 여자들은 섹스를 하면 임신을 할 수도 있다. 그러니 섹스에 대해 신중할 수밖에 없었다. 원치 않는 임신에 미리 대비할 수 있게 된 오늘날에는 여자도 자신의 몸을 종교 사원처럼 여기는 것을 그만두고 남자처럼 환희를 느낄 수 있다. 하지만 많은 여자들이 항문성교를 받아들이면 자신의 여성성을 잃게 될까봐 두려운 나머지 그 논리적 귀결을 다른 쪽으로 옮겨가는 듯하다. 즉, 임신과 관련된 그 신성한 경건함 쪽으로……

자연스러운 성적 활동이 인간존재에게는 문화적인 것이기도 하다. 이를 에로티시즘이라 부른다. 에로티시즘은 동일한 충동에서 나오지만 우리의 신경증에 공존하는 감정, 신앙, 도덕에 의해 방해를 받는다. 에로티시즘은 매우 다양한 형태를 취할 수 있고, 저금통과 크랭크축 이외에 연장통에 들어 있는 온갖 종류의 도구들로도 실현될 수 있다. 또는 전혀 실행되지 못한 채 환상적인 꿈이나 순결에 대한 강박관념 또는 선량한 가장으로서 남자의 체면을 신경쓰는 것…… 등에 방해를 받을 수도 있다.

그러므로 항문성교는 사실 동물성과 아무 상관이 없다. 그것은 오히려 매우 관능적이고, 아주 이지적이며, 따라서 굉장히 인간적인 성행위다. 동물들 역시 항문성교를 하지만 그것을 꿈꾸지는 않으며 거기에 금기를 어기는 데서 오는 매력을 조금도 섞지 않는다. 동물들은 그것이 금지되어 있지 않기 때문에 그것을 한다. 하지만 우리 인간들은 그것이 금지되어 있기 때문에 그것을 한다.

불의 왕관을 두른 항문은 관능적인 영역의 제왕이다. 금지에 대한 위반 없이 에로티시즘은 없다. "그러나 금지나 규칙, 법 없이는 위반도 없다(철학자 앙드레 콩트 스퐁빌)." 도덕적, 사회적, 종교적 금기를 통해 상징적인 금기가 만들어졌다. 낭비와 비생산적인 것에 대한 금기. 항문성교는 번식의 의무에 어긋나기 때문에 종교에 의해 금기시된다.

케케묵은 신앙의 잔재가 우리의 무의식에 눌러앉아 있다 할지라도, 현대의 종교는 그 의식이나 성상과 더불어 일종의 상품이다. 현대의 교리는 상품을 생산하는 것이고 발전은 이 세계의 새로운 도덕의 사도신경이다.

특히 유행과 포르노가 실어나르는 이미지들과 그것들이 부추기는 행동들로 항문성교 역시 하나의 상품이 된다면 이번에는 항문성교 자체가 의무가 될 우려가 있다. 그때부터 항문성교는 정말로 진부하고 시시하게 여겨질 것이다. 금기를 깨뜨린다는 매력을 상실하고 명령이 흥분을 앗아가기 때문이다.

이론적으로 단순한 위반으로는 금기를 폐기하지 못한다. 단지 금기를 일시적으로 풀어줄 뿐이다. 그러나 쇼 비즈니스의 사회에서,

위반은 결국 파괴적인 위엄을 과시하게 된다. 그것은 충돌과 갈등을 피하면서 유리한 쪽으로 논리를 이끌어간다. 이미지와 시각적 정체성을 치환하는 놀이만으로 하나의 도덕이 다른 도덕으로 교체된다. 모두에게 금지된 행위였던 항문성교는 여자들에게 내려진 명령이 된다. 성 해방을 가장한 이 새로운 도덕은 능동적인 성과 수동적인 성의 분리를 더욱 강화한다.

이 슬픈 상황에 맞서 항문은 자신의 반항 정신을 간직한 채 명령에 불복하고, 회유를 거부하고, 금기에 침을 뱉어야 한다. 명령을 어기듯 금기를 깨면서, 다시 말해 지배의 게임 법칙을 거부하면서, 동화라는 타협을 받아들이지 않음으로써 항문 정신은 파괴적인 모습을 보여준다.

그것을 받아들이겠다고 호기롭게 마음먹는 데에는 아주 많은 이유가 있다. 호기심 때문에. 쾌락의 폭을 넓히고 싶은 욕망 때문에. 커플이 함께 새로운 세계를 발견하기 위해…… 하지만 상대방을 즐겁게 해주고 싶어서, 평화롭고 안정적이고 싶어서, 멋지고 개방적으로 보이고 싶어서, 심지어 '사랑하기 때문에'조차 그 동기가 될 수 없다. 이는 모두 간접적인 의무에 지나지 않는다.

구멍이 고정관념을 깨트리다

포르노그래피는 고정관념을 깨부수는 이미지를 다양하게 제시하면서 젊은이들에게 그들의 부모가 그들 나이 때는 그런 것이 있는지조차 몰랐던 행위들을 보편화했다[83]. 소년들은 첫 성관계를 가질 때부터 소녀들에게 구강성교와 항문성교를 당연하다는 듯이 요구하고, 소녀들은 콤플렉스에 사로잡힌 바보 취급을 받지 않기 위해 그 요구에 응해야 한다고 느낀다…… 앞면(금지된 구멍을 봉인하는 신의 모습이 있는)과 이면(숫처녀들의 항문을 강박관념에서 벗어난 욕망에 넘겨주는)을 가진 메달처럼 성도착적인 이중성이 거기서 그대로 드러난다.

우리의 선조들은 그것을 '일요일의 구멍'이라 불렀다. 임신할 위험 없이 할아버지를 만족시키기 위해서, 얼마나 많은 우리의 할머니들이 그 행위에 대해 환상도 욕망도 느끼지 못한 채 그저 하나의 의무로 받아들이면서 고통을 인내했을까? 피임은 여자도 남자와 동등한 자격으로 에로티시즘에 접근할 수 있게 해주었다. 아이를 낳는 저주에서 벗어난 여자들은 동물적인 성생활로부터 뛰쳐나와 자신들의 성적 환상을 실험해볼 수 있었다—어느 정도까지는! 그렇지만 유감스럽게도, 그들은 항문에 대한 성적 환상을 그려보기도 전에 포르노그래피 때문에 다시 한번 명령의 그물망에 걸려든 스스로를 발견한다. 종교가 선조들을 성에 대한 콤플렉스를 가진 존재로 만들었듯 포르노그래피가 그녀들을 항문에 대한 콤플렉스에 사로잡힌 존재로 만드는 것은 아무리 생각해봐도 너무한 일이

83 오늘날에는 여성의 47퍼센트가 포르노 사이트를 방문한 적이 있다고 인정한다. 하지만 2006년에는 그 수치가 4퍼센트에 불과했다.

다……

현대의 상상계에서 해방된 여성상은 바로 포르노 배우다. 항문성교를 강요당하는 여자…… 블로우 잡* 지망생이 이 사업에 뛰어드는 순간부터, 만일 항문성교를 거부한다면 촬영을 할 수 없을 거라고 주지시킨다. 포르노가 모든 한계를 무너뜨리는 세계에서 항문성교는 기본 수위다. 실전에 적용해보기 위해 X등급 영화를 곁눈질하는 사람은 없을 것이다…… 그런데 문제는 상황이 늘 똑같은 패턴으로 전개된다는 것이다. 기고만장한 남성적 우위, 전장, 후장 심지어 트리플 항문 삽입, 필요 이상으로 거대한 자위기구, 곡예를 연상시키는 절묘한 체위.

여성적 환상을 그리는 포르노 영화들, 여성의 존엄성을 존중하는 여성을 위한 영화들을 본보기 삼아 대안적인 포르노그래피를 주장하거나 나아가 그것을 실현할 것을 주장하는 목소리들이 나오고 있다. 그러나 여성스러운 포르노는 몹시 지루하다. 존엄성을 지향하는 포르노는 전혀 흥분을 일으키지 못한다. 사람들로 하여금 믿게 하고 싶은 것과는 달리, 모든 여자들이 로맨틱한 바보에게 두근거리는 건 아니며 오히려 그 반대인 경우가 많다. 강간, 체벌, 난교 파티, 상대방을 묶어놓고 하는 변태적 성행위, 그리고 항문을 활짝 벌리게 하고 거기에 복종하는 장면 들은 어느 모로 보나 훌륭한 가정주부들을 다른 관점에서 강렬하게 자극할 수 있다. 물론 남자들

* 구강성교의 속어이나, 넓게는 하드코어 포르노 장르 전체를 포괄하는 용어로 쓰인다.

은 자기 여자가 그런 것을 모르기를 바라겠지만.

도덕의 흔적들이 머릿속에 항상 존속하는 여자들에게 강간에 대한 환상은 자위를 부추기는 데 매우 효과적인 것으로 밝혀졌다. 강압적으로 정복당하는 자기 모습을 상상한다면 모든 추악한 의도는 정당화된다. '그건 내 잘못이 아니야!' 이 환상은 금기를 폐기하고 죄책감 없이 쾌락에 몸을 맡기게 해준다. 비르지니 데팡트•는 소설 『킹콩걸』에서 이를 아주 잘 표현하고 있다. "그것은 여자들로 하여금 그녀들의 무능함, 즉 상대방(남자)의 우월함 때문에 육체관계를 가질 수밖에 없도록 운명 지우는 의미심장하고도 분명한 문화적 장치다. 그녀들이 섹스를 미치도록 좋아하는 잡년들이어서가 아니라."

만일 여성 감독들이 달콤하고 감상적인 시나리오를 기대하는 남성적인 제작자에게서 벗어난다면, 그들은 여자를 위한 뛰어난 포르노 영화, 진짜 여성적인 환상이 어떤 건지 보여주는 포르노를 만들 수 있을 것이다. 이성애자들을 흥분시키기 위해 혀끝으로 애교를 부리는 여배우들이 아니라 성관계를 하는 레즈비언들. 양성애 성행위를 위해 그 자리에 있는 남자 동성애자 때문에 여자가 항문성교에서 완전히 배제당하지 않는 양성애적인 스리섬. 파트너끼리 애정어린 몸짓으로 항문성교를 하는 덕분에 그들의 엉덩이에서 해방되는 남자 포르노 배우들. 괜찮지 않은가? 그들은 똑같은 구멍에

• 프랑스의 소설가, 영화감독. 포르노그래피와 성매매 문화를 자전적 경험을 경유해 다룬다.

다른 사람의 페니스와 자신의 페니스를 함께 끼울 수는 있으면서 왜 남자친구의 항문에 손가락을 집어넣거나 귀두에 혀를 갖다대지는 못하는 걸까? 관객들에게 항문을 보이는 게 두려워 스크린에서 팬티를 끝까지 고수하는 사내들보다는 그 편이 더 믿을 만할 텐데……

완고한 터부

여론조사 결과에 비추어 보면, 항문성교가 사회 풍속으로 완전히 자리잡은 것은 아니더라도 적어도 정숙한 여자들도 할 수 있는 것으로 생각되는 성행위 중 하나로 자리매김했다고 볼 수는 있다. 하지만 그렇다 하더라도 이 완화적인 추세는 여자의 항문에만 해당된다. 남자의 경우, 겨우 손가락 하나(부부의 22퍼센트 이내)를 허락할 뿐이고, 더 강도 높은 경우에도 혀끝(여자들의 15퍼센트가 마지못해 고백한 바에 따르면)[84]이 닿는 게 다다.

2020년에도 프랑스에서 남성의 항문은 여전히 납처럼 묵직한 담요에 덮여 있다. 항문 삽입은 아직도 남자들에게 성도착적이고 남성다움을 잃는 성행위로 여겨진다. 많은 남자들이 억눌린 게이 취급을 받을까 두려워 항문 속 손가락이 주는 쾌락을 포기한다. 최악은, 그들이 여성 파트너에게 용기를 내어 그것을 부탁할 경우 어떤 여자들은 정말로 그를 게이라고 생각할 거라는 사실이다……

84 앞서 인용된, 2019년 『엘르』에 실린 여론조사.

그 시도에 몸을 맡기는 남자는 일반적으로 상대방이 항문에 손가락 하나를 집어넣는 정도는 거부감 없이 받아들인다. 하지만 그걸 또다시 하고 싶은 욕구가 일어나느냐 아니냐는, 그 특별한 즐거움을 얻는 방법에 대해 그가 얼마나 긴장을 풀고 편안하게 임했는지에 달려 있을 것이다. 따라서 만일 어떤 터부가 신경쓰였다면 그는 쾌감을 전혀 느끼지 못했다고 생각할 것이고 아마도 그 불편함 때문에 실제로도 쾌감을 덜 느꼈을 것이다. 인간의 심리란 원래 그러니까.

남자들은 아무것도 아닌 일에도 혼란에 빠질 만큼 극도로 유약한 정신구조를 갖고 있다. 남자들은 들통나는 것, 속마음을 읽히는 것을 두려워하기 때문에 항상 뒤를 경계한다. 전통적으로 상대방을 벌거벗기고 뚫고 들어가는 것은 바로 그들이다. 고개 숙인 남자라는 소리를 듣지 않기 위해, 엄격한 성적 취향을 고수하기 위해, 남자들은 주도권을 계속 유지하고 모든 약점을 억눌러야 한다. 발기할 의무에 직면한 남자로서 자신의 성감대에 항문을 편입시키는 것은 쉽지 않은 일이다.

그러나 만에 하나 과감하게 감행해본다면 억압에서 풀려나 되는 대로 몸을 맡기고 엄격한 태도를 벗어던진 채 은밀한 그 밤에 속마음이 읽히도록 내보이는 게 얼마나 멋진지 깨닫게 될 것이다……

전립선 오르가슴

남자 여자 할 것 없이 우리 모두는 항문을 갖고 있다. 그러나 남자의 항문만이 단순한 항문 쾌감과는 다른 오르가슴을 느끼게 해줄 꼭꼭 숨은 보물을 지니고 있다. 바로 전립선 오르가슴이다. 두 가지를 모두 실험해본 사람들은 전립선 오르가슴은 단순한 항문 오르가슴과 다르다고 말한다. 전립선 오르가슴이 훨씬 더 충족감이 크고 강렬하며, 반복적으로 느낄 수 있다.

유일하고도 유용한 방법

음경에 감각이 없는 경우(특히 사지마비 환자들의 경우), 항문 경로를 통한 전립선 자극(다른 경로는 존재하지 않는다)은 2세를 얻기 위한 유일한 방법이다. 동시에, 쾌감을 얻을 수 있는 유일한 방법이기도 하다. 그뿐인가, 발기가 원활하지 않을 때 유용한 방법이기도 하다.

남자의 전립선은 결코 쓸모없는 장치가 아니다. 오르가슴의 신음을 내지르는 데 도움을 주는 전립선은 정액을 제공하고 추진시키는 림프절이기 때문에 번식을 위해서도 유용하다. 전립선은 수정낭과 협력해서 탄수화물, 단백질, 아연이 풍부한 분비액의 일부분을 생산하는데, 이 정액 안에서 살아남은 정자가 자궁경부나 직장관, 식도, 또는 휴지 안에서 뛰어논다.

방광 바로 아래 요도 주위에 위치한 전립선을 사정 통로들이 가로지른다. 전립선 입구에도 괄약근이 있고 출구에도 괄약근이 있는데, 후자는 사정시 정액을 배출하기 위해 수축된다. 촉감은 암탉의 모래주머니와 약간 비슷하다. 자갈을 부술 수 있는 모래주머니처럼 전립선 역시 강력한 섬유질을 함유한 근육들을 갖추고 있고, 심지어 시속 49.8킬로미터로 정액을 발사하는 능력까지 갖고 있으니, 어쩌면 당연한 일이다.

경이로운 P스팟!

남성 여러분, 당신들의 몸 안쪽에는 아주 예외적인 것, 오직 당신들만 지닌 팡팡 터지는 지점이 있다. 셀프서비스로나 공유된 상태로나 항상 사용할 수 있다. 정말 끝내주는 구멍이다! 사용하는 방법은 아래와 같다.

사용 지침서

1. 위치 측정

먼저 입구를 통과하시라. 그러면 바로 90도 각도의 돌출부에 의해 하나의 관과 연결되는 부드럽고 탄력성 있는 벽에 닿을 것이다. 앞쪽 내벽에서, 표면이 약간 오톨도톨하고 더 단단한 밀도로 둥글게 구부러진 부분의 위치를 탐지하라. 입구에서 약 60밀리미터 지점에 위치한 이 불룩 나온 부분은 얼마나 오래전에 자리잡았는지에 따라 15밀리미터에서 45밀리미터까지 펼쳐져 있다.

2. 적절한 위치까지 들어가기

3분의 1 정도 들어가는 것이 더 기분좋긴 하지만, 새로운 것에 도전하는 당신은 사생활을 보호받으며 아무도 모르게 혼자 경험해보고 싶어할 수도 있을 것이다. 그럴 경우 DIY 사용지침은 다음과 같다.

① 안정적으로 누울 수 있는 받침대를 준비하라(완전한 마무리를 위해 꼭 필요하다).
② 편안하게 등을 대고 누워서 양 무릎을 들어올려라.
③ 실행하는 동안 당신의 몸이 더러워지지 않도록, 사전에 장 세척을 해도 좋다(하지만 더러워진다 해도 어차피 당신 것이다).
④ 긴장을 풀고 순조롭게 발굴 작업을 해나가기 위한 가장 좋은 자세는 당신이 오랫동안 편하게 있을 수 있는 자세다. 예를 들면 긴 소파 위에 거꾸로 누워 등받이에 허리를 고정시키고, 등받이 쿠션 위쪽에 장딴지를 올려놓은 자세.
⑤ 이 자세에서, 굉장한 자질을 가진 사람은 혀끝으로 그 구멍을 간질일 수 있을 것이다.
⑥ 현관문이나 방문이 잘 잠겨 있는지 확인했는가? 당신의 장모나 막내아들이 이 미묘하고도 섬세한 작업중에 불쑥 들이닥치는 불상사가 일어나서는 안 된다. 당신은 평안한 상태여야 한다.
⑦ 당신의 가운뎃손가락을 삽입하라. 아직도 구멍이 수줍어한다면 약간의 윤활 젤이 삽입을 용이하게 해줄 것이다. 마가린이나 무염버터 같은 걸 이용해도 된다. 하지만 윤활유나 체인 절단기에 칠하는 그리스 같은 건 절대로 사용하지 말기 바란다.
⑧ 들어갈 위치를 찾아내라. 그 부위는 가장자리에서 손가락 하나보다 약간 짧은 지점에 위치해 있다(1. 위치 측정 참조). 어차피 더 깊이 들어가지는 못하기 때문에 깊이 측정기구는 필요하지 않다.
⑨ 불룩한 지대에 손가락을 살짝 얹어놓고, 마치 성기에 래커 칠을 하는 것처럼 위에서 아래로 계속 움직여라(당신의 엉덩이가 공중으로 들어올려져 있는 경우는 아래에서 위로).
⑩ 판단에 따라 계속 압력을 조절하면서 점진적으로 속도를 높여라.
⑪ 당신의 감각에 몸을 맡겨라. 당신의 감각은 가장 확실한 자동유도

장치나 마찬가지다. 처음에는 매우 광범위하고 미세했던 감각이 빠르게 팽팽해지면서 수위가 높아질 것이다. 그리고 억누를 수 없는 분출이 수반된 파동이 길게 이어질 것이다. 작동을 멈추게 할 수도 있다.

⑫ 그후 불시에 무기력함이 들이닥치면서 긴장이 풀어지기 때문에 자신도 모르게 변이 새어나올 수도 있다.

관계가 오래 지속되어온 커플의 경우 그 내밀한 곳을 정기적으로 드나드는 것은 일부러 병원을 찾아가 검사를 받아야만 발견될 수 있는 전립선의 부피나 형태의 변화를 조기에 발견할 기회가 되기도 한다. 나이가 들면 대부분 전립선비대증을 겪는데, 이 친근한 접촉을 통한 빈번한 자극은 그러한 질병을 예방하는 데 아주 탁월하기 때문에 아무리 장려해도 지나치지 않다. 또한 '사정을 자주 하면 전립선암 발생 위험이 줄어든다[85]'는 사실을 우리가 이미 알고 있듯, 여러 모로 대단히 이롭다.

운전만은 삼가주길

당신의 충성스러운 괄약근 덕분에 제자리를 지키는 진동기구는 당신들이 서로 애무하거나 야한 영상을 서핑하거나 100분의 1 크기의 커

85 제니퍼 R. 라이더 외, 『사정 빈도와 전립선암의 위험: 10년간의 후속 조치로 도출된 결과들』, European Urology, 2016년 3월 29일.

티 사크 호 모형을 조립하는 동안 전립선을 담당한다. 당신은 아무런 구속도 받지 않고 자유롭게 행동할 수 있다. 다만, 운전은 만류한다. 왜냐하면 당신이 통제할 수 없을 순간이 반드시 도래할 것이기 때문이다. 당신은 단번에 쾌감이 밀려드는 것을 느끼고 수다스럽고 뻔뻔한 여자처럼 비명을 질러댈 때까지 칠렁칠렁한 물결에 휩쓸리게 될 것이고, 만약 차창을 열어두기라도 했다가는 원형교차로를 혼란에 빠뜨리게 될 것이다.

말하자면 남자도 여자와 마찬가지로 항문을 갖고 있다. 오로지 능동적이기만 한 동성애자들(나로서는 의심하는 바이지만 만일 그런 게 존재한다면) 역시 '수동적인' 동성애자들과 마찬가지로 항문을 갖고 있다. 레즈비언도 다른 모든 사람들처럼 항문을 갖고 있다. 그리고 다른 모든 사람들처럼 그것을 가지고 논다[86](혹은 다른 모든 사람들과 마찬가지로 그녀들 역시 다양한 이유로 그것을 금지당한다). 늙은이나 젊은이도 항문을 갖고 있고, 설사 인공적인 항문을 가지고 있다 할지라도 모두가 자신의 항문과 연관된 에로티시즘을 은밀하게 키우고 있는 것으로 추정된다. 절대적으로 명백한 이 보편적인 조건에서, 이 작은 구멍을 통해 세상을 관찰하는 것은 항문 삽입을 당하는 성별의 대립과 분열을 넘어서서 심각한 것들을 가벼운 마음으로 접근할 수 있는 좋은 관점인 듯하다.

86 양성애자 또는 동성애자 여성들 중 38퍼센트가 항문성교를 정기적으로 실행하고 있는 데 반해, 이성애자 여성은 22퍼센트에 그친다.

사회통념

"섹스에서 가장 재미있는 것은 삽입하는 게 아니라 삽입당하는 것이라는 사실은 누구나 알고 있다(블랑슈 가르댕•)." 삽입하는 즐거움은 그 미묘하고 섬세한 쾌감에 비해 매우 과대평가되어 있는 것이 사실이다. 하지만 쉿! 그건 우리만의 비밀로 해두자. 한껏 허리 힘을 쓰려는 지원자가 없다면 우리도 곤란해질 테니까……

삽입하는 사람이 질과 항문에서 느끼는 감각은 솔직히 크게 다르지 않다. 물론 '처녀' 항문은 더 빡빡하다. 하지만 그것은 첫 경험을 하는 질의 경우도 마찬가지다. 차이가 있다고 생각되는 건 무엇보다 환상의 차원, 그러니까 기분에 불과하다.

사람들에게 뿌리깊이 박혀 있는 생각에 따르면 항문은 질구보다 더 좁을 것이다. 분만시에 확인되는 사실이지만, 그다음에 그 두 구멍이 무엇을 하느냐에 따라 그 생각은 뒤바뀔 수 있다. 질이 실제로 3킬로그램 남짓한 포동포동한 아기를 통과시킬 수 있게 설계되었다 해도 그것은 아기를 분만할 때만, 다시 말해 그 구멍의 조직이 관절을 과잉 이완시키는 호르몬들로 축축하게 젖어 있을 때만 가능하다. 그런데 항문은 흥분하면 확장된다. 그리고 규칙적인 스트레칭을 통해 수용능력을 엄청나게 키울 수도 있다. 꽉 조여지는 감각은 괄약근의 힘에서 나오지만 이 역시 항문에 달려 있다. 항문은

• 프랑스의 배우, 작가.

곧 앰풀 모양으로 넓어진다.

이 앰풀 주위의 감각신경들이 서로 얽혀 있는 몸은 그것이 확장되는 느낌을 즐긴다. 그의 욕망은 채워야 할 텅 빈 곳 안에서 펼쳐진다. 침투하는 자가 느끼는 쾌락은 침투당하는 자의 쾌락과 긴밀하게 연결되어 있다. 왜냐하면 충동적으로 경험이 없는 자를 침투할 때는 그의 소심한 엉덩이 안에서 조여지는 금지된 감각을 강렬하게 맛보는 데 비해, 노련한 자가 경험 많은 자를 침투할 때는 그의 엉덩이가 강렬한 욕망에 못 이겨 한 송이 꽃처럼 열리는 것을 느끼고 전문가로서 즐길 수 있기 때문이다.

커졌다가 또 작아졌다가

흥분하면 동공의 직경이 4배까지 늘어난다. 왜 흔히 눈을 항문에 비유하는지 이해가 될 것이다…… 항문은 결코 그렇게까지 크게 벌어지지는 않는다! 하지만 우리가 질보다 더 커졌다 작아졌다 할 수 있는 구멍을 갖고 있다는 사실을 인정하자. 그리고 3인 항문 삽입 성교에 관해서는, 포르노 영화를 슬쩍 엿보는 것으로 만족하자.

침투당하는 자의 경우, 항문성교의 첫 즐거움은 항문성교에 대해 갖고 있던 기대감을 훨씬 뛰어넘는다. 그리고 만약 신경망을 통한 환상에 여전히 사로잡혀 있다 하더라도, 그 환상은 육체로 구현된다. 채워지고 싶은 욕망에 흥분한 항문은 벌어지고 확장되며 이 확장은 음경의 발기나 클리토리스의 흥분과 마찬가지로 환상이 아닌 기관이 실제적으로 느끼는 진짜 감각이다.

만약 당사자가 항문 삽입을 받아들인다면, 투입시 쾌감을 느끼는 이유는 바로 통과를 위해 벌어지도록 강요된 괄약근이 수축하기 때문이다. 몇 센티미터 위쪽에 위치한 전립선은 남자들을 특히 즐겁게 한다. 이른바 '오래 지속되는' 여성적 전립선 역시 항문 쾌감에 기여할 수 있겠지만, 대부분의 여자들은 직장에 채워지는 강력한 느낌을 더 즐긴다.

항문과 직장이 아주 쉽게 수축되는 것은 당연하다. 두 곳 모두 신경이 매우 많이 분포되어 있기 때문이다. 그렇기 때문에 그곳은 쾌감뿐만 아니라 통증도 전달한다. 그 민감도를 비교하자면, 침투당하게끔 설계되어 있지만 3킬로그램짜리 덩어리 역시 통과시켜야 하는 질의 성적 민감도는 마취주사를 맞은 직장의 성적 민감도와 대략 비슷하다. 그래서 한번 해보면 질 성교보다 항문성교를 더 선호하게 되기도 한다.

여자는 벌어지고 통과시키도록 만들어진 성기를 소유하고 있기 때문에 받아들이는 게 당연하게 여겨지는 반면에, 남자는 그럴 경우 체면을 잃는 거라고 생각한다…… 바로 그런 사회통념에 맞서 싸워야 한다. 혀와 손가락으로! 선험적으로 수동적인 항문도 열등한 항문도 없다. 설령 환상과 역할극이 지배/피지배 논리로 성적인 동기들을 이끈다 할지라도 어떤 성별도, 어떤 체위도 수동성이나 열등함을 의미하지 않으며 모든 성은 동등하다.

우리는 누구나 항문을 갖고 있다. 우리 모두는 삽입당하는 자가 될 수 있으며 그렇다고 해서 우리의 무언가가 손상당하는 것은 아니다. 우리 모두에게는 항문이 있으며, 우리 모두는 삽입당할 수 있다. 우리는 우리의 육체가 파트너에게 열리는 것과 강간당하는 것이 각기 뭘 의미하는지 안다.

주저하는 파트너에게 온갖 방법을 동원해 항문성교를 받아들이게끔 설득하려 하는 사람은 파트너에게 공감하고 그와 입장을 바꿔놓고 생각해볼 줄 알아야 한다. 자신의 항문을 타인에게 추호도 내어줄 생각이 없는 사람이라면 파트너의 거절을 이해하고 존중하는 것이 최선이다. 어떻게 스스로도 완강하게 거부하는 것을 상대가 받아들이리라고 상상할 수 있는가? 물론 그에게는 전립선 마사지가 불러일으키는 엄청난 오르가슴을 포기할 완전한 권리가 있다. 그렇다면 동반자에게 항문성교를 요구하는 것은 더더욱 정당하지 않다.

서로에 대한 관심과 배려 없이 일방적으로 항문성교를 갈망하는 것과 신비로움의 절반만을 경험하고 싶어하는 것은 좀 이상할 뿐만 아니라 솔직히 수상쩍다. 항문성교를 하는 사람으로 이상적인 인간은 항문을 대할 때 편견이 없는 사람이다. 상대방의 항문을 대할 때뿐만 아니라 자기 항문을 대할 때도 마찬가지다. 항문 확장기, 항문 자위도구, 슈퍼비아그라 같은 것이 누군가를 인기 만점의 능동적 항문성교인으로 만들어주지는 않는다.

항문성교를 실행하는 것은 구멍을 바꾸는 것이 아니다. 생각하는 방식을 바꾸는 것이다.

자유롭게 이루어지는 항문성교

항문성교를 꿈꾸는 여자들은 불과 32.5퍼센트인데 비해 남자들은 64.2퍼센트라는 사실[87]은, 3.6퍼센트가 게이여서 자기들끼리 항문성교를 한다는 점을 고려한다 해도, 능동적인 항문성교 후보자들이 적지 않다는 것을 의미한다(이 수치만 놓고 보면, 기분좋은 경험을 해보기에 최상의 조건은 아니다).

이론상으로 현대의 젊은 여자들은 어머니보다 이 문제에 관해 더 유연하다. 특히 '상대방을 즐겁게 하기 위해' 억지로 참는 경향이 덜한데, 아주 바람직한 태도다.

신체에 대한 이해도가 높고 새로운 감각에 호기심이 많으며 아주 풍부한 환상과 함께 자위를 주기적으로 하는 사람들은 곧 항문성교를 시도해보려 할 것이다. 호기심이 욕구를 부추겨서 마침내 시도해보고 나면 그들은 자신의 욕망을 충족시키는 그 행위를 좋아하게 될 가능성이 한층 더 크다.

서로 합의하에 자유롭게 이루어지는 항문 삽입은 가장 정묘한 즐거움을 이끌어낸다. 반면에, 강요된 항문 삽입은 다른 모든 곳들의 강제적인 삽입과 마찬가지로 고통스러울 것이다.

87 퀘벡대학교 심리학과 연구원들이 평균 30대의 남자 799명과 여자 718명을 대상으로 2014년에 실시한 연구로, 이들 중 85.1퍼센트가 이성애자라고 단언했고 3.6퍼센트는 동성애자, 나머지는 그 둘 사이에 있다고 응답했다.

남자가 툭하면 이 주제를 꺼내들어 상대방을 점점 지치게 함으로써 마침내 자기 욕구를 관철시키는 것은 일종의 강압이다. 지쳐서 또는 자포자기하는 심정으로 상대가 항복하면, 정복자는 안하무인격으로 나르시시즘에 빠진 한 마리 야생마처럼 정복지에 자신의 깃발을 꽂는다. 여자는 욕망이 전혀 일지 않음에도 상대방을 즐겁게 해주기 위해 순응한다. 그의 깃발에 두려워 움츠러들고, 모욕감, 수치심, 불안감……을 느끼는 여자는 황홀감을 느끼지 못한다. 대신 분노가 인다.

그처럼 비열한 남자가 획득한 최초의 정복 이후 그 길이 영원히 닫혀버려 양쪽 모두가 진정한 항문성교의 즐거움을 체험하게 될 가능성이 영영 사라져버리게 될 우려가 매우 크다.

암묵적인 동조

인간사가 모두 그러하듯이, 항문성교와 관련해 정상이냐 비정상이냐를 논하는 건 어리석은 일이다. 어떤 항문은 그것을 아주 많이 좋아하고, 어떤 항문은 그럭저럭 좋아하며, 또 어떤 항문은 전혀 좋아하지 않는다. 형태에 따라 민감하기도 하고 둔감하기도 한 것일까? 어떤 항문은 성감대이고, 어떤 항문은 그렇지 않다. 그리고 이 성감대는 시간이 지남에 따라 발전하고(일반적으로 그렇지만, 항문성교를 위해 항상 긍정적인 방향으로 변하는 것은 아니다), 파트너에 따라서도 변화한다. 성생활은 개개인마다, 커플마다 각기 다르다. 두 사람이 새롭게 결합할 때마다 새롭게 재발견된다.

"항문성교를 실행함에 있어서 커플 관계의 지속 연수는 전혀 변수로 작용하지 않는다. 그것보다는 오히려 살아가는 동안 관계를 맺은 파트너의 수가 더 큰 영향을 미친다. 평생 자기 남편과만 성관계를 가졌던 여자들 중에서는 불과 10퍼센트만이 항문성교 마니아인 데 비해, 열 명 이상의 연인을 사귄 여자들 중에서는 36퍼센트가 항문성교의 열렬하고 충실한 신자다."[88] 이 사실은 전혀 놀랍지 않다. 하지만 아무리 항문성교를 좋아하는 여성이라 해도, 사귄 지 얼마 되지 않은 남자와의 항문성교에 동의하려면 적어도 하룻밤 이상의 시간이 필요하다. 서로를 잘 알수록, 더 많은 사랑을 나누고 섹스를 더 잘한다. 새로운 모험에 뛰어들 정도로 성에 관해 깊은 암묵적 동조가 이루어지기까지는 시간이 필요하다.

청동혼(결혼 8주년)까지 기다릴 것도 없이, 방심하지만 않는다면 눈앞에 나타난 최초의 후보자가 시키는 대로 끌려가지 않을 것이다. 한 가지 까다로운 조건은 커플 사이에 서로에 대한 믿음이 충분히 자리잡고 있어야 한다는 것이다. 사실상 상대방을 신뢰하는 것이 필요불가결한 조건이다. 그러면 자신의 청원이 받아들여진 사람은 상대방을 배려하는 주의깊은 모습을 보일 것이고, 상대방이 긴장이나 통증을 느끼는 기미가 조금이라도 보이면 자신의 끓어오르는 흥분에 끌려가지 않고 그 즉시 행위를 멈출 것이다. 따라서 내가 엉덩이를 맡길 그 공모의 파트너는 반드시 늙은 남편일 필요도, 반

88 앞서 인용된, 2019년 『엘르』에 실린 여론조사.

드시 사랑하는 연인일 필요도 없지만 같은 관점을 공유하는 사람이어야 한다.

이 조건들은 페깅[89]을 처음 고려하는 커플에게도 요구된다. 적합한 기구를 갖춘 여자가 능동적인 역할을 맡게 되는 이 또다른 커플 프로젝트에서는 여자에게 특별한 배려가 요구된다. 처음으로 수동적인 역할을 하는 남자는 자신의 남성다움이 훼손되지 않을까 하는 생각에 약간 겁을 먹기 마련이다. 보다 신경을 써야 할 것은 도구의 크기보다 당신들의 바이올린이 얼마나 잘 하모니를 이루어 내느냐 하는 것이다. 의도를 오해해서 남자가 그 행위로 인해 자신의 품격이 떨어졌다고 느끼게 되는 일은 없어야 한다. 만약 센스가 부족해서 그의 바이올린 활을 상처 입게 만든다면, 당신이 먼저 그 행위에 불만을 느낄 것이다……

대장장이 자세

가장 인체공학적인 체위는 단연코 '대장장이' 자세일 것이다. 삽입당하는 사람은 가능한 한 엉덩이를 높이 들어올린다. 몸이 아주 유연하다면 침대(아니면 또다른 지면, 또는 해당 만남의 장소로 이용된 자동차 뒷좌석) 위에 누운 채 두 다리를 들어올린 상태에서 발목이 어깨에 닿을 것이다. 그러면 삽입하는 사람은 그 앞에 두 다리로 단단히 버티고 서서 그 행위를 수월하게 진행할 수 있다. 삽입당하는 사람의 허리 아래에 작

89 여성이 딜도(인공 페니스)를 착용하고 남성의 항문에 삽입하는 행위.

은 쿠션을 받쳐주면 골반 왕복운동을 계속하기가 훨씬 더 편안해진다. 대장장이 체위는 두 주역이 서로 얼굴을 마주하기 때문에 강렬한 눈빛 교환이 가능하다. 그 눈빛에는 정보가 담긴다. 두려움, 불안, 고통, 욕망, 즐거움, 수치심, 믿음, 사랑, 거부, 분노…… 그 감각들, 그 감정들은 때로는 모호하게, 때로는 상반되게 표현되면서 서로 뒤섞인다. 공모하는 연인들은 그 눈빛을 곧바로 기민하고 섬세하게 해독한다. 몸짓과 표정, 신음, 헐떡임, 비명, 울부짖음, 감탄, 의성어나 의태어, 노골적인 말이나 욕설, 사랑의 밀어 들을 주고받으면서 서로 간의 고유한 언어가 탄생한다.

항문성교는 어떤 방향으로 진행되건 간에, 상호존중을 바탕으로 이루어져야 한다. 물론 항문성교에 맞춤한 존중이어야겠지만. 은밀한 합의와 더불어 무엇이든 분명하게 말로 표현하는 적절한 의사소통이 필요하다. 이것은 행위가 시작되기 전에 서로를 신뢰하는 가운데 긴장을 풀 수 있는 대단히 중요한 절차다. 그뿐 아니라 그후에도 우발적으로 일어나는 소소한 불쾌감들을 터놓고 해결하는 데 대단히 중요하다.

게다가 의도하지 않게 발생하는 가학은, 그런 종류의 행위를 위해 정력적인 사람을 선택했는지 확인해볼 좋은 기회가 된다. 행위에 입장한 뒤 수많은 팡파르에서 나온 곡조들, 늪을 이룬 액체, 또는 고체의 파편들은 지극히 정상적인 것이다. 오히려 비정상적인 것은 마치 항문이 어떤 부위인지에 대한 이해가 전혀 없이 곧바로 뛰어든 것처럼 그런 것들에 대해 파르르 화를 내는 태도다…… 성공적인 항문성교를 위해 갈색 시트와 직장 관장보다 더 필요한 것은 바로 자칫 어색해질 수 있는 분위기를 멋진 유머감각으로 반전시킬 수 있는 유연함이다.

입문 단계에서는 손가락, 혀, 말소리…… 같은 것들이 용감하게 돌진하려는 음경보다 중요하고, 발기한 남근의 힘보다 훨씬 더 소중한 남자의 작은 구멍과의 합의가 필요하다. 항문성교를 함께 나눈다는 것은 성공하느냐 못하느냐의 영역이 아니라 편안하게 긴장을 풀고 스스로를 놓아주면서 즐기는 놀이의 영역이기 때문이다.

사실은 세심한

피스팅이 거친 호모들이나 하는 거라고? 천만에! 항문은 탐욕스럽게 집어삼키는 구멍이다. 여자의 작은 손이 쑥 들어갈 정도로 말이다!
실제로 이 행위를 실행하는 데 필수불가결한 세심하고 긴 준비와 완만하고 부드러운 진행, 항문 깊숙한 안쪽에서 상대의 척추를 만질 때 마음 깊이 느껴지는 특별한 친밀감……은 암묵적인 합의와 배려에서 우러나는데, 불끈 쥔 주먹의 이미지 때문에 난폭한 행위와 연관지어 생각하기 쉽다.

촉각은 다른 감각보다도 신체 부위와 그 반응에서 민감도를 섬세하게 느끼게 해준다. 우리는 그 부위의 내부가 어떻게 구성되어 있는지도 알 수 있다. 구조와 물질의 저항력을 평가할 수도 있다. 아마도 팔딱거리고 수축하기도 하는 불룩 튀어나온 작은 부분이 거기에 있을 것이다. 우리는 몸의 마디들이 갑자기 조이면서 거의 으스러질 것 같은 느낌을 좋아한다. 우리는 스스로가 불러오는 급격한 폭발을 즐긴다. 그러고 나서 손가락 냄새를 맡고, 그 손가락으로 음식을 먹는다! 우리는 야만인이다! 우리는 호색가다! 우리는 못하는 게 없다!

네 이웃의 양면을 사랑하라

"네가 내 엉덩이를 파고들 때, 나는 그곳에도 커다란 입이 있다는 생각이 든다."[90]

직접적인 관찰은 여론조사에서 드러난 정보의 진위를 검증해준다. 오늘날 커플들에게서는 전통적인 성역할이 뒤바뀌는 모습을 흔히 볼 수 있다. 하지만 모든 사회에서 성별 규범이 그리 쉽게 바뀌는 것은 아니다.

"육체 노동자들 가운데 파트너의 항문에 손가락을 삽입한 적이 있는 사람은 7퍼센트밖에 되지 않는다. 고위 관리직이나 사무직에 종사하는 사람들(33퍼센트)에 비하면 4분의 1에 불과한 수치다. (……) 어떤 남자들은 다른 남자들에 비해 규범에서 벗어나는 게 더 힘들다. 아마도 섹스에서 수동적인 역할과 연관되는 여성성의

90 베르나르 노엘, 『최후의 만찬의 성Le Château de Cène』, Gallimard, 1993.

부분을 인정하기 어렵고 자신들의 성 정체성이 위태로울 수도 있다는 우려 때문인 듯하다."[91]

우리가 생각하는 것보다 더 많은 남자들(그들 중 53퍼센트가 한 여자에게 지배당하는 것을 꿈꾼다), 점점 더 많은 남자들이 그것을 대담하게 요구한다. 성의학자 악셀 롬비에 따르면, "성행위와 남성성을 드러내는 것에 목적을 두는 것이 아니라 성욕과 쾌락을 위해 성생활을 발전시켜나간 남자들이 그에 해당한다. 자신의 남자다움에 편안함을 느낀다면 그런 형태의 쾌락에 몸을 맡기는 데 대해 전혀 피해의식을 느끼지 않기 때문이다. 이는 성적인 측면에서의 다양한 자기주장성의 층위를 보여준다."

사랑하는 사람을 위한 준비

딸아, 너를 남자로 만들어줄 도구들을 전시해놓은 매장 진열대를 보면, 디자이너의 창의성(아마도 여자들이 또다시 막대기를 이용하는 것에 자극을 받은 듯한)은 분명히 진일보했다. 수 세기 동안(적어도!) 구부러진 지팡이 손잡이를 이용해 자기 남자를 기쁘게 해주는 것은 고작해야 정신적인 즐거움을 줄 뿐이었다. "당신에게 약간의 즐거움을 줄 수 있다면 그게 저의 기쁨이랍니다." 그러고 나서 충족된 남자가 나가떨어져 코를 골면 여자들은 냅킨에 수를 놓았다…… 현대 여성은 더이상 바느질을 하지 않기 때문에, 이제는 새로운 모델의 딜도를 이용할 수 있다. 오늘날의 부인들이 편리하게 사용할 수 있는 도구들은 두 파트너가 평등하

91 앞서 인용된, 2019년 『엘르』에 실린 여론조사.

게 즐길 수 있도록 인체공학적으로 설계되었다. 결코 빨리 출시되었다고는 할 수 없다. 남녀공용 섹스토이가 진정한 공유를 허용하지 않는다면, 차라리 손으로 하는 것이 나을 테니까!

최근 몇 년 동안, 이성애자 부부들의 성생활에서 항문성교 도구를 이용한 삽입이 빈번하게 행해지고 있는 것이 관찰된다. 남자들은 과감하게 요구한다. 여자들은 남자들이 생각했던 것보다 더 기꺼이 받아들인다. "이성애자 남자들에게 전립선 쾌락이 점점 더 확산되는 현상과 긴밀한 관계가 있는 이 역할 '도치'는 이상적인 평등과 더불어 커플 사이에 오가는 섹스에 관한 규범적인 대화가 더이상 일방적이지 않다는 징후를 보여준다. 더 넓게는 이성애적 섹스의 사회적·문화적 표현의 전통적인 대립항인 '삽입하기/삽입당하기'를 분명하게 문제화하는 전조를 드러낸다"라고 프랑스 여론연구소는 밝힌다.

아주 오래전부터 그 물건을 애용하고 있는 레즈비언 커플들에 관해 말하자면, 그 도구를 사용해 아빠 엄마 놀이를 하는 거라고 생각해서는 안 된다. 그들이 항문을 개입시키든 아니든 간에 환상, 욕망, 실행은 성적 지향과 무관하다(그리고 태어나면서 받은 부속물과도 무관하다). 이봐요, 신사 양반, 대담한 여자가 당신의 홈통에 피스톤질을 한다고 해서 당신이 동성애자가 되는 건 아니랍니다(당신이 이미 동성애자가 아니라면 말이지요). 게다가 그런다고 당신의 파트너가 남자가 되는 것도 아니랍니다(그 파트너가 이미 사내가 아니라면 말이지요)! 오히려 당신에게 더 과감한 삽입에 대한 욕망을 불러일으킬 수 있다니까요…… 원하는 대로 하세요!

이처럼 빙글빙글 춤을 추는 의미 속에서 빠짐없이 동원되는 것은 바로 최초의 성 기관, 즉 뇌다. 그러므로 성별 간의 균형이 토대를 찾고 도약하는 것은 바로 머리와 엉덩이 사이에 있는 공통된 관이다. 바로 그 때문에 도구를 이용해 누군가를 뚫고 들어간다는 사실은 여자에게도 만족스러울 수 있다. 설령 뚫고 들어가는 것이 자신의 몸에 어떤 자극도 주지 않는다 해도, 그 행위 자체만으로도 만족감을 느낄 수 있다. 상대방을 즐겁게 해주는 데서 오는 즐거움과 조종하는 입장에서 느끼는 자아도취적인 즐거움이 뒤섞인다.

이런 역할 도치에 몰두하건 하지 않건, 그 사정거리는 신체적인 즐거움이나 환상, 정신적인 즐거움을 훨씬 넘어선다. 페깅과 함께 우리는 열린 정신으로 사회의 혼란한 주변부에 접근하고 정치판으로 성큼성큼 걸어들어간다. 그렇다, 자기 남자의 몸을 정기적으로 뒤집어놓는 것은 성 평등을 위한 아주 훌륭한 행동이다!

거리를 두고 바라보면 인간관계를 새로운 관점으로 바라볼 수 있다. 우리는 그 새로운 관점을 통해 우월함과 열등함이라는 낡은 개념을 부순다. 우리는 성별을 중립화시킨다.

지배와 복종은 환상이다. 그러한 역할을 부여하기로 결정한 사람들의 머릿속에서 만들어진 이 환상은 차츰 사회의 모든 영역에 자리잡는다. 만일 그 표현들이 사람들의 몸에 깊이 각인된다면, 역할은 언제라도 상황을 전도시키고 뒤바꾸어놓을 수 있다.

페니스를 이용하건, 손이나 도구를 이용하건, 아니면 말을 통해서건 간에 상대방에게 강압적으로 항문 삽입을 하는 사람은 지배자라는 환상을 즐기고 싶어한다. 강간당하는 사람은 물론 모욕감을 느낀다. 그가 복종하는 사람을 자처하면서 그 행위에 따르는 것은 아니다. 오히려 그는 증오로 가득차 있다. 복수의 의지로 고취되어 있다. 그리고 그는 바로 이 증오심에 유일하게 반응한다. 그는 복수심에 따를 수도 있고 아니면 그 증오를 눌러 없앨 수도 있다.

마찬가지로 지배와 복종의 역할 관계에서 엉덩이를 제공하는 사람은 순종하는 역할을 하는 거라고 생각되지만, 그가 스스로를 열등하다고 느끼지는 않는다. 심지어 순종하는 자로서 게임을 주도할 수 있고, 게임 시간과 관계를 지배할 수도 있다.

자신이 지닌 생식기가 어떤 것이건 또는 일상생활에서 지위가 어떠하건 하등 상관이 없다. 한 사람 위에 다른 한 사람이 포개지는 이 놀이의 참여자들은 사라지고 잊히기 위해 존재한다. 한 사람은 가냘픈 울음소리를 내는 역할을 맡는다. 다른 한 사람은 행동하는 역할을 자처한다. 미리 계획되었건 아니건 연극적인 전개가 펼쳐지는데, 이는 역할극이 진행됨에 따라 알맞은 각본이 짜이고 대단원에 이르기까지 배후에서 상황이 조종된다. 액체의 과정을 거치지 않고 고체에서 곧바로 기체로 승화시키는 환상적인 마술. 감탄이 절로 나온다! 더없이 자유로우면서도 야만적인 관계들 가운데 가장 인간화된 관계다! 심각한 것은 아무것도 없고 정해진 것도 없다. 언제라도 모든 것이 흔들리고, 소용돌이치고, 뒤집힐 수 있다!

우리는 스스로 생각하지 못하는 인형들에 빠르게 싫증을 낸다. 그러나 스스로가 인형임을 알고 자신의 역할을 받아들인다면 그보다 자극적일 수 있을까? 그 인형은 거절할 수도 반항할 수도 있고 엄마 아빠 놀이에서 갑자기 아빠 역할을 하겠다고 마음을 먹을 수도 있을 테니 말이다. 자기 밑으로 들어온다는 이유로 그는 자기가 그녀의 주인이라고 생각할까? 그렇다! 마술이 효과를 내기 위해서는 자신이 그녀의 주인이며 그녀 역시 이에 동조한다고 믿어야 한다. 그 여자 포로가 갑자기 반항적으로 돌변해 끝나버리는 상황이 벌어지기 쉽기 때문에 여자에게 자기 몸을 맡기기 위해서라도 그렇게 믿어야 한다! 그는 안다, 단 한마디 싫은 소리에 그녀가 역할을 뒤바꿔버릴 수도 있다는 사실을……

두 육체는 암묵적인 합의하에 움직인다. 항복하는 사람은 삽입하는 사람에게 자신을 바친다. 그렇다고 해서 삽입하는 사람이 게임에서 이기는 것은 아니다. 그는 이미 이 작은 게임에 걸려들었기 때문이다! 그는 벌어진 홈을 아주 분명히 보았다. 먹잇감을 기다리는, 긴장감이 감도는 불안한 그 눈짓을. 그가 애무하게끔 만들기 위해 항복하는 사람이 일부러 파놓은 그 함정을.

자신감, 정복자의 기쁨, 함정에 빠지며 느끼는 승리의 환희! 항복을 나타내는 그 모든 깊은 한숨과 함께 다음 순간에는 상대방이 불쑥 상황을 지배하면서 그를 포로로 만든다. 상대방이 그를 어디로 이끌고 갈지는 알 수 없다…… 더이상 무언가를 알고 싶지도 않다. 한 사람이 다른 사람보다 더 많이 아는 것도 아니다. 그는 얼김에 이끌려가면서 상대방에게 자신을 온전히 내맡긴다. 두 사람 모두 서로에게 빠져든다. 더이상 아무것도 명령하지도 따르지도 않는다는 것은 참으로 즐겁다. 요소들 속에 녹아드는 것은 정말로 즐겁다. 순수한 감각 그 자체로 쾌락을 느끼는 것은 정말로 즐겁다. 완벽한 순간들을 위해 로고스와 에고를 완전히 잃어버린다. 아니마! 그것은 하나의 놀이다. 순수로 돌아가는 자유롭고 단순한 놀이.

11장
항문 예찬

“자, 동지, 엉덩이의 긴장을 풀라고.
그리고 뭐가 어떻게 돌아가는지 알아야 하니까,
이번 한 번은 엉덩이를 대줘
(이봐! 노동자의 문제를 이해하려거든
공장에 가봐야 하는 법이잖아, 안 그래?).”

니콜 블레이, 『동지, 엉덩이의 긴장을 풀게나』

“견해란 똥구멍과 같다.
누구나 하나씩 갖고 있으니까!”

프랑스 속담

언제나 관管과 유사하다는 관점으로만 바라보는
외눈망원경을 움켜잡고 항문을 들여다보면서
그 전망을 살펴보자!

로봇들이 인간과 경쟁하기 위해 아무리 인공지능을 발달시킨다 해도, 아무리 항문성애를 훨씬 더 강도 높게 실행하려 해도, 항문성애는 로봇들이 포유류적 세계에서 결코 갖지 못할 존재 방식이다! 감각능력이 있지만 과민하지는 않고, 자조할 줄도 알며, 힘에 대한 갈망에서 벗어난 항문은 결코 잘난 척을 하지 않는다. 장미꽃 장식의 이면과 같은 인간성의 보편적 상징인 항문은 무엇 하나 나무랄 데가 없다. 그렇지만 항문은 그대로 안온하게 숨어 있는 것을 선호한다. 만약 항문이 반항기가 도져 자랑스럽게 뭔가를 과시하려 한다면, 그것은 부끄러움을 모르고 활짝 열리는 정신과 자랑스럽고 둥그스름한 건강미일 것이다!

항문은 우리를 인간으로 만들어준다. 항문은 우리가 동물에 속하는 존재임을 증명해주면서도, 항문에 대한 수치심을 통해 우리를 동물과 구분지어주기 때문이다. 다른 포유류들과 공유하는 이 항문이 우리의 가치를 동물계로 떨어뜨릴까, 아니면 반대로 동물계 위로 높이 끌어올려줄까?

성생활이 인생의 다른 나머지 활동들과 분리된 별개의 활동이 아닌 만큼, 항문은 모든 사회 영역을 관통한다. 상대방의 욕구에 응하는 항문성애는 무의식에서 벗어나 신경증을 일으킨다. 의식儀式화된 항문성애는 우리의 본능을 세련된 에로티시즘으로 변형시킨다. 승화된 항문성애는 변태적 행위를 예술로 탈바꿈시킨다. 공유된 항문성애는 사회적 향연에서 한 자리를 차지한다. 어떤 방식이 더 좋고 나쁜지 토론하에 행해지는 항문성애는 평등 속에서 가능한 유대감을 가치판단 없이 느낄 수 있게 해준다. 벌어진 항문관을 통해 인간성을 생각하는 것은 모든 것이 항문과 연관되어 있다는 사실을 전제로 한다.

항문은 보편성의 상징이다. 왜냐하면 그것은 허식이 아니라 실속을 사랑하기 때문이다.

부유하건 가난하건, 남자건 여자건, 젊었건 늙었건, 흑인이건 백인이건 간에, 인간존재는 저마다 하나씩 항문을 갖고 있다. 남근중심주의와 결별하고 싶어하는 여성들이 말하듯 '여성의 도래'는 단지 반목과 대립을 계속 유지하는 가운데 문제를 다른 각도로 돌려놓을 뿐이다. 그것은 여전히 또하나의 대립이자 분리일 테고, 반대

감정은 각자의 이해력 범위 내에 그대로 양립하고 있을 것이다. 보편적이지만 심하게 허세를 부리는 것과는 거리가 먼 항문이 상황을 바꿔놓을 수 있을 것이다.

활짝 열린 항문 정신으로는 무수한 항문들 사이에 경계를 생각할 수도, 다른 분리를 생각할 수도 없기 때문에 모두가 같으면서도 다르게 받아들여진다.

같은 배설강 내에서 항문을 구분하지 않는 것은 반박의 여지가 있을 수 없다. 이는 항문들을 대립시키는 지배관계를 부인하는 것이다. 파렴치한 불평등은 오히려 현실을 드러내고 당사자들 간의 갈등이 불붙인 논쟁을 더욱더 끓어오르게 만든다.

성별이 혼동되는 일도 더이상 일어나지 않는다. 성별의 다양성은 둘 이상으로 확대될 수도 있을 것이다. 규범적이고 강제적인 사회적 구성으로서의 성별 범주는 항문 보편성에 의해 무효화된다. 개인과 성별은 오직 서로 어슷비슷하다는 점에서만 동등하다. 사람들 사이의 관계는 그들이 똑같은 가치를 가진다는 의미에서 동등하다.

항문은 여린 마음으로 상대방에게 귀를 기울이기 때문에, 타자와 자신의 차이를 알아보고 받아들인다. 항문은 열린 정신을 지니고, 자신의 잘못을 인정하고 상대방이 옳을 수도 있음을 고려한다. 항문은 자신의 약점을 인식한다. 만약 상대방에게 자신의 약점을 드러낸다면, 그것은 자신의 감성이 상처 입을 위험을 무릅쓰는 것이다. 또는 자신의 잘못을 인정하고 상황을 바라보는 방식을 수정하지 않으면 안 될 위험을 감수하는 것이다.

모든 인간이 항문을 갖고 있다는 사실은 몰개성화된 개인들의 획일성을 의미하는 게 아니다. 똑같은 밑을 공유하고 있다는 사실은 그들로 하여금 서로를 이해하고, 서로에게 마음을 열고, 서로 다름을 인정하는 가운데 서로의 생각에 가닿으면서 서로를 격려할 수 있게 해준다.

항문은 상호 불가침의 담보물이기도 하다. 왜냐하면 우리 모두가 갖고 있는 이 부드럽고 은밀한 신체 부위는 우리의 취약점이기 때문이다. 칸트에 따르면, 우리 모두는 칸트가 '도덕법칙'이라 부르는 선험적 윤리의 동일한 토대로부터 몸 아래쪽에 선천적으로 주어진 항문을 갖고 있다. 그리고 쉽게 상처 입는 우리는 타자를 공격하는 것은 나쁜 짓이라는 사실을 본능적으로 알고 있다.

어쩌다가 테스토스테론이 당신을 압박한다면 당신의 항문을 믿고 따르라. 그리고 "당신 자신과 다른 모든 사람의 인격을 언제나 수단이 아닌 목적으로 대하라". 이 말을 한 사람은 내가 아니라 칸트다. 당신의 항문을 저금통으로 이용하지 말고, 예술시장에서 근엄한 척하는 데 쓰지 말라.

항문이 더 나은 세상을 약속하지는 못한다 하더라도, 적어도 세상을 더 나쁘게 만들지는 않는다. 항문은 수동적이고, 말이 없으며, 생식력이 없기 때문이다. 완전히 다른 각도에서 이 세상을 바라보는 항문은 더이상의 피해를 막아야 한다는 위급함을 인식한다. 동의하는 성인들 사이의 항문성교(자위나 구강성교와 마찬가지로)는 아이들에게도 환경에도 아무런 해를 입히지 않기 때문에(동물에게 끼치는 영향에 관해서는 시험된 바가 없다), 그저 순수한 즐거움이다.

항문은 이웃의 양파(항문)에 관심을 가지지 않으며, 오직 자기가 은혜로이 초대받았을 때에만 반응을 한다. 항문은 자신의 즐거움을 좇아 자기가 하고 싶은 것을 하기 때문이다.

타자들로 하여금 양파를 싫어하게 만들려는 사람들에게는 뭔가 떳떳하게 밝히지 못하는 의도가 있다. 양파를 사용하지 못하게 하려는 경건한 도덕적 논거들은 우리를 억압하는 훨씬 더 변태적인 명령을 감추고 있다. 그리고 콤플렉스에 사로잡힌 근시안적인 사람들은 그들이 내지르는 거슬리는 꼬꼬댁 소리, 물수리의 성난 외침에 거부감을 느낀다.

말言과 발기한 페니스가 인류에게 불행을 가져온 만큼, 이제는 항문의 시대가 열릴 때가 되었다. "인간의 모든 불행은 단 한 가지, 방안에서 휴식을 취할 줄 모르는 데서 온다(블레즈 파스칼)." 자신의 항문에 다시 집중하면서 스스로를 되돌아보고, 영토나 시장을 정복하러 세계를 향해 달려가는 대신 자신의 남은 삶을 잘 마무리하는 할아버지로 머문다면 언젠가 야만적인 군대에 가담하게 되거나 영광에 대한 생각들에 흥분하는 일을 막을 수 있다. 항문은 애국적인 이상이나 자기도취적인 장광설에 아랑곳하지 않는다. 게다가 항문은, 신경을 거슬리면 달아난다.

항문은 엉덩이 골 사이로 숨는 습관이 있기 때문에 나서지 않는 신중한 모습을 보일 줄 알며, 제도화된 감시에 수동적인 저항을 할 줄 안다. 허풍선이 페니스처럼 야단법석을 떨지도, 추한 꼴을 보이지도 않을뿐더러 한층 더 신중하며 이미 세상 모든 이들에 속해 있는 만큼 특별한 무언가가 되는 것에 관심을 두지 않는다. 어떻게 보면 현대인이나 자기 방안에 갇혀 지내는 은둔형 외톨이처럼 자신이 만든 가상세계 안에서 만족하며 지내는 이들처럼 약간 자폐적이다. 독보적인 장점은 없지만, 아마도 새로운 잠재능력을 품고 튀어오르기를 기다리며 움츠리고 있는 것일 테고 어쩌면 예찬자들을 잃은 채 절정에 오른 가면무도회가 끝나기를 기다리면서 세상 깊숙한 곳에 격리된 채 겨울잠에 든 것 같기도 하다. 항문은 이러한 성향이며 성교에도 참여하지만, 경우에 따라서는 때를 기다릴 줄도 안다.

무엇이든 얻기 위해서는 대가를 치러야 하는 냉정한 물물교환의 세계에서, 항문 정신은 애정어리고 자유롭고 다정한 몸짓으로 심장을 두근거리게 한다. 아무것도 붙잡아둘 수 없고 자기를 위해 아무것도 간직할 수 없는 항문은 흩뜨리고 쏟아낸다. 항문은 미개한 기관이고 방랑하는 기관이며 너그럽고 방탕한 기관, 자유와 무상의 기관이다. 축적하고 성공하고 획득하는 것에 전혀 관심이 없으며 그저 흘러가는 대로 내버려두고, 시간이 흐르는 것을 인정하고, 모든 것이 자신에게서 빠져 달아나는 것을 기꺼이 받아들인다.

그렇다고 해서 항문이 스스로를 피해자로 생각할까? 자신이 모욕당했다고 강력하게 주장할까? 절대로 그렇지 않다! 한 쌍의 불알을 포기하는 것이 전혀 자랑스럽지 않은 일인 것처럼, 항문을 갖고 있다는 사실도 창피해할 필요가 전혀 없다. 항문 정신은 간섭 없는 차이를 주장하며 어떤 상황에서나 감염의 우려가 없는 탐험과 불간섭주의를 요구한다. 항문은 거만함에 맞서 유머를 주장한다. 항문은 전쟁에 맞서 방귀를 준비한다. 그러니 항문을 바보로 여기지 말기를! 만약 항문이 자제하지 않는다면, 그 안에서 들끓는 생물학적으로 가능한 모든 혁명과 함께…… 항문은 사실 생태학적이되 치명적이지 않은 대용량의 유해물질을 만들어낼 수 있다. 하지만 수동적이고, 그리 빠르지는 않다!

항문은 사정을 제대로 알기 때문에 합의하의 항문 삽입과 강제적인 항문 삽입을 혼동하지 않는다. 공론에 따르면 합의하의 항문 성교는 점점 더 보편화되고 있으며 여기에는 지배에 대한 환상이 개입할 수 있다. 반면에 강제적인 항문 삽입은 힘을 과시하기 위한 확실한 방법으로, 여기에는 언제나 권력 관계가 개입한다.

항문성교는 금지되어 있지 않지만 의무적인 것도 아니다. 모든 사람이 엉덩이로 성행위를 하는 것을 좋아하는 건 아니며, 그렇게 해야만 한다고 의무감을 느끼는 사람은 아무도 없을 것이다. 다양한 커플의 성관계, 조화로운 성별 또는 성적 취향에 따라 행해지는 성행위들은 서로 확실하게 구별되지 않는다. 그 관계들은 서로 비슷하고, 즐거움이나 사랑에 의해 서로 모이고 뒤섞인다. 이때 파트너의 성별은 별로 중요하지 않다. 항문을 갖고 있기만 하면 되니까.

그렇지만 모두가 그 사실을 알고 개개인이 제아무리 자신의 엉덩이로 원하는 것을 한다 해도, "인간들을 혼란에 빠뜨리는 것은 그들이 처한 상황 그 자체가 아니라 그들이 그 상황을 어떻게 판단하느냐다(에픽테토스)."

사람들은 동성애자들을 그들의 항문으로 폄훼한다. 사람들은 여자의 질과 항문을 혼동한다. 이성애자 남성에 관해 말하자면, 허풍선이나 달고 다니는 그에게 구멍이 있으리라고는 전혀 생각하지 못한다! 이는 그다지 공평하지 못한 분배다…… 항문은 게이 거주지에서 나와 모든 사람들에게 스스로를 재분배하고 싶어한다. 저마다 항문 하나씩! 제대로 된 건강한 항문을!

항문은 자율성의 담보물이다. 왜냐하면 "싫어!"라고 말한 이후로, 부정적인 것과 모든 권력에 대한 거부를 상징하기 때문이다. 통제와 방임 사이의 시소 역할을 하는 항문은 우리의 자유의지와 생각의 독립성을 보증한다. 한편으로는 인간의 불완전성 속에서 감추고 싶은 수치심을 오랫동안 저변에 간직하고 있다. 이처럼 부정적인 존재방식 속에 긍정적인 부분이 유지되면서 양면성이 생겨난다. 이는 항문을 한층 더 애매모호하고 혼란스럽게 만든다. 하지만 그것이 아무리 빈틈없다 하더라도, 그 위반은 금지를 폐기하는 게 아니라 완화시킬 뿐이다. 그것은 질서가 영속할 수 있게 해주는 안전밸브다.

항문 정신만이 실제로 파괴적인 모습을 드러낼 수 있고, 세계를 전복시키고 금지를 해제할 수 있다. 그럼으로써 게임의 법칙이 근본적으로 바뀔 것이다.

항문은 잘난 체하지 않는다. 똑같은 두려움, 똑같은 수치심을 느끼고 비슷한 기쁨과 아주 강렬한 오르가슴과 시시한 오르가슴 들로 생기를 띠는 항문은 뇌와 심장을 거친 신경물질을 공유하면서 인간의 정신을 즐겁고 상쾌하게 순환시킨다.

항문에는 제2의 뇌가 있는 듯하다. 그럴 법하다. 하지만 이 제2의 뇌는 이치를 따지기 좋아하는 그런 뇌가 아니다. 이 뇌는 놀이하는 뇌다. 세상을 조롱하는 바람의 아들, 신체 위쪽에 위치한 잘난 척하는 기관의 말썽꾸러기 동생.

항문관을 통해 허풍과 농담뿐만 아니라 새로운 생각들 역시 불어넣어진다. 이것은 사라지는 것을 좋아하고, 한바탕 크게 웃는 것을 좋아하며, 모호한 것을 좋아하지만, 원칙은 결코 좋아하지 않는다. 항문에게는 고유한 유머가 있다.

애널로그

생존과 쾌락을 관장하는 놀라운 구멍, 항문 탐사기

초판 인쇄 2022년 12월 9일
초판 발행 2022년 12월 23일

지은이 이자벨 시몽 | 옮긴이 윤미연

책임편집 이자영 | 편집 손윤지 정현경 김수현 권한라
디자인 이보람 이효진
마케팅 정민호 이숙재 박치우 한민아 이민경 안남영 왕지경 김수현 정경주 김혜원
브랜딩 함유지 함근아 김희숙 고보미 박민재 박진희 정승민
제작 강신은 김동욱 임현식 | 제작처 천광인쇄사

펴낸곳 (주)문학동네 | 펴낸이 김소영
출판등록 1993년 10월 22일 제2003-000045호
주소 10881 경기도 파주시 회동길 210
전자우편 editor@munhak.com
대표전화 031) 955-8888 | 팩스 031) 955-8855
문의전화 031) 955-2689(마케팅) 031) 955-3571(편집)
인스타그램 @munhakdongne | 트위터 @munhakdongne
문학동네카페 http://cafe.naver.com/mhdn
북클럽문학동네 http://bookclubmunhak.com

ISBN 978-89-546-9031-7 03100

www.munhak.com